タッチング・フィーリング

情動・教育学・パフォーマティヴィティ

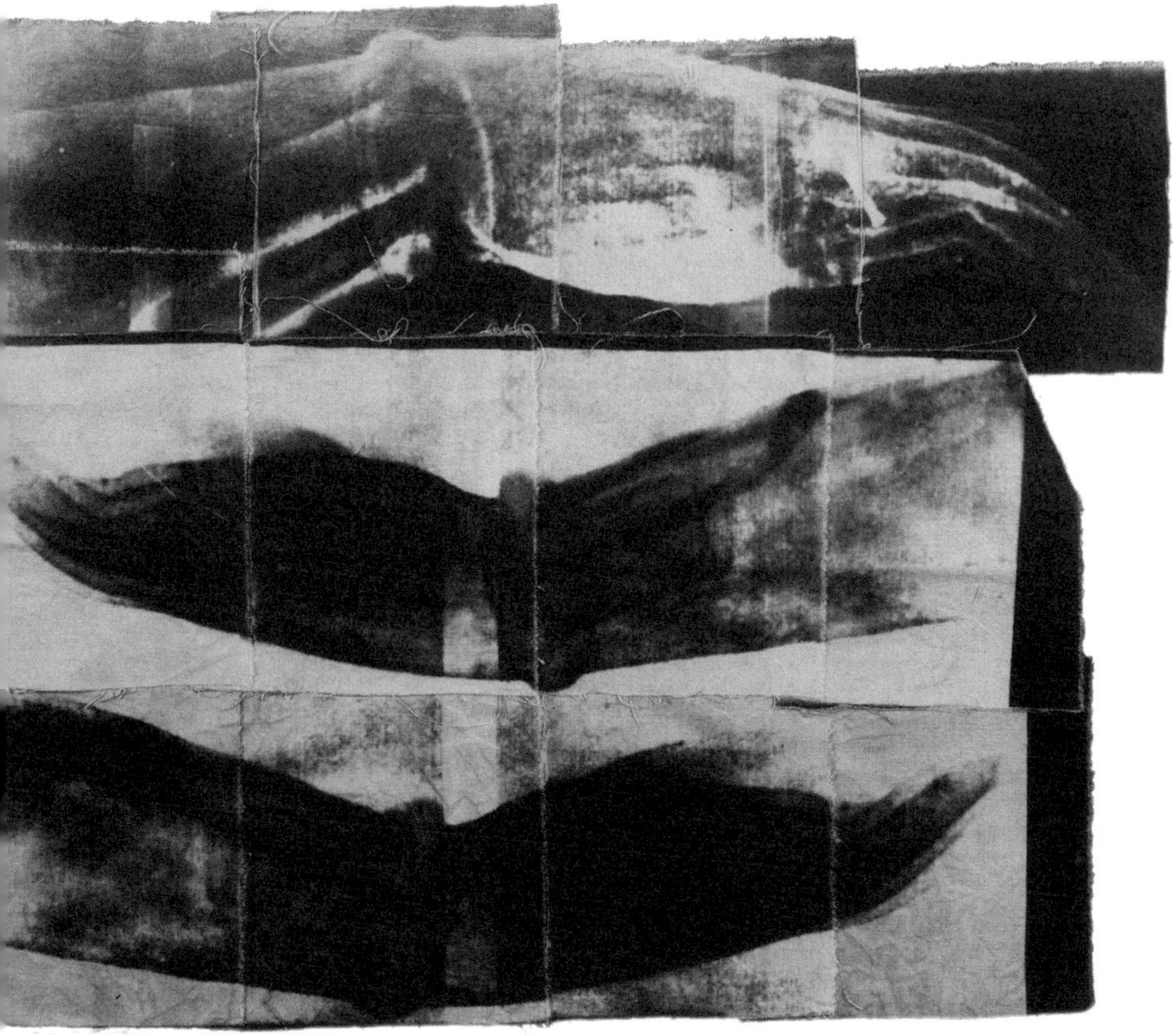

イヴ・コソフスキー・
セジウィック
岸まどか＝訳

小鳥遊書房

Eve Kosofsky Sedgwick

AFFECT, PEDAGOGY, PERFORMATIVITY

TOUCHING FEELING

TOUCHING FEELING
by Eve Kosofsky Sedgwick

Frontispiece: photograph of Judith Scott.
Japanese translation published by arrangement with Duke University Press
through The English Agency (Japan) Ltd.

タッチング・フィーリング

情動・教育学・パフォーマティヴィティ

イヴ・コソフスキー・セジウィック【著】

岸 まどか【訳】

T・W・M・へ――

ばかみたいな愛情を込めて

目次

【凡例】

◉本文中の引用は、引用元の原書と邦訳書を参照して訳出した（邦訳は文脈に応じて変更した）。引用の出典は、（　）内は英文文献、日本語既訳は〔　〕内に漢数字で頁数を記した。

◉原文中のイタリクスは、強調の場合には傍点、書名の場合には『　』で示した。

◉原文著者が引用文中につけている補足は、［　］、訳者による補足（原文の英語を引く際も）は、〔　〕、原文大文字の場合は《　》でそれぞれ示した。

◉原註は（1）、（2）、（3）……、訳註は（＊1）、（＊2）、（＊3）……と表記して本文の該当部分に付し、それぞれ巻末にまとめた。

謝辞

シルヴァン・トムキンズの用語でいうと、感謝というのは情動ではなくて複雑な感情だということになる。複雑なのはたしかだけど、わたしにとって感謝というのはいちばんしあわせで、いちばん単純にむくわれるもののひとつのような気がする。本人にその自覚があろうがあるまいがマイケル・ムーンは百万通りもの意味でこの本の原動力であってくれたし、そのひとつひとつが新たな（すくなくともわたしにとっては新しい）うつくしさのかたちだった。わたしの愛らしいパートナーのハル・セジウィックと両親のレオンとリタ・コソフスキーたちには感謝してもしきれない。対話をとおしてそのアイディアがこの本の尽きることない源になってくれた人たちには、スティーヴン・バーバー、ローレン・バーラント、ジュディス・バトラー、メアリー・キャンベル、ジョナサン・フラットリー、アダム・フランク、ジョナサン・ゴールドバーグ、ティム・グールド、デイヴィッド・コソフスキー、ジョー・リトヴァク、メリッサ・ソロモン、アンディ・パーカー、シンディ・パットン、シャノン・ヴァン・ウェイ、それからジョシュ・ウィルナーがいる。そして、アラン・アストロウ、マーク・バウワー、ラヴァーン・ベリー、メンディー・ベリー、ラフィエル・カンポ、タイラー・カーテン、キャシー・デイヴィッドソン、エリック・ディッシュマン、ジェニファー・ドイル、デニース・フルブルック、クローディア・ゴンソン、ジョー・ゴードン、ジャネット・ハリー、ニール・ハーツ、マーシャ・ヒル、ジム・キンケイド、ウェイン・コステンバーム、ニナ・コペスキー、ソンミンとノーム・レイ・コソフスキー、アダムとダニエルとローズマリー・リーボウ、メレディス・マギル、グレゴリー・マーキュリオ、ホゼ・ムニョス、ジョーン・リチャードソン、メアリー・ルソー、バーバラ・ハーンスティーン・スミス、グレッグ・トムソ、ダンとカレン・ウォーナー、キャロリン・ウィリアムズ、キャリーとジョー・ヒル・ウィルナー、エリック・ワイナー、そしてケン・ウィソカーは、これまで何年もの良き年月にわたってわたしをケアし慈しみ育んでくれた友だちだ。わたしの仏教的な想像力を養ってくれる、かりそめのうつろいゆく宗派なき僧伽には、ハルとマイケルとメアリー・Cのほかに、シャーロン・キャメロン、ドン・ロペス、ティナ・メイヤーホフ、ナンシー・ウォーリング、そして優しさを振りまいてくれるメアリー・ムーンがいる。

『タッチング・フィーリング』はこれまで出版されたことのあるものとないもののパリンプセストだ。気兼ねなく改稿はしたものの、それぞれのエッセイはもともと書かれた順番に並べられている。借用したおもな既刊物の初出は、以下のとおり。

幕間劇は "Socratic Raptures, Socratic Ruptures: Notes toward Queer Performativity," in *English Inside and Out*, ed. Jonathan Kamholz and Susan Gubar (New York: Routledge, 1992) の一部が初出である。

第一章は "Queer Performativity in the New York Edition Prefaces," in *Henry James's New York Edition: The Construction of Authorship*, ed. David McWhirter (Stanford: Stanford University Press, 1996) を改訂したものだが、もとはといえば次のふたつのエッセイだった。"Inside Henry James: Toward a Lexicon for *The Art of the Novel*," in *Negotiating Lesbian and Gay Subjects*, ed. Monica Dorenkamp and Richard Henke (New York: Routledge, 1995) と "Queer Performativity: Henry James's *The Art of the Novel*," *GLQ* 1.1 (1993)。

アダム・フランクとわたしがはじめに第三章のもととなるエッセイを出版したのは *Critical Inquiry* (winter 1995) だ。それからその後 Frank and Sedgwick, eds., *Shame and Its Sisters: A Silvan Tomkins Reader* (Durham, NC: Duke University Press, 1995) の序章として出版された。

第四章は Sedgwick, ed., *Novel Gazing: Queer Readings in Fiction* (Durham, NC: Duke University Press, 1997) の序章の一部として出版されたものを改訂した。

第五章は Donald S. Lopez Jr., ed., *Critical Terms for the Study of Buddhism* (Chicago: University of Chicago Press, forthcoming) のために書かれた。

序章と第一章、第二章のなかの行為遂行性に関するいくつかの段落は Andrew Parker とわたしが共編した *Performativity and Performance* (New York: Routledge, 1995) でわたしたちが書いた序章から借用した。第一章のヘンリー・ジェイムズの肛門をめぐるエロスについての議論は、*Tendencies* (Durham, NC: Duke University Press, 1993) で『鳩の翼』についておこなった議論を借用し、発展させた。

序章

Introduction

『タッチング・フィーリング』に収録されている書きもののおおくは、もともとはべつの文脈で発表されたものだ。とはいえこのエッセイ集はひとつのはっきりしたプロジェクトを体現してもいて、それはわたしの一〇年ぶんの仕事を占めてきたものではあるのだけど、にもかかわらずいやましにますがんこさで直線的な構成になることを断固として拒んできたものでもある。それはきっと、非二元論的な思考とか教育法のために見こみのありそうな道具や技法を探すプロジェクト、とでも呼ぶのがいちばんしっくりくるんじゃないかと思う。

このプロジェクトがひとつのテーマについての一冊ぶんの長さの直線的な議論というかたちになるのに抵抗するひとつの原因が、二元論的なやりかた以外で考えたいという想いそのものだったのはまちがいない。非二元論的に考えよという声はあちこちから聞こえてくるし、そういう声はなにを非二元論的に考えるべきかまで指図してくる。でもどうやったらそうできるのかを教えてくれる声はずっとすくない。そういうのにかかわる認知的、さらには情動的な習慣や実践というのは、こうすべしという規範的なかたちにはどうしたっておさまりが悪いのだ。わたしがこの本に期待できることといったらせいぜい、そういう風にものごとに取り組めているたくさんの人たちにはその認識を促すこと、そしてここに書かれた手法が新鮮だったりこれまで言われていないことのように思えたなら、そこに可能性を感じてもらうようにはげますことくらいじゃないかと思う。わたしがここで思い描いている理想というのは、いろいろな考えにたいしてオープンで、そういう思考の数々を育んだりつなげたりすることができて、そしてそうやっていろんな考えを心に抱いてみることのしあわせにたいして敏感であるような、そんな精神なのだ。

とくに一九六〇年代以降の西洋では数えきれないくらいの学術的、大衆的、それから職業的な言説が、群れなすように非二元論的なアプローチを唱えてきた。たとえば物理学、ジェンダー・セクシュアリティ研究、芸術、心理学と精神分析、脱構築、ポストコロニアルな関係性、教育学、宗教やスピリチュアリティ、人種、心身の問題系、心理学におけるリカバリー運動、科学論、その他もろもろのたくさんの分野で。とはいえもちろん二元論的な考えかたがもたらす混乱や偏向を鼻で笑うのは——それからしばしばひとを思考停止におちいらせる固定性をさらしだすのは——そうじゃない思考の構造を言葉にしたり具現化するより、ずっとたやすい。非二元論を唱えること自体、たくさんの仏教経典がいっているとおり、まんまと二項対立の罠に落ちることにも等しいのだ。この種の最良の書きものがいちばん生まれやすいのは、書き手がすんなり言い表したり、まして人に指図したりすることなんかできないものの境界線のあたりなんじゃないかとずっと思ってきた。そう、天使と格闘するヤコブみたいに——または太極拳みたいにかもしれない——主体性と受動性をごっちゃにすること。自己と本や世界が、仕事の目的と手段が、それからたぶんこれがいちばん不安を引き起こすことだけど、知性と愚かさが混然一体となる、まさにそのなかで。もしそうだとしたら『タッチング・フィーリング』の構成上の強情さにも、どこか希望みたいなものがあるのかもしれない。

　この本が体現しているがんこさにもいろんなかたちがあるのだが（なにを隠そうわたしは牡牛座なのです）いちばんわかりやすいのはこの本がごく少数の理論的テクスト、それもどれも一九九〇年には出版されていたテクストたちにどれだけ固執しているかということだ。執着こそなににもまして耐久性のある知的資本だというのが、わたしの持論である。この本に収録されているエッセイはどれも多かれ少なかれ明示的に、つぎに挙げる難解なテクストたちが引き起こすわくわくするような、今でも底をつくことのない可能性の感覚——それから不満感——を探求している。J・L・オースティンの『言語と行為——いかにして言葉でものごとを行うか』、ミシェル・フーコーの『性の歴史』の序論となる第一巻、ジュディス・バトラーの『ジェンダー・トラブル』、それからシルヴァン・トムキンズの『情動・心象・意識』の最初の三巻（これはトムキンズの『恥とその姉妹たち』に抜粋されている）[*1] という四つのテクストだ。それにくわえてここでは（トムキンズのあまり知られていない著作をべつとして）絶大な影響力を誇るこうしたテクストが批評、そして教育の場においてどうやって受容されて使われてきたかにたいしても反応をおこなっている——その反応はえてして無骨でかわいげがないものかもしれないけれど、それでも（すくなくともわたしにとっては）心をふるいたたせてくれるようないきどおりをともなうものだ。でもそういういきどおりとおなじくらいはっきり表れていたらいいなと思うのは（もしかしたらじっさい、表れてるところもなくはないかもしれない）、わたしにとって政治的にも知的にも、それから想像的にも不可欠であってきた会話に、ひとりの対話者として参入できていることの恩恵にたいする感謝なのだ。

それと同時に『タッチング・フィーリング』が折り重ねるようにして語っている物語のひとつは、ひとりの書き手がだんだんとひとつの特定の知的分野に重力を感じなくなっていく様子なのだと思う。死という運命や仏教との遭遇のようなもの、たとえばそれはこの本の最後のふたつの章をかたちづくっているものでもあるのだけど、そういうものには『クローゼットの認識論』のような本をしてセクシュアリティとか批評理論とかの同時代的な状況にたいしておこなっている理論的介入について堂々と語らしめていたような強い使命感を、よくもわるくもつるつる滑らせるような効果がある。そういう仕事と対照的なのが過去一〇年のあいだに『タッチング・フィーリング』と並行するように書いてきたもので、そのなかには共同執筆の編集実験のようなものがいくつか、詩集がひとつ、『愛についての対話』という二重音声的な長編俳文《ハイブン》、癌についてのたくさんのジャーナリズム、それからだんだん増えてきたものとして、非言語的なテキスタイル・アートなどがある。[*2] おもしろいものでそれにつれて教室での毎日も着実にどんどん質感《テクスチャード》を増して、肩の力の抜けたものになっていった。こういう要素をどれも排除することのないような現実感覚が『タッチング・フィーリング』のなかにも存在できるようにと奮闘するうちに、かつては自明に思えた真実を把握しようとする手をゆるめなくてはいけなくなった——たとえば、書くという行為そのものの絶対的な特権性もそのひとつだ。

エリザベス・ビショップの有名な詩、「ある技法《ワン・アート》」でくりかえされるリフレインは、「うしなう技法《ルージング》を身につけるのは難しいことじゃない」というものだ。ビショップ作品のなかでもこの詩だけはどうも、下剤みたいな浄化の美学へのこだわりが強すぎて好きになれずにいた。なんというか、ダイエット中のひとが冷蔵庫のドアを開けないように貼っているマグネットにでも書いてありそうで。わたしにとってもっとしっくりくるのは、ゆるめの技法《ルーシング》を呼び起こすことだ。それもひとつじゃなくて、たがいに関係しあっているたくさんの技法の一群。理想としては、人生とか愛とかアイディアとかが開いた手のひらの上でしばらく一緒に気兼ねなく共存していられるような、そんな技法。『タッチング・フィーリング』がそのくらい開かれた、そしてそのくらい凝縮されたものになったらよかったなと思う。この序章のなかでは、書かなくてなんとかなるわけでもなければ、かといって本のなかにちゃんとおさまりもしなかったようないくつかの中心的な主題くらいしか、開いて見せることはできないけれど。

遂行性《パフォーマティヴィティ》とパフォーマンス

『タッチング・フィーリング』の根幹には、遂行的発話〔performative utterances〕研究の基盤となったJ・L・オースティンの著作をとりまくいろいろな影響や含意への揺らぐことない強烈な興味がある。遂行性という概念はいくつかの分野で目をみはるくらいさまざまな方面の思索の道筋を導いてきたのだが、わたしがいちばん強く呼応してきたのはデリダをとおって初期のジュディス・バトラーの著作へと伸びていくひとつの導線で、それはとりわけ一九九〇年代をとおしてジェンダー研究とクィア・スタディーズの発展に影響を及ぼしつづけたものだった。

遂行性のもつ「クィアな」可能性は、この概念の存在論的な立脚点のあやふやさと明白に関係している。それをよく表すのは遂行性の知的一生が、その名づけ親であるオースティンその人からあらかじめ勘当同然の扱いを受けたことにはじまるということだ。オースティンが遂行性という概念を導入したのは一九五五年のハーヴァードでの講義（のちに『言語と行為』として出版されたもの）の第一回目だったのだが、第八回目あたりでこの概念はむざむざと否認されることになる。オースティンが否定ないし解体している「遂行性〔performativity〕」というのは、たんなる「確認的〔constative〕」ないし記述的な発話とは対立するような、はっきりした限定的なひとつの発話カテゴリーの名としてのそれなのだが、オースティンいわく「すべてのまっとうな言語行為はどちらでもある」のだ（147〔二二七〕）。脱構築が「遂行性」に見出した有効性はだから、遂行性はすべての発話に共通する特質あるいは様態であるという認識に根ざしている。それとは対照的に言語学や分析哲学では、オースティンの留保にもかかわらず、発話を遂行的なものと確認的なものに分類するプロセスに長らく関心が寄せられていた。

とはいえショシャナ・フェルマンが『語る身体のスキャンダル』[*3]で指摘しているとおり、この講義シリーズでのオースティン自身のふるまい《パフォーマンス》は一筋縄ではいかない。この講義のしたたかさを物語るもののひとつがある特定の遂行的発話の例にくりかえしたちもどる屈性、そしてそうした例にたいするあからさまなこだわりだ。これらの例はまず純粋で、原形的で、遂行性という概念そのものを定義づけるようなものとして示されるのだが、しかし最終的には「周縁的で限定的なケース」にすぎないと片づけられてしまう。しかもそれにすら、もしこれらの例や概念そのものが講義による分析の過程を「生き残る」ことができたとしての話だ、というただし書きがつく（150〔二三二〕）。にもかかわらずオースティンの講義がなんどもなんどもこれらの例に立ち戻るさまはまるで、どんな議論も分析も、どんな脱構築も解体も、じっさいにはこうした例の自明な典型性がもつ力を揺るがしたりそれに疑義を申し立てたりすることなどできはしないとでもいうかのようだ。こうした例文はオースティンの文章によって遂行性そのものとして頭に刻みこまれているのであって、それは遂行性概念そのものが名目上使えないものだとされるそのときであろうと変わりはしない。よく知られているようにこれらの例とは「当の文を発話することは(もちろん、適切な状況で、ということだが)、わたしが〔ある物事を〕おこなっているのを記述することではないし……わたしがそれをおこなっていると述べているわけでもないように思われる。それはじっさいにそれをおこなうこと」なのだとされる一連の文だ。たとえば「約束します(I promise)」、「……を遺贈する(I bequeath...)」、「……と命名する(I christen ...)」「謝ります(I apologize)」、「挑戦だ(I dare you)」、「……の刑に処す(I sentence you ...)」などである(3〔二〇〕)。

オースティンの使用法を離れて、この本ではこうした典型的な例を「明示的遂行体の発話」と呼ぶことにする。これらの例には共通するいくつかの統語論的・意味論的特徴がある。これらはみな(一)一人称単数で、(二)現在形で、(三)直説法で、(四)能動態によって語られ、(五)それぞれの動詞は発語がおこなう行為そのもの(オースティンの用語でいうところの発語内行為)を指し、そして(六)それぞれに「これにより・ここに〔hereby〕」という副詞を挿入しても意味が変わることはない。つまり「[ここに]謝罪する」は謝っているのであり、「[ここに]刑に処す」は刑に処している、などなど。

かりに明示的遂行体の発話というカテゴリーが遂行性の概念を多少なりと明確にするとして、それはこのカテゴリーがあやふやなケースを一掃するものだからではない。なんの問題もなく標準的な意味でのオースティン的な遂行力をもちながらも、さっき述べたルールを無視するような文例もたくさんある。たとえば「会議は終了です〔the meeting is adjourned〕」はルールの一と四に、「法廷は静粛に〔the court will come to order〕」は一と五に反しているし、「はい！〔Present〕）」に至っては一と二と三（六もあやしい）に反している。
けれどせばめられたカテゴリーがもつ意味というのは、例外を探したりいっけんして不適格な発話のなかからじつは適格な発話を引きだしたりするゲームに興じるためのレベルをさらにもうひとつ導入することにあるわけではない。このカテゴリーの使いでが感じられるのはむしろ空間化された思考のモードのためなのではないかと思う。もしオースティン自身が言うように最終的には遂行的発話と非遂行的発話を隔てるはっきりとした「イエス／ノー」の区別がないのだとしたら、関係性の地図のようなものを思い描くことのほうが助けになるかもしれない。それは一から六までのルールにきっちりと当てはまる明示的遂行体の発話を中心に据えて、そのほかのたくさんの発話がどれだけ中心的な例と似ていたりちがっていたりするかによって、その近くだったり遠くだったり、散らばっていたり、寄せ集められていたりするような地図だ。『タッチング・フィーリング』の第二章「遂行体《パフォーマティヴ》のあたりで」では、この空間化の衝動にさらに身をまかせて周縁遂行体〔*periperformative*〕の発話という新しい区分を仮定してみている。これはその複雑な効力が明示的遂行体との接点、そしてまたそこからの距離感によっても成り立っているような種類の発話なのだ。

　遂行的言語のいろいろな形式への幅広いレベルでのこういう興味でさえ、すこし前に話した脱構築的／クィアな流れとは外れたところにある。文学理論とジェンダー理論の軌道はジャック・デリダからジュディス・バトラーへと受け継がれていくうちに、遂行性の議論の文法的モーメントとか文法的衝動（とでも呼べそうなもの）からどんどん逸れてきたのだから。乱暴な単純化を許してもらえば脱構築とジェンダー理論は両者ともに、ざっくりいって反本質主義と呼べるような認識論的プロジェクトのためにオースティンの遂行性を引き合いにだしてきたのだ。オースティン的な遂行性とはどうやって言語がただ現実を記述するのではなくて現実を作りだすのか、あるいは現実に影響するのかにかかわるものだ。反本質主義的なプロジェクトにとって言語のこの直接的に生産的な側面がいちばん有効になるのは、問題となる発語がなにやら独り立ちして見かけ上は言説の外側にあるらしい現実にたいして、あたかも自分は単純に記述的な関係しかもっていませんよと主張しているかのように見えるときだ。同様にして歴史の分野でもこれと軌を一にする反本質主義のプロジェクトによって、フーコーがくりかえし示してきた分類や規律の生産的な効力が前景化されてきた――こうした分類や規律というのはいかにもなにかをたんに記述しているだけであるとか、あるいは単純に否定的な効果しかもたない禁止であるかのようにふるまうものだ。言語自体が現実を生産するということこそ、反本質主義の探求にとっては主たる基盤なのである。

こういう意味では脱構築とジェンダー理論はともに、オースティンの遂行性を一握りの典型的な発話や発話の種類という局所的な住処から解き放って、かわりにそれをもっとずっと一般的な言語や言説のひとつの性質として説明したがっているように思える。オースティンが明示的な遂行性について解説していると、デリダが「だがその真に面白い部分とは、いかにすべての言語が遂行的であるかということにすぎない」と切り返し、そこにジュディス・バトラーが「それどころかしかし、遂行性がもっとも遂行的になるのはまさにそれがもっとも明示的でないときなのだ――いやむしろ、こうも言えるだろう、とりわけそれが実際に言葉で具体化すらされていないときにこそ、と」とつづける、なんていう絵面が思い浮かぶ。

こういった力強い議論にこれといって唱えるべき異論はないし、じつのところそれを駆り立てている反本質主義にだって異存はない。けれどもやはり言っておきたいのは、デリダの遂行性もバトラーの遂行性も反本質主義的な認識論的動機のために用いられているのであって、だからこそそれはたとえばジョン・サールやエミール・バンヴェニスト(*4)によるオースティン理論の実証主義的な使用を特徴づけてきたような実体化された文法的分類の鏡像のようにも見えてしまうということだ。つまりいってみればデリダとバトラーは、そもそも暫定的で遊び心あふれるものだったはずのオースティンの統語的分類がすべてを還元的に本質化するものとしてしか存在できないようになってしまうような地点から出発しているように見える。言いかえると、ある言語からすべての言語への移行はデリダとバトラーの反本質主義的なプロジェクトが要請するものであるように思えるのだ。たぶん言語のある特定のこまごました部分の質感《テクスチャー》とか効果に関心をはらうこと（これがこの本のエッセイの多くでやろうとしていることなのだが）は、反本質主義の脇のほうにひょいと引くことを要求するのだと思う——本質的な真実にたいする認識論的な要求を相対的に軽くすることを。

それからもうひとつ、いっけんして非言語的な現象を厳密に言語的なやりかたで分析するという脱構築的プロジェクトからも、わたしははっきり一歩身を引いている。それはたとえばバトラーがある特定の身ぶりの様式をさまざまな遂行的発話として分析するようなやりかただ（Butler "Performative" 272-73）。ほとんどの脱構築的な仕事とおなじように『タッチング・フィーリング』もまた、命題的なかたちとして表されない、あるいはいっそ言語的なかたちとしてすら表されない経験や現実の側面についてもそうやって表されるものとおなじように触れようとしているし、そしてこういうふたつのありかたにははっきりとした区別を設けたうえでえてして前者に存在的な優越性を与える常識のようなものにはくみしたくないとも思っている。でもこの本がほかとちがっているのはたぶん、現実の非言語的な側面を言語的なものの下位に組みこむことでこの優先順位を転覆させるのにはどうにも気乗りがしないというところだろう。言葉とものの境界とか、言語的な現象と非言語的な現象の境界なんていうのは限りなく変わったり浸透しあったりするものだと思うし、どんな決定的な分節化にもぜんぜんそぐわないものだとは思う。だけどヴィトゲンシュタイン[＊5]に味方して、意味や言語にことさら特別な価値やら神秘性やら物質性やらをあてがうことをこけにしてしまう傾向がわたしにはある。いろんな種類のものや出来事が種々雑多なたくさんの文脈や方法で意味するものなのだから、言語的なたぐいの意味を必要以上に実体化したり神秘化したりしないことにもそれなりの価値があるんじゃないかと思うのだ。

と、ここまでのところ、あたかも遂行性の理論的重要性はすべてオースティンにつらなる言語行為論から直接的に発生しているかのような書きかたをしてきた。けれども現代的なたくさんの使われかたのなかで、とりわけジェンダー研究とカルチュラル・スタディーズの用法で「遂行的《パフォーマティヴ》」がおもに結びつけられ、動機づけられているのは、演劇性を定義するものとしてのパフォーマンス概念のように思える。バトラー自身の言葉で言えばバトラーの初期著作は「ジェンダーを……いわば「行為」としてとらえること、すなわち意図的であり遂行的《パフォーマティヴ》な行為、そして「遂行的《パフォーマティヴ》」そのものが「劇的なもの」と「指示的でないもの」の二重の意味をもつような行為としてとらえること」を誘いかけるのだから（Butler "Performative" 272-73）。「遂行的《パフォーマティヴ》」は現在、いっぽうには演劇、もうかたほうには言語行為論と脱構築という、そうとう隔たりのあるふたつの言説の権威をたずさえている。にもかかわらずバトラーが示唆するとおりこの概念は両言説の威光に預かりつつ、それぞれの言説のなかでかなりちがった意味をもっている。「遂行的《パフォーマティヴ》」の演劇的な意味と脱構築的な意味のあいだの広がりは、非言語的な行動と言語的な行動という二極にまたがるもののようにも見えそうだ。そしてそれらはまた、それぞれ究極的には演技者の外向性（完全に観客へと外に向けられているもの）とシニフィアンの内向性（もし「謝ります」という文が謝るだけなら、「刑に処す」も刑に処するだけというような）を股にかけるものでもある。マイケル・フリードが提示する演劇性と没入の対立は「遂行的《パフォーマティヴ》」がもつこのパラドックスにぴたりと重なりあう。[＊6] つまり「遂行的《パフォーマティヴ》」は脱構築的な意味においては内向性を示すのだが、逆に舞台まわりでは演技的なものとなるのだ。けれど「遂行的《パフォーマティヴ》」の使いかたにはさらにもうひとつの領域があって、たとえばリオタールの『ポスト・モダンの条件』では効率性のようなものの極地を――つまり資本主義的効率性の形象としてのポスト・モダン表象ということなのだが――意味しているのだが、他方でポール・ド・マンやJ・ヒリス・ミラーの（またしても）脱構築的な「遂行的《パフォーマティヴ》」はまさにシニフィアンと世界のあいだに原因と結果を関係づけないことによって特徴づけられている。(＊7) それと同時に、脱構築批評においてでさえ遂行的《パフォーマティヴ》な言語行為は、存在論的な連関のなさとか内向的な非指示性とかだけでは片づけられないものだというのは心に留めておいてもいいと思う。ド・マンの説く「あらゆるテクストに存在する、意味と遂行《パフォーマンス》の根本的な乖離」（298〔三八四〕）にしたがって、もしかしたら遂行体の非指示性というよりむしろ（ド・マンいうところの）遂行体とその指示対象の必然的に「逸脱＝錯誤した」関係にこそこだわってみるのもいいかもしれない——指示と遂行性のあいだのねじれ、いわば、その相互的な倒錯にこそ（301〔三八八〕）。『タッチング・フィーリング』のはじめの二章は遂行性と演劇性のあいだのこのすわりの悪い「逸脱した」関係にことさらかかわっている。第一章ではヘンリー・ジェイムズが英国の演劇にたいして生涯にわたって抱いていた深くも報われないあこがれを、そして第二章ではブルジョワ階級の結婚と動産奴隷制《チャテル・スレイバリー》を一九世紀の語りのふたつの移動型劇場——動くプロセニアム・アーチ——として分析することをとおして。

その上《ビヨンド》へ、その下《ベニース》に、そしてそのかたわら《ビサイド》で

とはいえこれだけの遂行性への興味にもかかわらず、『タッチング・フィーリング』の主眼はここまででも示してきたように非本質主義的に見える分析手法のなかにひっそりと残存しているある種の本質主義をひきずりだすことにあるわけではない。かといってそれはさまざまな文学形式のたわむれのようなものの根底にある無意識の欲動やら衝動やらを掘り起こすことでもなければ、はたまた自由主義的な美学の装いの裏にひそむ暴力的ないし抑圧的な歴史的力の正体をあばきだすことでもない。

このプロジェクトではこうした批評実践をむげにすることなく、深さや隠されたものといった概念をうまく回避する道を探っている。こういう概念にはたいてい暴露のドラマがつきもので、それはここ四〇年のあいだ、批評の定番となってきたものでもある。「その下に〔*beneath*〕」とか「その裏に〔*behind*〕」でさえ、手放すのは簡単じゃない。それにもましてやっかいなのは「そのかなたに〔*beyond*〕」からちょっとでも距離を置くことだ――自分でもぼんやりと輪郭を描くことしかできないような批評的・革命的実践を差し迫ったものとして「呼び求める」なんていう居丈高な身ぶりをするときには、なおのこと。

そのかわり『タッチング・フィーリング』でいちばん目を引く前置詞はたぶんこの本のタイトルが示しているように、「そのかたわらで《ビサイド》〔*beside*〕」だろう。ドゥルーズの平面的な関係性への関心を思い起こさせる「そのかたわらで」の変えがたい空間的な位置性はまた、「その下に」や「そのかなたに」がやすやすと空間的な記述子からそれぞれ暗に起源の物語や到達の物語へと変身するのにたいして、うまい抵抗のようなものを提示してくれるように思える。

「そのかたわらで《ビサイド》」がおもしろい前置詞なのはそれがまったく二項対立的でないからでもある。たとえばそれはいくつもの要素が――けれども無限にではなく――おたがいの横に並ぶことができるような感じだ。「そのかたわらで」は二項対立的な考えかたを強制する直線的な論理のあれこれにたいして、ゆったりかまえた不可知論を可能にしてくれる。そういう二項対立の論理のなかにはたとえば、非矛盾の法則ないし排中律とか、原因と結果の対立とか、主体と客体の対立とかがある。でも「そのかたわらで」の面白みが換喩的に横並びで平等な関係、あるいはいっそ穏やかな関係という幻想によって成り立っているわけですらないのは、兄弟姉妹とベッドをともにしたことがある子どもならだれだって知っていることだ。「そのかたわらで」は幅広い範囲のいろんな関係を包含する――その関係は欲望するものだったり、同一化するもの、代表するもの、反発するもの、平行するもの、差異化するもの、敵対するもの、もたれかかるもの、ねじ曲げるもの、真似るもの、身を背けるもの、惹きつけるもの、攻撃するもの、それから、たわませるものだったりもするし、とにかくいろいろなかたちをとるのだ。

　地理学や人類学などの空間化をむねとする学問分野にはやはり、アイデンティティとかパフォーマンスとかの問題にたいして生態系的《エコロジカル》なアプローチやシステム論的なアプローチが使えるという利点がある。たとえば人類学者のエスター・ニュートンは一九七二年に出版された『マザー・キャンプ』というドラァグ・クィーンたちの研究にふたつのクラブの見とり図を組みこんでいる（Newton 71, 89）。これらの間どりはそれぞれのクラブでおこなわれていたショーについてのフィールド・データの一部なのだが、ニュートンの空間的に精緻な分析の強みのひとつは、部屋のなかで人びとがそれぞれの「かたわらで」多面的に交流する様子に細心の注意を払っていることだ。かくしてある部屋ではパフォーマーがステージにひとりで立ちつづけショーが終わっても観客と交わることがないのにたいして、別の部屋のパフォーマーはひっきりなしにいろんな人と交流していたりする――バンドのリーダーやクラブのマネージャー、観客たち、それに老いも若きもいろいろなパフォーマーたち、ドラァグをしていても素に戻っていても、プロでもアマでも。その結果、ドラァグは単一の行為ではなくて異種混淆的なシステムだという、ニュートンが一貫してもちつづけている想定が強調される。つまりドラァグはひとつの生態系的なフィールドを形成していて、そこにある集約的でそのフィールド自体を定義づけるような関係性は、その内部に存在しているだけではなくそれが挑みかかっている規範にたいしてもむけられているのだという想定だ。対照的にバトラーが『ジェンダー・トラブル』の終盤でニュートンを引くときには、この空間への生態系的な注意は「様式化された反復」と「社会的時間性」としてのジェンダーという、時間的な注目のためになし崩しにされてしまう（191〔二四七〕）。けれどドラァグ・パフォーマンスという内的に複雑なフィールドは、空間性が失われることによって見たところ避けられない単純化と具象化をこうむることになる。じつのところ、この側面が失われてしまったこと自体、初期の読者の多くがバトラーの議論を短絡的に自由意志のすすめだと誤って解釈してしまったことの一因なのかもしれないと、わたしは思う。もちろんじっさいには時間的な思考と空間的な思考はけして二者択一ではありえないけれど、それでも『タッチング・フィーリング』では空間のゆたかな特質をなおざりにしがちな職業病を一貫して押しのけようとしてきたつもりだ。

抑圧仮説の策略

オチがなんだかわからないジョークほど、頭に残ってなかなかはなれない。『タッチング・フィーリング』はフーコーの『性の歴史』第一巻[*8]とのそういう関係性みたいなものを体現しているように思う。フーコーの本がジョークを思わせるのは、その議論があまりにもこちらの期待をそそり、無駄がないものだからだ。そしてオチがよくわからないという感覚は、その洗練された効率性そのものがそれが果たすと約束しているものを果たせなくしているように思える、ということから来ている。

わたしにとって『性の歴史』第一巻が引き起こすほとんどクラクラするくらいの期待は、フーコーが「抑圧仮説」と呼ぶものを見つけ、そしてそれを避けてとおるような考えかたがあるかもしれないと示唆していることにいちばん強く結びついている。フーコーが踏みつけにするこの抑圧仮説の考えかたによれば、性の歴史とは権力と性のあいだの「否定的関係」の歴史であり、「ルールの無理強い」の、「検閲の論理」の、そして欠乏と禁止という「装置の画一性」の歴史でしかないということになる。つまり「それが権利を制定する王というかたちをとろうと、あるいは禁止する父親、沈黙を強いる検閲官、はたまた法的有効性を宣言する主人というかたちをとろうと、ひとは権力を司法的な形式で図式化するのだし、権力の作用とは服従であると定義づける」(82-85〔一〇八—一一一〕)。それにたいしてフーコーはといえば、もちろん「性は古典期以来、禁止も消去も隠蔽も誤解もされてこなかった」などと主張することはさらさらないのだが、しかし彼が逆に目をみはるのは近代における性の言説の抑圧ではなく、むしろ増殖のほうである(12〔二一〕)。というよりもっとおもしろいことに、「抑圧と抑圧についての批判的分析」のあいだには「断絶」などないのかもしれないと看破するのだ(10〔一九〕)。「自らの沈黙について冗漫なまでに語り、自らが語らないものについて微に入り細に入り説明することに骨折りを惜しまない」社会の矛盾に応答し(8〔一六〕)、フーコーは近代という時代を定義づけるのは逆に「権力が行使されるまさにその場における性についての言説の増大、性について語れ、もっと語れ、という制度的な扇動、露骨な表現と際限なく積み重ねられるディテールによって性が語られるのを聞こうという、そしてそれを語らしめようとする権力機関の側の決意」なのだという(18〔二六—二七〕)。かくして解放を謳う抑圧仮説そのものが、ある種の策略じみたものに見えてくる——抑圧仮説が叫ばれる以前にもそして同時代的にもずっとおこなわれてきたような強圧的な言説的増殖をよりいっそう余儀なくさせるような、そんな策略に。

二項対立的な考えかた——それもとくに性についての——から抜けだそうというプロジェクトにとって、抑圧仮説についてのこんな議論くらい絶好の出発地点もないんじゃないだろうか。ところがフーコーの本をもっとじっくり読んでみると、そしてほかの学者たちがその問題系に取り組んでいるのを見ているとなおさら、この本が自己分裂に陥っているのがどんどん明らかになってくる。それは抑圧仮説にたいしてほとんど無限に枝状に広がっていくようにすら思える広範で繊細な批判をおこなうことによって、この本自体がいったいなにを求めているのかについての自己分裂だ。わたし自身がこの本になにを求めていたのかは、はっきりしていた。禁止とか抑圧とかからひょいと身をかわすようにして、人間の欲望を理解する方法。その方法はカメレオンのごとく姿を変える禁止・抑圧の正体を突きとめやっつけるというような、ヒロイックで「解放的」で不可避的に二項対立的な正義感とはかなりちがった構造をしているかもしれない。もし抑圧の批判的分析そのものが抑圧と切っても切れないのなら、多少なりと有効なやりかたで考えることというのはきっと、それとははっきりとちがうなんらかの方法で考えることなんだろう。

建前としてはいかにもラディカルでおたがいに関連性のないいくつもの言説に抑圧仮説がはびこっているのを——たとえばマルクス主義、精神分析、リバタリアニズム、そして自由主義にも——フーコーは鵜の目鷹の目で批判的に分析する。その様子はそれ以外の方法で考えることこそがフーコーのプロジェクトにとって主たる動機になっていることを、はっきりと示している。そしてこの本以降に書かれたフーコーの著作はかなりの程度、このプロジェクトをさらに推し進めようとするものだ。けれど『性の歴史』第一巻の勝ち誇るがごとく神がかった文章の力は、その分析そのものが抑圧仮説の外側で考えることの模範例となっているのだとフーコー自身が——たくさんの読者がそう納得しているように——得心していることをほのめかしている。けれども『性の歴史』第一巻はフーコーのほかの多くの初期著作とおなじように、抑圧仮説の外側で考えているというよりはむしろ抑圧仮説を置き換え、拡大し、そして仮説化することによってそれをよりいっそう広く伝播しているといったほうがよい気がする。

わたしの見こみがあたっているとして、以下にフーコーの抑圧仮説についていちばんよくある理解（誤解？）の分類例をあげてみたい。どうやら近頃の理論家はフーコーの本が議論しているのはつぎのうちのどれかひとつだと、確信をもって理解しているように思える。

一、抑圧仮説を乗り越えてもなお、やはりある種の禁止こそ理解されるべき最重要課題である。しかしこの禁止はもの・ある種の人びと・行動・主体を除外することではなく、むしろそれらを作りだすことによって作用している。

二、抑圧仮説を乗り越えてもなお、やはりある種の禁止こそ理解されるべき最重要課題である。しかしこの禁止は人の目を引き付けるような外部からの否定的な制裁によってではなく、むしろ一見して自発的な内面化されたメカニズムによって作用している。

三、抑圧仮説を乗り越えてもなお、やはりある種の禁止こそ理解されるべき最重要課題である。しかしこの禁止は上から強制される画一的な方法によってではなく、むしろ複数の、えてして微細な経路や言説をとおして湧き上がってくる。

四、抑圧仮説を乗り越えてもなお、やはりある種の禁止こそ理解されるべき最重要課題である。しかしこの禁止は局所的で露骨な禁止の数々ではなく、むしろひとつの超越的な禁止（たとえば言語そのもの、ラカン的にいえば「父の名」）によって作用している。

五、抑圧仮説を乗り越えてもなお、やはりある種の禁止こそ理解されるべき最重要課題である。しかしその禁止は自然を（つまりは本質を）装うことによって作用している。自然や本質主義は抑圧・禁止のきわめつけの策略なのだし、またこれまでもずっとそうであった。

はっきりしているように思えるのは、こうした思考パターンがどれだけ発見的手法《ヒューリスティック》として強力だろうと、どれをとってもフーコーの暗黙の約束を果たすことはできないということだ。もしかしたら抑圧仮説をよけてとおる道があるかもしれない――そもそも禁止という問題によって構造化されているのではない思考のかたちにたどりつくような道があるかもしれないという、あの約束。でも、なんだってそんなことしたいなんて思うんだろう。フーコー自身だって認めているように、禁止というのは人間のあらゆる言説の特徴のひとつなのだし、まして性にかんする言説についていえばなおさらのことだ。その明白な現実を考慮にいれれば、抑圧仮説を回避することへの興味をもつなんて、まるで（意図的なものだろうと本心からくるものだろうと）おめでたさ――現実に直面することからの救いがたいほどの逃避――以外のなにものでもないかのようにさえ思える。

ただしフーコーの暗黙の約束にこれだけ強く呼応していながらも、じっさいのところわたしは抑圧や禁止のない世界という幻想に突き動かされていたというわけではない。前に挙げたフーコーの解釈一覧に不満なのだって、それがどれも悲観的すぎるからとかユートピア性が足りないからとかではない。そうではなくて、フーコーが描きだす容赦なく自己増殖し適応する抑圧仮説の構造に唸っているうちに、こういう解釈の認知的な危険が見えてくるようになったのだ――みずからが教訓的なトートロジーに陥っていることにどんどん気づけなくなるという、危険性。

「トートロジー」という固定的な論理学の用語よりそれはいっそ、記述のシステム、とでも呼んだほうがいいかもしれない。抑圧仮説の変幻自在な包摂性をめぐる綿々とつづく緻密な研究を見ていると、この仮説を避けようとすることは解決不能なポジティヴ・フィードバックのループを形成することになるのだとすら言えそうだ。それはまるで半分ずつコントロールできる電気毛布をかぶってAとBが寝ているところ、ふたりが握っているスイッチがあべこべになっているみたいなものだ。寒くなったAが温度を上げようとするとBの側が温まってしまい、そんなBが温度を下げようとすると今度はAの側が寒くなってしまうので、さらにAはもっと温度を上げようとする、するとBの側は……こんな具合で延々とつづいていく。

『タッチング・フィーリング』の第四章はこんな概念のフィードバック・ループを――シルヴァン・トムキンズの用語でいえば自己達成型ではなく自己強化型のフィードバック・ループを――もっと詳細にわたって分析している。手短にいうと、フーコーの本とそれが引き起こしてきた反応についていえば、抑圧と解放のあいだの似非二項対立についてのフーコーの分析は多くの場合、覇権的《ヘゲモニック》なものと転覆的《サブバーシヴ》なものというさらに抽象的に結晶化された似非二項対立へと概念的に設定しなおされることにつながってきたのだと、わたしは考えている。こうした概念はうわべには倫理的な切実さがあるので、その内実がじょじょに空疎になっていることはおおい隠されている。それはグラムシ・フーコー的なものの感染が(*9)「覇権的な」という概念を現状《ステータス・クオ》の（つまりは存在しているものすべての）別名へと変えてしまい、「転覆的な」をそれにたいする純粋に否定的な関係のみによってどんどん定義づけるようになるのにつれて起こるのだ（それはフーコーの議論のなかでそもそも抑圧仮説をかたちづくったといわれる「否定的関係」とおなじものを、極限までおしすすめたものだ）。これまたひと昔に流行った、ある時代が「継続」的な時代なのか「変化」の時代なのかをめぐる歴史的な議論を支えていたのとおなじで、あまり役に立たない構造である。現状《ステータス・クオ》を固定的に理解することのもうひとつの問題点は、それが中くらいの主体性のありかたに与える影響でもある。存在しているものにたいするひとの関係は反動的で、二分化したものになる危険性がある。それは消費者のような関係性だ。あれこれの現れを受け入れるか拒否するか（買うか、買わないか）の二択にその選択が限られてしまうような関係性は、抗えない衝動か自由意志かという二極だけを劇化する。だけど有効な創造性や変化が生まれるスペースを作りだしてくれるのは、中くらいの主体性だけなのだ。

質感《テクスチャー》と情動《アフェクト》

よきフーコー的主体のひとりとしてはややバツが悪いのだが、『タッチング・フィーリング』は性についてあまり語るところがない。それはわたし自身の人生のありふれた偶然によるところが大きい。癌治療がエストロゲン循環の跡をくまなく消しさろうとするにつれ、性はどんどん内省を刺激する動機ではなくなってきた。そしてまたゲイ・レズビアンの政治が平凡なものへと戦略的に変化し、歴史的であると同時にいまなおつづいているエイズの流行との関係をあくまでも否認しようとしている状況を見ていると、まるで理論と性のアクティヴィズムとがとても実りある関係をもっていた時代はもう、いろんな分野で過去のものになってしまったようにも思える、ということでもある。

この本がいちばん持続的かつ直接的に性にまつわるテーマに近づいているのは第一章だろう。この章ではヘンリー・ジェイムズを魅惑してやまなかった手のイメージ、直腸に挿入され摘便する、いやそこに集められていると想像されるお宝を「掘りだす」、そんな手のイメージについて論じている。わたしが深い影響を受けているリニュー・ボラのエッセイでは、ジェイムズの糞便への強烈な興味を出発点として、感触《テクスチャー》／質感／肌理という問題系そのものについて驚くほどゆたかな議論がなされている。そこで展開される見解は、質感《テクスチャー》を感じることとは、つねに、即座に、そして事実上、どうやって物質的《フィジカル》・身体的な性質どうしが働きかけ働きかけられるのかを仮定し、試し、そして理解するという能動的な物語化の場なのだ、というものだ。質感を感じることとはけしてたんに「どんな感じか」と問いかけたり知ったりするだけのことではないし、単に「それがわたしにどうやって影響しているか」を問うことですらない。質感を知覚することはいつも、さらにふたつの問いを投げかける――「これはどうやってこんなふうになったのか」そして「これでわたしはなにができるだろう」

という問い。これらはジェイムズ・J・ギブソンが一九六六年に出版した『生態学的知覚システム』という本で「アフォーダンス」と呼んでいる本来的に備わった相互作用する性質の一種であって[*10]、知覚についてのこのアプローチはトムキンズの情動研究とおなじように、第二次世界大戦後に隆盛したサイバネティックスやシステム論に負うところが大きい。

ボラのエッセイが示しているように、自分が感じている物体がはたして堆積したものなのか、絞りだされたものなのか、フィルムでおおわれたものなのか、粉状にされたものなのか、磨かれたものなのか、磨耗したものなのか、フェルトで包まれたものなのか、毛羽立てられたものなのか、そうしたことを即座に仮定してはじめて、わたしは質感を感じることになる。おなじように質感を知覚することとはつまり、あるものをつかんだり、積んだり、畳んだり、裂いたり、登ったり、のばしたり、滑らせたり、浸したりするのが簡単なのか難しいのか、安全なのか危険なのかを、知ったり仮定したりすることでもある。ほかのどんな知覚のシステムよりもっとたちどころに、触覚は主体性と受動性にまつわるあらゆる二項対立的な理解を無意味なものにする。触ることというのはつねにすでに、手を差し伸べることだったり、なでること、持ち上げること、ぽんぽんと叩くこと、あるいは包みこむことだったりするのだし、そしてそれは同時に自分がそうする以前にほかの人びとや自然の力が（そういう手触りを持った物体が形成される過程のなかだけでも）そういうことをした効果としてあるのだと理解することでもある。

ヴァルター・ベンヤミンがつぎのようにいうとき、彼は質感ゆたかな物体と主体のあいだでそれぞれのもつ性質が逆転しうる可能性を利用するひとつの方法を言い当てていた。「ブルジョワジーにとって、自分のこの世での存在を永遠不滅のものとすることは不可能であるとはいえ、自分の日用品や必需品の痕跡を永久にとどめおくことはどうやら、名誉の問題のようである。ブルジョワは嬉々として数多くの物体の跡・印象《インプレッション》を残そうとする。スリッパや懐中時計、温度計に卵立て、ナイフとフォークや傘、こうしたものにカバーだのケースだのをつけたがる。ベルベットやビロードのカバーが好まれるのは、それが触ったときの跡をとどめておくからだ。第二次帝国終焉期の様式では、住居はある種の覆いとなる」(46〔一八八〕)。「この様式は〔住居を〕ひとの覆いのようなものと見立て、ひとをあらゆる付属物とともにそのなかに埋め込み、自然が花崗岩に埋められた命なき動物相の番をするようにして、そのひとの痕跡を守る。この過程にふたつの側面があることは見逃されてはならない。このようにして保存された物体の価値は真の価値も感傷的な価値も強調される。それと同時に所有者以外の人びとの俗な視線にさらされることはなくなり、とりわけその輪郭は特徴的な方法でぼやかされる。支配にたいする抵抗という、反社会的人間の習慣ともなるものが、有産ブルジョワジーに回帰するのにはなんの不思議もない」(46-47〔一八八〕)。

ボラはヴィクトリア朝のビロードからポストモダン的光沢へと視線を移し、「滑らかさとは質感の一種であると同時に、質感の他者でもある」と言う(Bora 99)。ボラのエッセイはふたつの種類、あるいはふたつの意味の感触のあいだにとても有益な区別を設け、そのひとつを「質感〔texture〕」、いまひとつを「シツカン〔texxture〕」と呼んでいる。「シツカン」は、それがどうやって実質的に、歴史的に、物質的に生じたのかについての情報がみっしりとつまった質感だ。傷やむらになった光沢を帯びた煉瓦や金属でできた鍋などは、この意味でのシツカンの好例となるだろう。けれども質感のほうにもまたこうした情報を挑戦的に、あるいはひっそりと、遮ったり拒んだりするものがある。たとえば多くの場合つやつやした(目に見えてベタベタしたとまではいかないまでも)質感は、かわりに内面と表面という両極性を主張し、みずからの歴史をあえて消去することを意味する感触だ。ボラがこの概念を提示したその結論のひとつは、どれだけ高光沢だろうとも質感の不在なんていうものはありえないというものだ。

ボラはフェティシズム概念（精神分析的フェティシズムとマルクス的な商品フェティシズムのどちらも）の質感の歴史についてまことにあっぱれな分析をしていて、その分析はフェティシズムにおける置き換えを加工されぎらぎらと照りはえる表面の置換に沿って滑るようにして、まるで光の速さで動かしていく。けれどもシツカンのほうの物語的・遂行的な密度——その消し去ることのできない歴史性——もまた、ある種のフェティッシュ的な価値を帯びやすくなる。その一例となるのはエキゾチシズムをめぐる問題かもしれない。外国人の歪んだ視線で照らしだされた数々の異国の手が織りなす安価で貴重な労働の、触知可能でたやすく手に入る質感の記録。

ボラのエッセイが強調するもうひとつのことは、たしかに質感はその定義的な基盤をある程度触覚に依拠してはいるが、質感そのものはどんなひとつの感覚にも収まりきらないということだ。むしろ質感は「触覚と視覚の属性の境目で」境界的に感知される(101)。じっさい、質感の知覚には視覚と触覚以上の感覚もかかわっている——たとえばコーデュロイのズボンがキュッキュッとこすれるのを、またはカリカリのフライドチキンにかぶりつくのを聞くとき。

質感がふたつ以上の感覚にかかわるとして、さらに言えそうなのはべつの知覚システムのほかの特質やそれらの近代における根幹から異なった歴史もまた、質感の歴史を伸ばしたりねじまげたりする可能性があるということだ。すくなくともこれまでのところ、物理的な触覚そのものはテクノロジーによる増幅に驚くほど向いていない。自分の胸を触診する女性はよく、胸の輪郭が自分の指にはっきりとわかるように、液状石鹸とかちいさなサテンの布とか水の入った薄いビニール袋とかを膜としてつかうようにと言われる。けれどこうして最小限に感覚を増進させる手立ては、ニュートンの望遠鏡やレーウェンフックの顕微鏡以来の視覚刺激の文字どおり指数関数的な増大にくらべれば、ちょっと足しになるという程度のものにすぎない。質感をめぐる小説のひとつの決定版ともいえる『ミドルマーチ』の語り手は、わずか二文によって望遠鏡から顕微鏡へとズームインする(83)。こんな視覚的振れ幅がひとたび常識と化せば、指の威光などひとたまりもない——けれども増幅にたいする触覚の抵抗そのものは触覚がある種の知覚の絶対基準を代表していることを意味しているのかもしれない。じっさい、近代における触覚と視覚の関係を特徴づけるのはいやましに広がる物理的なスケールの差(そしてそれが変化するまったく異なった速度)なのであり、そこで質感は意味の危機や意味の裂け目を触覚と視覚の差との換喩的な連続性をもって表すのにぴったりなものとして理解されるようになってきた。

こういう風に質感について議論するためにさまざまな感覚を横断しなければならないということは、質感についてはいろいろなスケールにわたって考える必要があるということも同時に意味する。たとえば交通テクノロジーが(視覚テクノロジーもそうだけれど)雄弁に物語るのは、質感はスケールと切っても切れない関係にあるとはいえ、どんな物理的なスケールであれそれ自体としては質感を測るスケールではありえないということだ。飛行機が空港のまわりをぐるぐると旋回するときには一エーカーぶんもの樹々が質感をもたらす。けれど薪を割っているときにかたちや構造として視界にあらわれるのは一本の木だとしても、質感に関係するのは切れ味の鋭い斧の跡との対照される不揃いな木目の繊維のレベルなのだ。

さらにはどんなスケールだろうと、表面にでこぼこがひとつ、いやみっつくらいあったところで、それは質感にはならない。水玉みたいな連続的なパターンはもしかしたら質感を形成するかもしれないが、それだってその水玉のおおきさとかどれだけ近くで見ているかにもよる。部屋の端っこから見ていたら水玉だってたんなるのっぺりした灰色のシートに見えるかもしれない。五、六〇センチくらいの距離ならば点々も目に見える質感を形成する。虫眼鏡で見たなら、全体的なデザインを構成しているふたつみっつの丸いかたちとは関係ないようなその下の紙や布の質感が見えてくるだろう。質感というのはつまり、連続をふくむたくさんの知覚データから成っているのだが、その知覚データは形状や構造などのレベルのちょっと下あたりにぼんやりと浮かんでいるくらいのまとまりなのだ。

ベンヤミンが質感の顕著さをブルジョワ階級のプライバシーに結びつけたのに対抗するようにして、ウィリアム・モリスは思弁小説『ユートピアだより』で質感のこういう性質を理想郷的に利用してみせた。(*11) そこでは政治的な平等と共同体主義的な倫理、生産的な美のよろこび、そして心理的な平安が、同一スケールのひとつの表面からまたほかの表面へと切れ目なく伸びてゆく。そしてまたあのモリス独特のパターンである、等距離的で前景化されず切れ目も奥行きもない「自然から」採られた装飾は、風景から建物へ、インテリア・デザインへ、男もの女もの両方の衣服へ、身体そのものへと広がって、そしてまたもとへ戻ってゆく。解放へとむかいゴムのように伸び縮みするそうした質感の美学によって登場人物たちが表現しているのは、「ひとが住まうこの大地の肌と表面そのものへの強烈で傲慢なまでの愛情、まるで愛する女の色白な肉体に抱くそれ」だ(158〔二三八〕)。そしてその逆に彼らの服を飾るのは「我らの体を覆うものも我らの体のように美しいものであってほしいという嗜好なのだ――鹿や獺の毛皮がはじめから美しいものであったのとおなじように」(165〔二五二〕)。

そしてまた注目すべきなのは、遂行性の定義そのものがどれだけ質感の言語に予想だにしないような影響を受けているか、ということだ。オースティンが遂行的発話の分類をおこなうときに適用した基準はぐちゃぐちゃとぬかるんでいて、彼の澄まし顔の緻密な構文とはぎょっとするくらい対照的である。真／偽(確認体)と幸／不幸(遂行体)という様相はさしずめ、湿った／乾いたという混乱をまねく軸にそってすっかり拭い去られてしまう危機につねに瀕しているかのようだ。ジャック・ベニーばりの乾いたユーモアに満ちた(*12)その文体にもかかわらず、オースティンによればわたしたち読者は彼のプロジェクトによって気づけばえてして「論理的な段階を踏んで、泥沼にはまり」（13〔三四〕）、あるいは「手には新たなるふたつの鍵を、そしてもちろん同時に、足元にはふたつの滑り止めを」（25〔五〇〕）得ることになる。「先入観の固い地盤が地滑りを起こすのを感じるのは爽快だ」と彼は書く――「ただしそれには代償も伴う」（61〔一〇〇〕）。その後オースティンは「わたしができる説明というのは、逃げ回るというよりむしろのたうち回るだけのようなもの」（150〔二三三〕）だと請けあう。あきらかにオースティンにとって特定の文例を分類することはジョン・サールの分類のように固定的な遂行性を具現化することではなく、むしろその分類を創作するためのむさ苦しいワークショップには「数多の二項対立とおなじように、消去しなければならない」タイヤのスリップ痕が縦横無尽に走っている（149〔二三一〕）。それはそこから遂行性が生まれでてくるような、肝心かなめでまだ未分化の柔らかい肉のようなものを表しているのだ。

　こんなふうにして質感は、学際的な会話の中心を近年の認識論への固着（つまり遂行性《パフォーマティヴィティ》／パフォーマンスというものは、本質的な真実があるかないか、そしてどうやってそれを知りえるのか、あるいは知りえないのかを教えてくれるのだ、と示唆するもの）からずらしてくれる可能性がある枠組みのように思える。そういうずらしは現象学と情動についての新たな疑問を提示することで起こりうる（たとえばなにが遂行性やパフォーマンスの動機となるのかとか、それがおこなわれることでどんな個人的な効果や集団的な効果が促されるのかなど）。ここに集められたエッセイを『タッチング・フィーリング』と名づけたのは、質感と感情のあいだにはどうやらある特別な親密性が存在するようだ、という直観を記しておくためだ。でもこの触知性と感情的なものの二重の意味は、「touching〔触ること・感動的な〕」という一つの言葉にすでに存在しているのだし、「feeling〔感じること・触ってみること〕」という言葉にもおなじく内在している。それからわたしにとってこのつながりをさらに奨励するもうひとつのものが「ベタベタした〔touchy-feely〕」という妙な悪口なのだが、それは情動について話すだけでさえ皮膚的な接触にほぼ匹敵するものだということをこのいい回しが暗に意味しているからでもある。

でもいっそ、触れることと情動のつながりなんて当たり前すぎることなのかもしれない。そのいかにもな常識っぽさは、すべての人間の接触とか感情とかの中心に性的欲望があるという近代的な想定をあまりにも安易に補強するようにも思える。フーコーが分析するロマン派以降の「知／権力」の体制は抑圧仮説を構築し増殖させるものであり、そしてその体制はひとつの生理的な衝動──セクシュアリティ、欲動《リビドー》、欲望──こそ究極の源泉なのだというフロイト的な理解に基づいている。だからフーコーの言葉でいえばこの衝動は「真実」を、人間の動機、アイディンティティ、そして感情の「真実」を体現するのだと見なされる。たとえばセクシュアリティについてわたしが書いた最初の本では、「男同士のホモソーシャルな欲望」という用語を説明するのにこの近代以降の統一見解に依拠していた。「ほとんどの場合わたしは、「欲望」という言葉を精神分析的な用法の「欲動」と似たような意味で使っている──特殊な情動や感情の状態としてではなく、情動的な力、あるいは社会的な力として、つまりたとえその表れが敵意や憎しみ、あるいはもっと感情的に緊迫していないものであったとしても、それでもなにか大事な関係性を形作るような、糊のようなものとして」(2〔二〕)。この統一見解的な見方は感情を排するわけではないとはいえ、この引用が示しているように感情は主としてその下に流れている欲動の動きの媒体ないし兆候として理解されてしまう。興奮、激情、あるいは無関心だって、程度の差こそあれ「欲望」が変質したのとおなじようなものとして見なされる。その情動そのものの性質や属性なんていうのはどうも、目的地にひとを送り届けるスピードにたいする飛行機の色くらい、どうでもいいものみたいだ。

こうやって情動を衝動に還元することはたしかにある種の思考の図式的な鋭さを可能にするかもしれない

けれど、その鋭さは質的な意味ではあまりに貧しいものになってしまうかもしれない。『タッチング・フィーリング』に収録されたひとつひとつのエッセイは、こうやって情動を衝動に従属させるおきまりのやりかたに代わる方法をなんらかの意味で提案しようとしている。第三章はアダム・フランクとわたしがシルヴァン・トムキンズの著作に出会った初期のことを書いているのだが、こういうアプローチのほとんどを支えてくれているのがトムキンズの理論だ。[1] トムキンズにとって衝動のシステムと情動のシステムの差は、どちらかがより深く身体に根ざしているということにあるわけではない。トムキンズは衝動も情動もとことん肉体化されていて、同時に多かれ少なかれ認知プロセスにしっかり織りこまれたものとして理解しているのだから。その差はむしろ、どちらかいっぽうがより特殊化しているか一般的かという差、または制約が大きいか小さいかという差なのだ。つまりは衝動も情動も生物学的に基礎づけられたシステムではあるが、複雑性や自由の度合いを生みだす機能の多寡に差があるということになる。[2] だからたとえば、衝動はその目的に比較的狭く制限されているといえる。呼吸は空腹を満たさないし、睡眠は排便欲求を満たしはしない。衝動はまた比較的時間制限があるともいえる。生きるためには一分以内に呼吸しなければならないし、今日中になにか飲まなければいけないし、ここ何週間のうちには食べないといけないのだから。もっとも大事なのは、衝動はその対象の幅もまた比較的制限されているということだ。呼吸する必要を満たせるのは気体のなかでもほんの一部だし、飲む欲求を満たせる液体だってほんの一握りだ。こういう意味でもその他いくつかの意味でも、セクシュアリティは衝動のなかでもいちばん制限がゆるい(つまりいちばん情動に似ている)。「もしフロイトが情動システムの性質のいくつかを衝動を概念化するときにこっそり転用しなかったら、フロイトのシステムはもっと味気ないものになっていただろう」とトムキンズは言い、そしてフロイトの理論は衝動一般を代表するのにセクシュアリティを使ったことで台無しになっているとも考えている(*Shame* 49)。けれどセクシュアリティが衝動であるその

（限定的な）程度においてはセクシュアリティもまた、情動と袂をわかつものである衝動の即物的な手段性を、つまりはそれ自身ではなく特定の目標と目的にむかう定義的な指向性をもっている。

　トムキンズの完璧な要約とはいえないまでも、こうした特質は情動と衝動の重要なちがいを表しているだろう。情動は衝動より、たとえば時間（怒りは瞬間的に沸騰して蒸発するかもしれないいっぽうで、一〇年にも及ぶ壮大な復讐劇の動機ともなりうる）や目的（ある曲を聴くよろこびはそれをもっと聴きたいと思わせるかもしれないし、ほかの音楽を聴きたいと思わせるかもしれないし、はたまたみずから作曲家になるために勉強したいと思わせるかもしれない）の面で、ずっと自由度が高い。けれどとくに情動の自由度がとびきり高いのは対象だ。というのも、衝動とちがって「どんな情動もあらゆる「対象」をもちうる。これが人間の動機や行動の複雑さの根本的な源になっている」のだ（7）。怒りや喜び、興奮や恥といった情動の対象はこうした情動にとって、空気が呼吸の固有の対象であるような意味で固有ではない。「これまでの歴史で、ひとつあるいはそれ以上の情動に結びつけられたことが一度もないような種類の対象など、文字どおりひとつもない。ポジティヴな情動は痛みやあらゆる種類の人間の悲惨さにも注がれてきたし、ネガティヴな情動は快楽や人間精神のありとあらゆる勝利の結果としても経験されてきた……。同様のメカニズムによってひとは、興奮と喜びの魔法を、不安や恥と苦痛への恐怖を、存在のあらゆるどんな側面にも注ぎこむ」（54）。情動はいろんなもの、人びと、アイディア、感覚、関係性、行為、野望、制度、そしてその他無数のもの、ほかの情動にさえも結びつきうるのだし、じっさいに結びつく。だからひとは怒りによって興奮したり、恥によってうんざりしたり、あるいは喜びによって驚いたりもする。

　情動のこんな自由さは、衝動システムが享受できないような構造的な潜在能力の源ともなる。つまり衝動の手段性や自分自身以外の目標物にむかう直接的な指向性とは対照的に、情動は自己目的でありうるのだ。

「厳密にいって情動システムには、衝動の成就がもつ報酬効果にあたるものが見当たらない。むしろ事実として、ポジティヴな情動の場合には情動の喚起と成就は軌を一にする。すなわち、ポジティヴな情動を起動するものはその情動を「満たす」のだ」（58，強調筆者）。トムキンズはどうしたら真に人間らしいロボットを作れるかという詳細な思考実験でこのように言っている。

［その機械には］情動システムが必要になるだろう。これは具体的なプログラミング上ではなにを意味するのか。このような機械には自己報酬的で自己処罰的な特徴をもついくつもの反応を組みこまねばならない。こうした反応とはつまり、本源的に容認可能だという反応、さもなくば本源的に容認不可能だという反応である。(3) これらは情動的反応の本質的に美学的な特性である――そしてある意味でこれ以上還元することができないものだ。赤さという経験が色盲の人にそれ以上説明できないのとまさにおなじように、興奮、喜び、恐怖、悲しみ、恥、怒りといった情動の個別的特質は、それに必要なエフェクターとレセプターの装置をもたない人にはそれ以上説明することができない。その刺激やレセプターをこれ以上分析することができないと言っているのではない。こうした分析には制限がない。そうではなく、ここで強調しているその現象的な特質は、本源的に報酬的ないし処罰的な特徴をもっているということなのだ。

もしいつかロボットが英語を学習するようになったなら、そのときには喜びや興奮には「これ、いいですね」というような自発的な反応が、恐怖や恥、そして苦痛にたいしては「なんだろうと、これは嫌です」というような自発的反応が必要になるだろう。この特質を即座の行動としての反応という観点で定義づけることはできない。なぜなら人間らしい動機づけの反応として機能するためには、こうした情

動的な反応と手段的な反応のあいだにある差こそが必要なのだ。（42, 強調筆者）

こういうふうに見てみると、トムキンズがセクシュアリティを「情動的な要素がもっとも大きな役割を果たしている衝動」とみなしているのも合点がいく。セクシュアリティは「衝動のなかでももっとも緊急性が低い」だけでなく、唯一「衝動の成就なき活性化が処罰的ではなくむしろ報酬的な衝動なのだ。性的に興奮することは」と、トムキンズはやんわりと言う――「空腹や喉の渇きを感じるより、ずっと胸踊り、報われることである」（60）。性的欲望は自分以外の目標や対象に通常むけられているとはいえ、ほかの衝動よりもずっと目標も対象も可変的で、そしてまたポジティヴな情動とおなじく、潜在的には自己目的的でありうるのだ。

衝動についてのもっとも重要でよくある想定を、トムキンズはまちがいだと指摘する。それは衝動は情動より生存に直接的に結びついているから、もっと直接的に、もっと切迫して、もっと力強く経験されるはずだという思いこみだ。衝動システムこそが人間の行動の第一の動機なのであって、情動はそうすると必然的に二次的なものだという のがいわば、常識ではある。トムキンズが示すのはまさに、その逆こそが真なのだということだ。つまり動機そのものこそ――生物学的衝動を満たそうという動機ですらも――情動システムの仕事なのだ。

生命維持に不可欠な空気の供給が途切れるという窒息の経験でパニックに陥るとき、そのパニックは酸素欠乏のシグナル伝達そのものとは無関係なのだとはたと気づいて、わたしは驚きと興奮でほとんど椅子から滑り落ちそうになった［酸素が徐々に失われるときには驚きという情動の引き金がないので、たとえそれが致死的であってもパニックは起こらないのだから］……それに導かれるようにして程なくわかったのは、興奮はセクシュアリティや渇望そのものとは関係がないということ、そして衝動システムの見たところの緊急性は、それにふさわしい情動を不可欠な増幅装置として用いて結合することによって借り入れられているのだということだった。フロイトのイド（エス）が突如として張子の虎のように見えてきた。フロイト自身がいちばんよくわかっているように、セクシュアリティは衝動のなかでももっとも気むずかしいもので、恥や不安や退屈や怒りによってやすやすと不能に陥ってしまうものなのだから。（"Quest" 309）

ようするに衝動システムは、そのなかで情動が従属的な細部やサポートとして機能しているような最上位の構造としては、正しく理解することができない。じっさいには、その自由さと複雑さによって「情動はどんな衝動よりもずっと行き当たりばったりであるか、あるいはまたずっと独占的でありうる。……フロイトが無意識とイド（エス）に割り当てている性質のほとんどはじつのところ、情動システムの顕著な特徴である。……情動は貪欲さと極度の不安定さの両者を、そしてまた移ろいやすさと気難しさの両者を可能にするのだ」(52)。

質感《テクスチャー》と情動、触ることと感じることがおたがいに属しあうものだとして、それはそのどちらもが「精読」とか「厚い記述」とかを必然的に求めるような特別に繊細なスケールを共有しているからというわけではない。共通しているのは、どんなスケールで考慮されたとしても、どちらもそれ以上還元不能なまでに現象学的だということなのだ。質感や情動をおもに構造の観点から記述すると、いつだって性質的におかしな説明になる。情動と質感のレベルで心理や物質性について考えをめぐらせることはまた、ある概念的領域に足を踏み入れることでもある——欠如、そして常識的な二項対立である主体と客体、手段と目的の対立によってかたちづくられてはいないような、そんな領域に。

『タッチング・フィーリング』に収録された一連のエッセイたちのあいだの差異がなぞっているのはいくつかの同時進行的な語り、それもその意味がわたし自身にもよくわかっていない語りなのではないかと思う。さっきも言ったとおり性的な興味は減退しているようなのだが、そのいっぽうで教育についての感覚は深まっている。どのエッセイも情動には深くかかわっているとはいえ、ある特別な情動、恥への激しい興味こそわたしを情動理論の森に深く迷いこませたものだ。でも教育について考えるところでは、わたしの心をとらえて離さなかった恥への興味の支配力もゆるめられている。本の終わりに近づくころには、ポジティヴな情動（トムキンズの図式でいうところの、興味＝興奮と、そしてとくに楽しみ＝喜び）がもっとずっと関心を呼ぶものになっている。こういう情動がたんにしあわせなだけではなく自己目的的な情動だということは、この本による仏教の位置づけとも共鳴しているような気がする。もしこういう物語がよりあわせられたなら、そこにあらわれるのはわたしが『愛についての対話』でつくりだそうとした語りと、直線性の度合いではどっこいどっこいのものになるだろう。それは『愛についての対話』の終盤でセラピストのノートがこうやって呼び起こすようなものだ――

> 絹をつかった作品――ある生地をほかの生地に変身させること／幼少期のサテンのふちのついた毛布／肌の渇望／おとうとの枕の「まふわ」、おとうとのよだれ、その上に「おさかなたちをつくること」／わたしたちの肌が接触にどれだけ飢えているかについてなにか表しているのかもしれない、だけど同時にわたしたちが自律したリソースを育成することの許可を持っているということについても／……絹でできた宝の切れ端／なぜだか絹《シルク》とうんこ《シット》は相性がよい――廃棄物・排泄物、自足感の幻想、依存していないこと、藁から金をつむぐこと。(Sedgwick, *Dialogue* 206)

テキスタイル・アーティスト、ジュディス・スコット

『タッチング・フィーリング』の口絵の写真は、この本をいまのかたちに組み立てるようにわたしを駆り立てた触媒だ。カリフォルニアの写真家、レオン・A・ボーレンスタインが撮ったジュディス・スコット（一九四三生まれ）とその作品の、たくさんの写真のうちの一枚である。

写真にうつっている彫刻は、構成面からいっていかにもスコットの作品らしい。異質な素材を寄せ集めて作られたおおきな中核をおおいかくすのは、何重にもくるまれた、またはほころびた色とりどりの毛糸やコード、リボン、ロープ、その他の繊維でできた層で、それらは頑丈な三次元のかたち、通常はひとつの長さの軸に沿って伸びるかたちをつくりだし、その曲線や面は有機的な生物のようなかたちに呼応して、そのおおきさはスコットそのひとのからだにほぼ近い。スコットの作品群が一貫してなしとげている形態上の特性にはたとえば、巨大な塊を固定する画期的な技術や、三次元の複雑な直線や曲線の巧みな構築や調節、そしてハッとするほど独特な色遣いがある——あざやかな色彩であれ落ち着いたそれであれ、彼女の色は平面上にぐんぐんと伸び、幾重にも重ねられたラッピングのあいだに深くきらめき、あるいはあえて目立つようにされた縫い目のうえに生き生きと降り注がれている。

これまで見たスコットの作品はどれも単体として強烈な存在感を放っていたけれど、この写真の題材は仕上がった作品との彼女の関係でもあり、そしてまたおそらくはそうして目撃された二者関係と観客との関係性でもある。わたしにとってこのイメージから主体—客体の距離感を経験することは、スコットとその作品のあいだにそんな関係性を想定するくらい、ありえない。ここに写された彼女とその創造物は、おたがいに相手

をおなじくらい伸びやかに迎えいれあっている。その近さのなかで視覚が触覚に席を譲るようにして溶解していくのがわかる。アーティストの手や腕だけでなく、その顔までもが質感との交流にいそしんでいる。こんな触覚的な没入をとおして通じあえるのは両親と赤ん坊とか、双子とか（スコットは双子である）、あるいは恋人どうしとかくらいじゃないだろうか。このふたつのかたちのうちひとつはもうひとつによって作られたものではあるけれど、このふたつの「かたわらさ《ビサイドネス》」を理解するたったひとつの方法というのは存在しない。この写真に満ちている情動は謎めいた、あるいはすくなくとも複合的な性質のものだ。スコットが彫刻を抱きかかえるそのまぎれもない慈しみのほかに、たとえばゆるめられた筋組織と垂れた頭は哀しみを示しているのだし、顔のパーツが彫刻に押し当てられてぺちゃんこになるのを気にもとめないぞんざいさもやはりそうかもしれない。その抱擁の高さや広がりが示しているのはスコットが彫刻を慰めているか、あるいは彼女自身が彫刻に慰めを求めているかということかもしれず、スコットが自分の足でまっすぐに立っているそのいっぽうで、彫刻は彼女の方にむかってかしいでいる。ゆるんだ関節によるおおらかな抱擁はまた、スコットのダウン症の兆候としても読めるかもしれない。けれどこの丸いかたちのてっぺんと底の陽気なとんがりは、このしんみりとしたトーンの白黒写真が同時に勝利と、満足と、安堵に燃えたっていることを示すたくさんのもののなかでもいちばんはっきり目に見えるものでしかない。

近年いわゆる「アウトサイダー」アートの枠組みで評価されるようになってからもそれ以前にも、スコットは否応なく不在という観点からくりかえし診断的に分析されてきた。スコットの難聴は彼女が中年になるまで診断されずにいた唯一の障がいであり、それは彼女の精神遅滞の重症度をいちじるしく誇張することにつながった。幼少期に「教育不可能」としてふり分けられ、スコットはオハイオ州のやりきれないほどずさんな養護施設制度に三五年にわたり押しこめられた（MacGregor 49-51; Smith）。カリフォルニアのクリエイティヴ・

グロース・アート・センターの支援を受けアーティストとして見出されたのちでさえ、スコットの作品にもっとも熱狂し彼女を応援していた教師でファイバー・アーティストのシルヴィア・セヴンティは、スコットは色盲でいつ作品が完成したかを自分で決めることができないと不可解にも決めつけた(MacGregor 69, 72)。そしてスコットの最大の支持者でアール・ブリュットについての精神分析批評家のジョン・マグレガーでさえも、ことさら強調された否定形の言語をスコットに当てがうのを抑えることができない。「ジュディスが自分の作品の最終的な結果を、その最終形態を、心に描いていた可能性は微塵もない」(33)、「ジュディスは芸術作品の創造に携わっていたわけではもちろんない」(72)、「ジュディスは彫刻の存在にまったく気づいていない」(92)、「抽象的で非具象的な形状という概念は複雑な発想であり、完全にジュディスの考える能力の外側にある」(109)。マグレガーはスコットの芸術活動のすべてを——というより、その活動のすべてをかもしれない——「無意識」として分類されるべきだと考えているようだ。たぶん彼女が言語を使わないからだろう(106, 111)。

じゅうぶんに言葉が喋れて、申し分なく報われた言語使用者で、教育の機会を一度たりと奪われたことのない人間が、ジュディス・スコットのもののような写真に、その作家の全作品に、その物語に、こんなにも強い同一化の感覚を結びつけることがかならずしも無害だとは思わない。でも奇妙なことだけどわたしのスコットへの同一化は、ある種の喪失の主体としてというよりはむしろ、なんだかよくわからない宝物の所有者としてとか、あるいはその財宝によって抱きすくめられるようにして所有されている者としてとかのようなものだと思う。スコットの才能をめぐるドラマはまちがいなく、彼女のむごい経歴や言語からの孤立、そしてきっと、ひんぱんな認知的フラストレーションにちがいないものによって高められてはいるだろう。だけど彼女の美意識の紛れもないゆたかさ、自己目的的な創作へとかたくななまでに自信満々に分け入っていく能力、みずからが扱う素材に新たな、そしてやっかいな問いを投げかけつづける芸術家としての能力（その問いは素材にとっては応えるのが難しいものだけれど、応えがいのあるものでもある）——こうした天賦の資質は障がいという軸とは異なる方向に放射するように伸びていくもののように思える。

バーバラ・ハーンスティーン・スミスが「老年性崇高《シーナイル・サブライム》」と呼ぶ概念をお気に入りで、わたしもまたずっとそれに惹かれてきた。彼女は会話のなかでこの言葉を、歳をとった才気溢れる人たち（芸術家でも、科学者でも、知識人でも）による、意味がわかるようなわからないようなさまざまなパフォーマンスについて話すときに使う。人当たりの良さとか時代の要請とか、ときには首尾一貫した意味とか、そういう少年期の脂肪みたいな覆いから、独創的な作風のむきだしの輪郭がついに姿を現すように思えるような、そんなパフォーマンス。老年性崇高へと現れいづるなんてアイディアに惹かれずにいられるひとなんて、いないんじゃないだろうか。スコットに親近感を覚えるのは、どうやらわたしたちがともに繊維とか質感とかが特別な位置を占めるような——関係性としても、それからどうも存在論的にも——そんな感受性を共有しているからではある。でも、もっと探ってみてと求めてくる大切な贈り物への慈しみの感覚を認めてみると、きっとわたしは、この写真のなかにゆたかに表れている哀しさや倦怠にもまた同一化しているんだろうなと思う。たぶんスコットの写真がこのうまく言い表わせない本の触媒になった理由のひとつは、この写真が認知的なフラストレーションにさえもともなうような、情動的で美的なゆたかさを伝えてくれているからだ。この本を書いているときわたしはしじゅう、自分のばかさ加減の限界にぎゅうぎゅうと押しつけられているような気がしていた——もうすこしで受け渡せそうな贈り物が、すぐそばにあるように感じられてもいたのだけれど。

幕間劇、教育的な

Interlude, Pedagogic

彼女は似てる　子どものころ
なんどもくりかえされた光景
「母の気絶」と題されたあの光景に。
母のからだは
もっと大きかった　いまはもう動かない――
息をしていた　なんだか　もう息をしなくなったみたいに。
母の顔はもうぼくらに笑いかけなかったし
しかめ面もしなかった。なんにもぼくらにしなかった。
その顔はあやしげ《クィアリー》に赤らんでた
それともあやしげに青ざめてたかな――もうはっきりしない。
あやしげ《クィア》だったことは、はっきりしてる。

――ランダル・ジャレル(*1)「希望」

一九九一年の夏にわたしの身に起きたいちばんドラマチックなできごとといえば、テレビむけに失神したことだろう。地元ニュース番組のテレビカメラが回っていたのはわたしたちがデモをしていたからで、「ブラック・レズビアンとゲイの臨時特別連合」の組織のもとにアクト・アップのトライアングル支部(＊2)も加わったそのデモはノースカロライナ大学におかれたＰＢＳのローカル局に抗議をしていたのだが、それはアメリカの黒人ゲイ男性というほとんどジェノサイド的と言っていいくらいメディアに取りあげられてこなかったテーマを初めて描いたマーロン・リッグスの『タンズ・アンタイド』(＊3)と題された映画の放映が、ＰＢＳに拒否されていたからだった。いかにも南部らしい蒸し暑い夏の午後、リサーチ・トライアングル・パークの高速わきでのことだった。穏当なデモみたいだし（市民的不服従《シビル・ディスオビディエンス》(＊4)ではなし）そのくらいの体力はあるだろうと、数ヶ月にわたる化学療法で血液細胞がほぼ全滅した後だとはいえ、そんなふうに思っていた。

　けれどたぶん忘れていたというか抑圧していたのは、たえず一から作りなおさねばならない公のプロテストという場にひとが集団をなして声や身体を届けようとするのはいつだってしんどいものだということで、どれだけプロテスト機能がそれを可能にしている国家とかメディアの制度によってルーチン化して陳腐なものにされようと（あるいはだからこそ）しんどいのに変わりはないのだ。地方局のニュース番組がどんなものかはよくご存知だと思う。折にふれていかにも自然なていで挟みこまれるショットがとらえているのは、険悪で陰鬱な面持ちの人びとがプラカードを振り回してその口をもごもごさせて、もとい、わたしたちの口をもごもごさせて、もとい、叫んでいる様子。

とはいえいくらこういう絵面がルーチン化したところで、そこに陣どっている人たちが危険にさらされないわけではない。到着してすぐ脳裏に浮かんだのは何年か前の冬のニューイングランドでのまったくちがう光景で、カリキュラム的な問題にかけてはそれはもう柔軟で反応が早いのに、こと経営上の問題となると石みたいに冷たく無慈悲なアマースト・カレッジという大学が、構内にあるロード・ジェフリー・アマースト・インという宿舎の労働組合つぶし(成功に終わる)にとりかかったときのものだった。あるうっとりするようなディキンスン的冬の午後のこと、事態を憂慮した教員（わたしを含め五人くらいだったか）と学生が共有草地《タウン・グリーン》(＊5)にプラカードを掲げ集まっていたのは、一〇人くらいの組合員が宿の前で交通妨害をして逮捕されるという市民的不服従をおこなうのに静かに「立ち会う《ウィットネス》」ためだった。警察が黄色いスクールバスをそこに停めてお膳立てはすべて整い、うつくしく、厚く、音もなくそして音を消すようにして雪が降りはじめていた。それは集団デモをのぞけばわたしが参加した初めてのデモで、われ知らずわたしの胸を高揚ではち切れんばかりにしたものといえばそのがらんとしたいかにもアメリカ的な情景、ソローの本でも読んでいるみたいでもあり映画みたいでもあるその情景であり、歴史スペクタクルの舞台のようなこじんまりとしたタウン・コモンズというまさに民主主義の場であり、高度に演出された警察隊の辛抱づよさであり、強固に言語化された法的言説と歴史においてプロテストに参加している人びとの極限まで切り詰められた言語行為——沈黙、不動性、拒絶——がもつゾクゾクするような象徴的力のようなものであり、そしてたぶんその現場に「立ち会う」という自分の役割の世俗化された宗教性、口を閉ざしたままそこに佇むことが権利章典《ビル・オブ・ライツ》(＊6)を丸ごと体現しているかのように思わせる、これまた静かだけれど濃密な遂行性のようなものでもあった。純粋で意味作用に満ちたこの空間の完全さと象徴的均一性を保証する最たるものは雪――大量で理不尽な、すべてをひとしなみにし、すべてを劇的に変化させる雪だった。けれどもまた遅々とした歩みで午後が深まっていくうち、プロテスト参加者たちの拒否がもつ「象徴的な」法的立場《スタンディング》の曖昧さを心臓が止まりそうなくらい大々的に映しだしたのもまた、その雪の偶発性だった。車は想定外の路上の人影のためにわざわざ停まろうとなんてするだろうか。もしかしたら。もしもがありうることを、いつもみんなわかっていたんだろうか。神経はすり減っていないだろうか。プロテスト参加者たちが警察に権利を読みきかせられ、手錠をかけられ、凍えるようなスクールバスへと押しこまれていくと、立場《スタンディング》の問題はあやうい足場《フィッティング》の問題へとすり替わっていった。手錠をかけられた人間をつるつるした不安定な法的根拠の地面《グラウンド》へと転ばせるのにたいした国家権力はいらない。警官の手首のひと捻り、あるいはたんなる無関心、腕を貸すことの拒否だけでもうじゅうぶんなのだ。そして不可解なことにその情景の具体的でとても偶発的な危険性は、市民的不服従の純粋に象徴的な領域に電波妨害を起こしつつ、それでも同時になぜかその本質でもあるというか、いわばその象徴的な力と遂行的な力をじつはかたちづくるものであるようにも思えたのだった。

ただしそれはニューイングランドの話、そしてこれはノース・カロライナ、新南部というバラバラにほつれたとりとめない空間が退屈と暴力を碁盤の目のように配置された土地でのことである。おまけにあちらは労働争議という、白さをぴかぴかに磨いて抽象化した偉大なる「カネ」とつねに参照可能な距離にあるような問題だったのだが、こちらの闘いはといえば黒さ、クィアさ、そして（暗に）エイズをめぐるものだった――身体的な特性、そのいくつかはわたしたちの身体のものでもあるような特性、そして（こう言っておくことは大事なことに思えた）その存在を目にしないことをほとんどの人たちがまったくいとわないか、さもなくば殺人的なまでに切望するようなひとさえもいるような、そんな身体の特性。遅れて到着し、何週間か会っていなかった友人や学生とハグやキスを交わすと、ブライアンが自分の持っていたプラカードをくれた。なにが書いてあったかは思い出せない——ほとんど気にもとめていなかった——けれど思えば子どものころに目にしたピケラインの象徴的な力のほとんどは自発的な自己侵害、つまり当時ではほとんど想像を絶するような意志的なスティグマの引き受けにあるように見えたもので、それはなにかを書きこまれた身体として、いわば歩くプラカードとして公に出ることに同意することにかかわるもののように思えた——子どもの目線から言えばそれはお仕置きとしか結びつけて考えられないような存在だったのだ。いま思えばどうやってそういう自由意志のスティグマと非任意のスティグマである肌の色（つまりは白以外の肌の色）とを結びつけていたのだろう——わたしが育った五〇年代と六〇年代、「プロテスト」といえばまさに黒人公民権運動を意味していたのに。そんな幼少期の書きこまれた身体への恐怖からはある程度離れたところから（とはいえその距離は無限大ではない）、アクト・アップ・トライアングルの白いティーシャツよりは遠くからはっきり読めるだろうと選んだ「沈黙《サイレンス》＝死《デス》」の黒いティーシャツに身を包み、わたしはブライアンからありがたく受けとったプラカードをいい気持ちではりきって振り回しはじめた。まるで自分の身体の生命力でプラカードに息を吹きこんで話をさせようとでもしているみたいに——テレビカメラに、行き交う車のなかの人たちに、通りのむこうで小さな列を作ってデモをしている人たちに。憤怒と要求の継ぎ目のないカーテンを作りだそうとわたしたちが躍起になって肺から吐きだしている声、身ぶり、そしてスローガンを、暑さと高速道路と屋外の空気とが吸いとっていくようだった。「ここにいるんだ、クィアはいるんだ、今年の寄付はお預けだ」とか、さらには「スナップ！　スナップ！　スナップ！　クソ喰らえレイシズム！」とか。[＊7]　各地のアクト・アップで人気の、遊び心あるスローガンもあった。わたしは気が気でなくなってしまうやつなのだが、以前おこなわれたアクト・アップのデモにむけて飛ばされた野次とのコール・アンド・レスポンスに想を得たもので、こちら側が「表現の自由！」と熱狂的に叫ぶと、むこう側は「黙ってろ！」と返す――「表現の自由！」「黙ってろ！」のくりかえし。

デモの空間を蝕んでいたのはぽっかり空いた音響的な穴だけではなく、架橋しようもない巨大な意味の裂け目でもあった。どんな公のプロテストであれその力が実体化するのはそういう裂け目のなか、あるいは裂け目からこそなのだが、同時にその力は裂け目のなかへと霧散していく危険にも絶えずさらされている。わたしは思い描く――いっぽうでは州警察たちの張り詰めた警戒とむっつりとした撤退によって、わたしたちの空間がくりかえし作りだされては取り壊されるさまを。痛ましいくらい若く着こみすぎた白人の州警官たちは蒸し暑い制服の下で完全に心ここに在らずといった風情だが、そのじつ彼らはまさにその制服、そして銃とラジオによって、こちらがなんとか獲得しようとあがいている物理的存在感と象徴的濃密さを事も無げに意のままにしていて、そんな警官たちはデモの参加者たちからはこれ見よがしに離れたところで、これ見よがしに「中立的に」、わたしたちがなにを叫ぼうとその力が手だしできないような空間を作り上げ、同時にまたこちらにむかってギザギザと脅しを発する機能も担っていて、その一触即発の可能性の鋭利な破片はわたしたちが表現するもののまわりの空気をブーメランのごとく旋回している――そして他方には別の方向からテレビカメラたち、というよりじっさいにはトラックやら三脚やら携帯型や定置型の機器の一団と、そしてその前後を固めている白人たち。暗黙のけしかけとおためごかしに満ちたふてぶてしいカメラクルーたちは居並ぶわたしたちの顔や体の列に沿うようにしてカメラや機器を散歩させ、わたしたちの怒れる身体がその背景をなすように美男美女の若きレポーターたちを前景化して被写界深度を作りだすのだが、そうやって遠近法と同時に作りだされるのは近寄るのはまっぴらごめんという距離の確保でもあり、ひっきょうニュース番組というのはそんな距離の守護者であり保証人なのだった。

相手にとってのわたしたちの有用性ではなく、わたしたちにとってのこういうニュース装置の有用性を、頭のなかでわたしは「はずかしめ《シェイミング》と密輸《スマグリング》」という二重の定式でまとめていた。わたしたちの言葉の力——つまり言葉の指示的な力——による目論みは、市民一般《パブリック》を代表し表象するものだという「公営の《パブリック》」地元放送局のメッキを剝がすこと、いわば彼らをはずかしめることによってこの映画を放映せよという要求を受け入れないし交渉へもちこむことだった。けれど身体の力によって、そしてその意味では遂行的《パフォーマティヴ》にわたしたちが目論んでいたのはたんに表象を要求すること、どこか別のところにある表象を要求するのではなくてわたしたち自身が表象を差しだすこと、表象であることだった。締めつけの厳しい電波になんらかの形でどうにかわたしたちが密輸しようとしていたのは、どうやら表象不可能なくらい危険らしくそして同時に絶滅の危機に瀕した結合——クィアと黒さという結合だった。

例示的な身体にならねばという必然性にわたしたちを駆りたてていたのは徹底的な拒絶の歴史、つまり黒人ゲイ男性の身体という、しばしばたがいに相手の存在を認識から削ぎ落とそうとするようなふたつのコミュニティの交差点にある身体に、例示的な機能を与えることを拒絶してきた歴史だった。いっぽうには言外に人種差別的な白人ゲイ男性のコミュニティがあり、そこで黒人のクィアな身体はどれだけ欲望の対象にされようと、黒人表象として存在する余地はあってもクィアさそのものを体現することはけしてできないように見える。他方には大なり小なり同性愛嫌悪を隠そうとしないアフリカン・アメリカンのコミュニティがあり、そこで黒人のアイデンティティや闘争の具現者として機能するためには、どんな黒人であれそのクィアさは否定され、抑圧され、覆されなければならない。

わたしたちデモ参加者のふたつの野望——はずかしめ、密輸——はそれぞれ別個のものではあったが、どちらであれ効果をあげるためにはふたつでひとつのものとして存在していなければならなかった。放送電波は公衆を代理表象するものとして使用されているのだという訴えの偽りをクィアな黒人の不在があばくという主張の言い分は、そうした身体がまごうかたなく遍在しているということに、さらに言えばそうした身体がみずからを主張する存在感にかかっている。同時にプロテスト機能はそういう身体の存在に大義名分と正当性を与えるものでもある。わたしたちのプロテストはきっと、ノースカロライナ州中部の地方テレビ局がクィアな黒人というアイデンティティのカテゴリーにはっきりとみずからを位置づける人びとの映像を提示することを余儀なくされた、はじめての事態だっただろうから。

　はずかしめと密輸。このふたつの目論見が指し示すもの、そしてある意味では表しているかもしれないものとは、確認的《コンスタティヴ》な発話と遂行的《パフォーマティヴ》な発話の哲学的／言語学的なかけひきだ。この事例でははずかしめが確認的に言っているのは、「みんなを包括的に代表して表象してると言っているそこのきみ、ノースカロライナ公共テレビ局よ、きみがこの社会にむけて発信してきたものは、その社会を構成する一部を紛れもなく排除してきたのだ」。これはなにかむこうの方にあるものにむけられた、検証可能で指示的な主張だ。それにたいして密輸のほうが言っているのは遂行的に、「はい、ここにいますよ！　この人を見よ《エッケ・ホモ》！」。こちらはみずからの正当性を立証する、それゆえ自己言及的な、体現することとの関係において保証される意味形態だ。

　にもかかわらず、このデモの裏側にあるひとつがいの目論見のなかに確認的なものと遂行的なもの、あるいは指示的意味と体現の区別をつけることがわたしにはできない。なにしろ「恥」くらいオースティン的な意味で遂行的な言葉もなかなかないのだ。「恥」という言葉に意味を与える「恥を知れ《シェイム・オン・ユー》」、「この恥知らず《フォー・シェイム》」、あるいはいっそ「恥ずかしい《シェイム》！」といったような言い回しは、恥を描写したり恥に言及したりしているのではなく、それ自体によって恥をもたらすものだ。それと同時にわたしたちの「密輸」行為による体現は、それがどれだけ自己言及的であろうと表象の遠回しの回路から自律しているなどとはお世辞にも言えない。クィアな黒人表象のために新しい空間を作りだす必要性をあんなにも感じていたわたしたちの多くは、密輸を目論むわたしたちの身体の大半が黒くないからというだけでも、不運にも指示言及のプロセスに巻きこまれていた。わたしたちの身体のかたわらにたたずむほかの身体への言及、プラカードに書かれた言葉への言及、自分たちの意図——もしじっさいにわたしたち自身がそれを正しく理解していたとして——を一応はちゃんとした意味にしてくれるかもしれないとはかない期待をかけるくらいしかできないものへの言及。

　しばらくすると疲れてくらくらしてきたのが自分でもわかった。分別よく、わたしは座りこんだ。プロテストというこの空間にはどこかしらひとをものすごく夢中にさせながら根本的にものすごく異種混交的なところがあり、気がつけばわたしの名前を呼ぶ張りつめた音とゆっくりとした方向感覚の喪失でなんとなくわかったのは、どうやらものすごく奇妙なことにわたしはぬかるみのなかで大の字になっているみたいで——意識が戻りかけて——異世界の深い洞から荒々しく浮き上がって——州警官が脈をとっていて、救急車がもうやってくる——わたしの意識にぽっかりと空いた架橋することのできないその穴は、その午後自体の紋中紋《ミザナビーム》の像みたいに感じられたのだが、それはその像、両方のテレビカメラが一点に集中する強烈な像、カメラの視線を塞ごうともがくデモ参加者たちに遮られたその像（「おいおいこれこそ検閲だろうが」とテレビ・クルーが怒鳴るのにも一抹の理はあった）、山のようにでかでかと、あおむけになり、黒い服を着て、白い肌をした、奇妙に禿げた（わたしのすてきなアフリカ風の帽子は遠くへおっぽられていた）、「沈黙《サイレンス》＝死《デス》」の紋に飾られ、不動の、どうやら女らしい、不気味なまでに意味をふんだんに宿した（でもどんな意味がありうるんだろう、どんな使い道のある意味が）その人物の像が、彼女以外のだれしもが利用できるようにそこにあったのだから、なおさらのことだった。

人びとがやってくると、音楽はなく、沈黙だけ。
ぼくはそういう気まずい沈黙が好きだ。多くの人は抵抗するけど
とくに授業では。でもそういう沈黙のあいだには、いろんなことが起こってる。
――マイケル・リンチによる(*8)
自身の追悼会についての指示、一九九〇年二月

その身体にあまりにも濃密に、濃密すぎるほどに宿った意味はじっさいのところ、デモの複雑に演出された遂行的な意図や効果に照らしても、使いでのあるものではなかった（カットされて散らばった編集室の床の上の顔とでも呼んでおくれ）。でも気を失ったその瞬間を再構築することにわたしが思いをめぐらせるのは、ひとつにはそれがわたしを、欠如をとおして、どれだけ束の間であっても、プロテストの取り組みの中心にすえるように思えるからだ――たとえばアリス・ウォーカーのヒロイン、メリディアン(*9)の光を放つ空無、彼女のナルコレプシー的な存在／不在がその感染力の高い無意識の恐怖を、喪失や忿怒を社会的に実体化された反逆や運動に結晶化する彼女の尋常ならざる才能を、完璧なまでに凝縮しているみたいに。

　そんなメリディアン的特性があったらなとは思うけど、そうやって願うことくらいしかしょせんわたしにはできない。その大の字になった身体にもしなにか証言することがあったとして、それは鼻高々の意志というよりはむしろデモと呼ばれるプロセスにおけるどこかひとを惹きつけてやまないクィアさ（惹きつけるというのはつまり、逸脱を生みだすということだけど）を証し立てるものだった。プロテストというその出来事をほとんど望遠鏡的に凝縮するかのように思えたそれが体現していたのは、このうえなく根源的な凝縮がたいてい

そうであるように、凝縮の力ではなくてむしろ、その行間に書きこまれた意味の置き換え《ディスプレイスメント》だった。（置き換え、それはたとえばクィアな黒人の不可視性が、ひとつには『タンズ・アンタイド』のような表象作品をとおして、ひとつには日々の新聞の残忍性のなかで、またひとつには学生との転移に満ちた交流のなかで、現実界に疼く裂け目のように感じられるようになった、そんなだれかの白い肌。その病とともに力強く生きるのだという教訓の多くをエイズとともに生きる男たちから気づけばその当時学んでいた、けれどエイズではなく「女の」癌という、これもまた容易に判読できる身体的なスティグマ。身体の切断やプロテーゼの、薬品の、女の禿頭というジェンダーを内破させるような経験の圧力のもとで経験された、自分「自身の」「女性の」「白人の」身体の異化と、そしてさらにいえばそうした身体にたいする非認識の裂け目。ことこの文化のなかで深刻な病とともに生きるひとであればどんな生得的な特権をもっていようと関係なく、これほどない意識的に、これほどなくあさましく、けれどこれほどなく深く革新的なほどの嫌悪の念をもって、アメリカ資本主義の膝元にある健康保険という、ひとを圧搾するように差別的な世界へと参入させられる様子。）よろこびを、苦々しさを、そして強烈な戸惑いをもってわたしはますますこうした置き換えを、教室という凝縮に満ちそして代理表象が複雑に絡み合う空間で感じるようになっていったのだった——脅威や哀悼によって、そしてそれにたいするわたしたちの認識的・遂行的な抵抗のできなさによって定期的に再構築される、教室という空間で。教師として、模範として、説得者として、読み手として、自分がどんどん教室の中心から離れていくのに気づくにつれ、わたしはまたある種の深遠から響く置き換えの声が——そして間違いなく、教室で起こっている置き換えはわたしのだけじゃない——必ずしもわかりやすいとはいえなくても生産的なやり方で、言説の境界線をときにはねじまげるような効果を与えてくれるのかもしれない、と思うようになった。

第一章

羞恥、演劇性、そしてクィアなパフォーマティヴィティ
――ヘンリー・ジェイムズの『小説の技法』

1. Shame, Theatricality, and Queer Performativity:
Henry James's *The Art of the Novel*

　二〇〇一年九月にワールド・トレード・センターが破壊されたのちの数週間、日ごとくりかえされた奇妙な経験があった。それはたぶん、おなじようにマンハッタン南中心部を行き交うほかのたくさんの歩行者たちにも起きていたことじゃないかと思う。五番街に出るとたとえ北のほうに行こうとしていても、まずは南を見なければという衝動に駆られる。いまはなきワールド・トレード・センターのほうだ。いわく説明しがたいこの盗み見は、あるひとつの願いに結びつけられていた。南側の景色がもう一度ふさがれてくれれば――九・一一以前にはおなじみだったあの光景、思い上がりに満ちたあの醜怪さもすべてそのままに、どうかツインタワーがよみがえってわたしたちの上にふたたびのしかかり、この景色をふさいでくれれば。だけどもちろんいつだってふたつのタワーはもうそこにはなかった。目を背けながら、わたしが感じていたのは恥だった。

　なんで恥なんだろう。思うにそれは、シルヴァン・トムキンズがこうやって言い表した状況のひとつだったからだ――「突如として見知らぬ人に見つめられる、あるいは……だれかを見つめたい、または心を通わせたいと思うのに、相手がよそよそしいので突如それができない……あるいは親しい人だと思っていた相手が突如知らない人に見える……あるいはまた、微笑みかけたところで自分が見知らぬ人に微笑んでいることに気づく」(Tomkins, *Shame* 135)。都会の景色が愛するひとの顔とおなじだというわけではないけれど、かといってそれはまったくべつものというわけでもない。強奪されたその眺めはいわば、突然歯の抜けた顔、突然うわの空になった顔、突然死んだ顔だった――その風景の変化を取りまく個別的な歴史的含意は言うまでもなく。

　こういう恥の瞬間的な閃きはべつだん禁止や違反に結びついているようには思えなかった。さらにいえば恥を感じているのはたしかにわたしだったのだが、かといって自分のことを恥じているわけではなかった。あえていえば、あらぬ姿になったむきだしの地平線のおかげで恥ずかしい思いがした、というのに近い気がする。もちろんそういう感情は、わたしをこの街におなじように結びつけているプライドや連帯感、悲嘆とも入りまじっている。その恥はまた可視性や見世物性とも関係があるものだった――いまやタワーが存在しないことの不運な可視性、そして衝撃的なまでにひとを惹きつけてやまない、その破壊の演劇性。

　理論家や心理学者たちによる恥についての最近の研究では、この強力な情動の原型（伏せられた目、そらされた顔）は――ちなみに幼児期にこれが起こるのは生後三ヶ月から七ヶ月ととても早く、自分の世話をするひとの顔を見わけたり認識したりできるようになった直後のことだ――繰り返されるある特定の物語のある特定の瞬間に位置づけられている。それは子どもの顔と世話するひととして認識された顔との表情のあいだのミラーリング回路が（この回路を一次ナルシシズムの一形態だとみなすなら、それはナルシシズムとはそもそものはじめからそれ自身を社会的に、そして危険なほどに、他者の磁場へと投企するものだということを示している）壊れてしまう瞬間だ。まなざしの相互性を維持するための役割を果たすのにおとなの顔が失敗する、あるいはそれを拒否する瞬間。それまでこの回路の連続性を信じていわば「キメ顔《ギビング・フェイス》」をしていた幼児にとって、どんな理由であれそのおとなの顔が認識不可能に、あるいはまたその幼児の顔を認証しないものになってしまう、そのとき。マイケル・フランツ・バッシュはこう説明する。「幼児の行動適応は、母＝子システムにおける執行部と連係部との有効なコミュニケーションを持続させることにかなり全面的に依存している。恥＝屈辱反応とは、それが起こるとき、接触を求める微笑みの失敗ないし不在を表しているのであり、社会的孤立を意味し、その孤立状況から解放される必要性を伝えようとしているのである」(Basch 765)。原情動としての恥はすなわち、禁止によって規定されているわけではない（そしてすなわち、抑圧によって規定されているわけでもない）。恥がどっと押し寄せるようにして生じる瞬間とは、アイデンティティ／自己同一性を作りだすための同一化コミュニケーションの回路内に起きる瞬間、それも破壊的な瞬間だ。恥の紋章《ブラゾン》、「塞いだ顔」の落とされた視線とそむけられた顔は——そしてそこまではないものの赤らんだ頬も——苦しみの、そして同時に人間関係の橋を修復したいという欲望の、手旗信号なのだ。

けれど同一化を妨げるそのさなかで、恥もまたアイデンティティ／自己同一性を作りだす。恥とアイデンティティはじつに、おたがいを解体しあいながらもおたがいの基盤をなすような、きわめてダイナミックな関係にありつづける。それは恥がとりわけ強い感染力をもつと同時に、またとなくひとを個別化するものでもあるからだ。恥のもっとも奇妙な特徴のひとつであり、けれどたぶん政治的なプロジェクトにたいしていちばんおおきな概念的な影響力をもつ特徴というのは、ほかのだれかのひどい扱いが、ほかのだれかによるひどい扱いが、ほかのだれかのいたたまれなさが、不名誉が、身体の衰弱が、悪臭が、妙な行動が、自分とは全然関係ないはずなのにいともたやすくわたしを——かりにわたしが恥に敏感な人間だとして——まさにそのあふれんばかりの広がりによって、このうえなく孤立感を高めるようにわたし個人としての輪郭を線引きするような、そんな感覚ではち切れんばかりにするということなのだ。

恥について講義をするときにはよく、ちょっと思考実験に付き合ってくださいと聴いている人たちに頼んだものだった。ながらく風呂に入っていないなさそうな、なかば気のふれた男が声高になにごとかひとりごちながらふらふらと講堂に入ってくるとする。その話ぶりがますます非難がましく支離滅裂になったと思うと、部屋の真ん中で堂々と放尿をし、そしてまたふらふらと出ていく。その部屋にいるほかのだれもの顔に浮かぶ苦悶を想像してみてほしい。それぞれがうつむいて、ここではないどこかにいられたらと思いつつもここにいるよりほかない逃れようのない運命をひしひしと感じ、個々の皮膚のうちにこもりながらその皮膚を燃えるように意識している。それと同時に、この挙動不審の男にたいする苦痛に満ちた同一化の出血を止めることもできない。これこそが恥の生みだす二重の動きなのだ——苦痛に満ちた個別化にむかう動きと、制御不能な関係性にむかう動き。

罪悪感と恥を区別するお決まりのやりかたといえば、恥はそのひとが何者たるかという感覚を研ぎ澄ますのにたいして、罪悪感はそのひとがなにをするかにかかわる、というものだ。人類学者や倫理学者、大衆心理学者にくらべるとトムキンズはこのふたつの区別にさほど関心を寄せてはいないのだが、それでもひとが恥を経験しているときになにかであるという含みはやはりもたせている(ただしそれがなんであるのかということについてのはっきりとした仮説を本人がもっている場合もあればそうでない場合もある)。恥は発達過程において自己の意識が育まれる空間をもっともはっきり規定する情動だと現在ではしばしばみなされている(「自己心理学にとっての恥は、自我心理学における不安のようなもの——つまり要石となる情動なのだ」[Broucek 369])。けれどもわたしにとってこれは、恥とはアイデンティティが本質にもっともしっかりと結びつけられる場であるということを意味するのではまったくない。むしろそれは、アイデンティティについての問いがいちばん本来的な意味で、そしていちばん関係性のなかで浮かびあがってくる場が恥なのだということを意味しているのだと思う。

と同時に、恥は社交性から生ずるもの、そして社交性を目指すものでもある。バッシュは次のように書いている。「頭を垂れて目をそらすという乳幼児の恥＝屈辱反応は、その子どもが拒絶を意識していることを意味するのではなく、だれかとの有効な接触が断たれたことを示している……それゆえ生涯にわたる恥＝屈辱は、自分のコミュニケーションにたいして他人の肯定的な反応を有効に引き出す能力の欠如を表しているのだと考えられるだろう。後年におけるこの反応の強烈な苦痛は、このような状況が単に不便なだけでなく生命そのものを脅かすものだった人生の最初期を思い起こさせるものだ」（Basch 765-66）。だから役者やパフォーマンス・アーティスト、そして加えていえばアイデンティティ・ポリティクスのアクティヴィストがその「幼児的」ナルシシズムのスペクタクルを鑑賞者のまなざしに供するときにはいつだってもう（いってみれば）舞台は整っているのだ——そこで繰り広げられるのは応答を拒絶されたという恥に主体がドラマチックにふたたび呑まれるさまか、はたまた演じ手の大芝居によって楕円にされた（というのはつまり、必然的に歪められた）ナルシシズムの回路をとおして眼差しが首尾も上々にたがいをミラーリングしあうその波動かである。トムキンズがうまく言い当てているように、恥はみずからを拭い去るのであり、恥はなにかを指し示しそしてみずからを投影するのであり、恥はみずからをくるりと裏返す——いってみれば恥と自己顕示、恥と露出狂はおなじ手袋に挿しはさまれたべつの裏地なのである。つまるところ、こう言えるかもしれない。恥とは、ひとをなにかべつのものに変えてしまうようなものとしての恥とは、パフォーマンスだ。つまりそれは、演劇的なパフォーマンスなのだ。パフォーマンスがみずからを恥に挿しはさむというのは、たんに恥の結果としてとか、恥を回避するためとかだけではない（とはいえたしかにパフォーマンスがそういうふうに作用するというのも重要なのだけれど）。恥という情動がふわりとおおうのは、内向性と外交性の境界であり、没入と演劇性の境界であり、そして遂行性《パフォーマティヴィティ》と……パフォーマティヴィティの境界だ。

ヘンリー・ジェイムズが自作の『ニューヨーク版』（それまで発表したなかで自身がもっとも重要な小説・短編だと考えた作品を改訂し、新たな序文をつけた堂々二四巻に及ぶ作品集）(*1)にとりかかったのは、その創作活動が比較的幸福な時期（いわゆる「主要期《メジャー・フェイズ》」）の終わりに差しかかったころだった――幸福なとき、とはいえそれは、さんたんたるメランコリアを発症したふたつの時期のあいだに挟まれたものでもあった。すべてをかき消すような二度の抑鬱状態のうち一度目が一八九五年に突発したきっかけは、ジェイムズが自身の劇作家としての野心をこっぱみじんにするような失敗として経験したこと、つまり『ガイ・ドンヴィル』の初演日に野次を飛ばされ追われるように舞台を降りたことだった。けれどもニューヨーク版が出はじめた一九〇七年にはジェイムズの劇場的な自己投影もじゅうぶんに癒えていたようで、仕切り直しとばかり新たに劇作に取りくみ、プロデューサーと交渉までしているほどだった――結果的にはなんと上演にすらこぎつけたのだ。その次にジェイムズのひどい鬱の引き金となったのは舞台上の屈辱ではなく、ニューヨーク版そのものの失敗だった。鳴かず飛ばずの市場的失敗、そしてどうやらどんな読者層からもなんの評価も引きだせないらしいという、どうにも末期的な失敗。

ニューヨーク版の序文の数々を読むときはだから、わたしたちは恥にたいしてこれ以上ないくらい活発な関係にある文章の数々を目の当たりにしていることになる。ジェイムズの舞台における恥の発作からの九死に一生を得るような回復をしるし寿ぐこれらの序文は、生産的な、そしてその身をみだらなまでに委ねきった、いわば「投企された」作家としてのナルシシズムの遊び心に満ちたスペクタクルに艶やかにきらめき、しかし同時にみずからとその書き手の明日の運命たるものを呼びこむ（つまりはそうした運命にむかってみずからを開けはなつ）というスペクタクルをも呈している。どんな読者にも目もくれられない、無反応中の無反応という運命。ようするにこれらの序文は規格外れ《アウト・ゼアー》のものだったわけだけれど、その外れ《アウト》かたにもいろいろあったというわけだ。

これらの序文のなかでナルシシズム／恥はすくなくともふたつの異なる回路で双曲線上の《ハイパボリック》・大げさな軌道を

なしているのだが、このふたつの回路は一触即発の関係にある。そのうちのひとつはさっきも触れた、ジェイムズとその観客たる読者との関係性のドラマだ。ここで「観客」という言葉を使っているのは、この文章のなかで執拗にジェイムズ自身がことさらに演劇的なものをテーマ化していることを強調しておきたいからだ。演劇的なもの――それはジョセフ・リトヴァクが『舞台《アク》／現場《ト》をとり押さえられて』で論じているように、[*2]興奮、過度の没入、危険、喪失、そしてメランコリアといった、その当時舞台がジェイムズにとって意味していたもののすべてをふくむ。これと関係した序文で劇化されるふたつめのナルシシズム／恥回路は、話し手と彼自身の過去のあいだに広がる肥沃で危険に満ちたものだ。序文のなかでいちばんよくあるジェイムズ的身ぶりとは自分の過去との関係性を、序文の書き手とその序文が付された小説や短篇の書き手であるおうおうにしてもっと年若い男のあいだのきわめて緊迫した関係として描くというものだ――あるいはその関係は、序文の書き手か作品の書き手と作品自体を体現するもっと若い人物とのものであることもある。

自分自身の「作品集」を読みなおし、書きなおし、編集することとくらいナルシシズムを刺激して、そしてまたナルシシズムをおびやかす仕事もないんじゃなかろうか。もしもこれらの作品または召喚されたその若き書き手が、切望に満ちたまなざしにたいして死んだような、無関心な、あるいはいっそうわの空の顔で応えたなら、そこで引き起こされる恥（彼を恥ずかしく思う気持ち、自分自身を恥じる気持ち）に際限なんてないんじゃないだろうか。それとおなじくらい危険なのは、自分が作品やその若き書き手を承認することができない、あるいは欲望することができないかもしれないという危険性だ。トムキンズはこう書いている。「嫌悪感と同様に［恥は］興味ないし喜びが活性化してはじめて作用し、そのうちのどちらかあるいはどちらをも抑制する。恥の生来的な起動装置は、興味または喜びの不完全な抑制である。それゆえ興味を部分的に抑えるような、さらなる探求にたいする障壁はいかなるものであれ……恥のあまり頭と目をうつむけるという動作を発動し、さらなる探求や自分自身の披瀝を抑制するのである」(*Shame* 135)。興味そのものを独立した情動としてとらえ、恥と興味(の「不完全な」抑制)の関係を想定することは、抑鬱に照らすと現象学的にいっても合点がいくことのようにわたしには思えるし、ことジェイムズがそこから抜けだして「主要作品」を著した抑鬱状態についてはうなずけるところが多い。というのも、これらの小説はまさに興味をもつ能力の途絶をめぐる複雑な病歴とその能力の溢れんばかりの回復のさまざまな効果をまちがいなく示すような作品たちなのだから——とはいえジェイムズはまたしてもそんな抑鬱状態に陥る運命にもあったのだが。

驚くべきことに序文中のジェイムズ氏がおおいに興じているたとえは、現代において大衆文学を活気づけているのとおなじ「内なる子ども《インナー・チャイルド》」というものだ。それは自分の過去と自分との関係性をひとつの人間関係として、それも対人関係としてだけでなく世代間の関係として表現する比喩である。そしてつけくわえるならそれは定義的上、ほとんどのひとにとって同性愛的な関係でもある。これらの序文では若き日の作家そのひとが人物として登場するのだが、それ以上に頻繁に作品自体が、あるいはその作品の登場人物たちが、この内なる子どもの役割を与えられる。ここではなにも(大衆心理学のように)この関係を癒すための、標準化へとむかう除菌的な目的論に肩いれする必要はない——「子ども」が物語る権威を「おとな」のそれを犠牲にしてでも獲得することの重要性をお涙ちょうだい的に過大評価したり、さもなくばこのふたつの自己を恒久的にひとつに融合させるというような統合的野心に燃えたりしなくても、このたとえが関係性におけるさまざまな位置づけの——とりわけ恥の問題系周辺にあるそれの——ゆたかな地勢図を展開してくれるものだということは、じゅうぶんに見てとれるはずだ。言わずもがなジェイムズは、年若くいぶかしげな面持ちをした自身の初期作品の書き手にふたたびなりたいなどという欲望をみじんも見せはしない。それどころか現在における話者としての自分とこうした内なる自己の形象との距離は際立たされ、いつくしまれ、そしていってみればエロス化されている。この距離（時間的な距離が対人関係上の距離として表象され、今度は空間的な距離としても表象される）はいっそ、ジェイムズの自己が没入して楽しむ空間を構築しているようにも思える。けれどこうして距離そのものが愛でられているいっぽうでジェイムズが思いを巡らせるのは、その距離を横断せんとする多彩な呼びかけ――熟練した者とまだ青い者とのあいだで交わされるさまざまな種類の誘い、いろいろなかたちの接触、興味、そして愛――がどんな結果の数々を巻きおこすのかであり、それこそがこれらのエッセイにおけるジェイムズの理論的な企図におおいなる勢いを与えているのだ。序文の話し手としての自己は、若き日の自己、若書きの作品、若き主人公という、ともすればそれ自体が恥ずべき、あるいはみずからを恥ずかしく思っているような人物像と融合しようなどとはしていない。目指すべきは、彼らを愛することなのだ。そうして示されているのは、その愛とは恥にもかかわらず生じるだけでなく、もっと大事なことに、恥をとおしてこそ生じるのだということだ。

これから見ていくように、ジェイムズの若書き（として表されているもの）という名の落とし子をいわば育てなおす、「再刊する《リイシュー》」という取り組みは、端的に男性による出産として描写されていることがすくなくない。ジェイムズはまた、気づけば自分がこう感じていたことをしるしている。「手足を失った、あるいはないがしろにされた、醜怪な、あるいは打ち負かされた、恵まれない、あるいは自分のものとは思えないような、そんな子どもをめぐる、親の胸に浮かぶあの思い――この小さき生き物がどこか「恥ずべき」存在だという思い」（*Art* 80-81〔八六〕）。ジェイムズは自分が過去の棄て子たちによってなぜきまりの悪い思いをするのかについていろいろな理由を挙げはする。けれどこうしてくりかえし呼びおこされる過去に恥が付随する執拗さが匹敵するものとは、ジェイムズがなんとか自分のクィアな、「恥ずべき」青年時代とのあいだに愛情関係を結ぶためにその恥に固着し、そして自分がその恥をエロス化していることを描写する、まさにその執拗さなのだ。

たとえば多くの箇所でジェイムズは、フランケンシュタインとその暴力的に否認された男性出産のあらん限りの不気味さを、多かれ少なかれはっきりと引きあいに出す。けれどそうして不気味さを引きあいに出すのはそれをうち消すため、さもなければすくなくともその不気味さによってさらになにかをするためなのだ。それは不格好ささえもひっくるめて自分の子孫を認めてやりたいというエロス化された熱意のスペクタクル——拒絶ではなく——を提示することによっておこなわれる。「野心あふれる職人にとって、すでに終わって打ち棄てられたものには最良の場合、埋葬されたとはいわずとも死んだように見える錯覚が、つねにつきまとう。だから高鳴る胸を押さえもう一度見直したときに生命のほとばしりがふたたび現れなどすれば、彼はもうほとんどエクスタシーに打ち震える。まさにこの生命のほとばしりをその全面にみとめたからこそ私は、『厄介な年頃』のすべてに、あらんかぎりの優しさをこめて、怪物という烙印を押すのだ」(*Art* 99〔一〇七〕)。まるで若き生命体の「生命のほとばしり」がもつエクスタシーを呼びさます力とは、恥ずべきものであるはずの怪物の烙印を喚起しながらそれを指し示すものであり、そしてこの作品を書き直す老齢の作家がすでに感じることのなくなった恥や拒絶のほとばしりを逆流させたものであるかのようだ。おなじようにしてジェイムズは短編(になると自分が予期していたもの)の長さをめぐる、立つ瀬ないほどとほうもない誤算についてこう語る。「最近になって改めて読み直すまで、「ポイントンの蒐集品」は私のなかでそのあさはかな思いちがいの結果に痛ましいほど結びつけられていた。その主題は……意味のほとばしりにすみずみまで満たされるようにして浮かび上がったものだった。その抗うことのできない雰囲気にのまれ、結局は嘆願するよりほかなく、気づけば私はそそのかされるまま、ひたすら進んでいったのだった」。「それは「達した」のだ」、とジェイムズはむきだしの官能的歓びを、ただしとうてい単純なものではない歓びをもって、こう結ぶ。「構想《コンセプション》/受胎の花芽がほころんだ」(124〔一三四—一三五〕)。そしてジェイムズはさらに初期作品の改訂を、自分が(あるいは作品が）「恥じることなくいられる」方法として、そして作品が「みなうれしそうに頬を染めて装いを新たにする」過程として説明する（345〔三七五〕強調筆者）。ここでジェイムズがやろうとしているのは、あからんだ頬をナルシシズムの回路がショートしたことを証し立てる紋章という最終地点から取りだして、ふたたび循環の輪にさし戻すことのように思える。そのとき紅潮した頬が示すのは、やさしく補強され、いまやじつに「抗うことのできない」ものになった、現在における作家と過去における恥ずかしげな作家の絆であり、あるいはまたその書き手のどちらかとクィアでいたいけな受胎産物との絆なのだ。

自身の改訂作業についてジェイムズがもっとも詳細に説明しているこの部分を読めば、この置き換えがまさにそこでおこなわれているのがわかるだろう。

すでに完成し、お役御免となった作品は自らの背後に追いやったきり、それについてもそれにたいしてもできるだけなにごとも語らずにいることが長年にわたりただひとつの掟となっていたのだが、だからこそその茫漠たる空白期間には……それがもしも成長し花開く時間があったなら本来そうであったかもしれない姿について、さまざまな盲信が忍び寄るものである。こうした思いのなかで間違いなくはびこっていたのが、どれだけこの不気味な子らの身なりを整えようとも、かむった埃を払おうとも、皺々の顔を洗ってやろうとも、白髪混じりの髪をくしけずろうとも、あるいはより良い効果を狙って時代遅れの服を引っ張って直してやろうとも、けっきょくのところはよく言われるとおり、金食い虫の改修に知らぬ間に足を突っ込むことになるのでないかという、あさはかな恐れであった。ここで私は老年や衰弱の比喩を用いてはいるものの、じつのところはわが子孫の長子たるものの再登場を……むしろ無様な幼児たちが子ども部屋から応接間へと、好奇心旺盛な、はたまたその子たちに興味をもった、訪問客の親切な呼びかけによって降りてくる様子として捉えていた。それゆえ私はこのような状況における万人の良識を当然のものと思ってもいたのだ――なにかおおいなる力が責任をもってひとりの子からまたもうひとりの子へとその視線を移し、気が気でない様子で針が素早くキラリと光り、水と石鹸が音を立ててしぶきをあげてはっきりと目に見える効果を生み出すというような……

「子守りは包み隠さず《オールトゥギャザー》手出しすべからず！」の禁令は……厳密にいえば想像できないものではなかった。しかしながらそれはあくまで、この命令がいかなる公正で堂々たる……再刊においてもけして効力をもったためしがないという事実に照らしてのことである。それゆえ「包み隠さず」の弁解めいた禁止や石鹸をひと擦りしてもよろしいという承認さえあれば、その扉がいかにすっかり開けっぱなしになってしまうかは想像にかたくないだろう。（*Art* 337-38〔三六六―六七〕）

見すてられ、発育不全で、幼いのだか年老いているのかわからないフランケンシュタインのはらからたち（これが彷彿させるのはディケンズにおけるスマイクやジェニー・レン[*3]といった勘当されたり虐待されたりした子どもたちで、こうした子どもたちの障がいをもった身体は、成長物語がとりわけ極度の物質的困窮によって加速されると同時に凍結されるさまをあらわしている）を思い浮かべることによってはじめられるこの一節は、読者を安心させるかのようにしてエドワード朝ブルジョワ階級の子ども部屋における儀礼の、クリストファー・ロビン顔負けのぬくぬくと過保護な安逸へと転調していく。こうして呼び起こされる家庭生活によって、その不気味な子がやがてじっさいにさらされることになる孤独や困窮からは注意がそらされる。今や養護され育成され、そしてすなわち「子どもらしい」子どもとなった子のなかにそんな家庭生活と同時に呼びおこされるのは、おとなとの新たなるエロティックな露出狂的戯れなのであり、それはまた見すてられたり拒絶されたりすることからのその子の距離を劇化するものでもある。親の目が届かなくなる恐れのあるその場所には風呂があり、子守りの世話だけではおさまらず、その音に好奇心と興味に燃える客たちが耳をそばだてている。そして孤独のなか野ざらしにされる恐れが回避されたその場所では、遊び心たっぷりに沐浴時の丸裸が描きだされ、「包み隠さぬ」の禁止についての軽いジョーク(*4)を許すように、扉も「すっかり開けっぱなし」になっているのである。

この堂々と容認された世代間のエロティックな戯れはニューヨーク版のひとつの通奏低音をなしている。完成したみずからの作品を褒めそやすジェイムズの口調が驚くほど似ているのは、ヘンドリック・アンダーソン、ジョスリン・パース、ヒュー・ウォルポール(*5)といった、この時期にジェイムズを魅了しようとしていた(そしてうれしい成功に終わった)年若い男たちにむけられた、その手紙のなかでの口調である。注目すべきはつぎの一節(『使者たち』に付せられた序文より)でジェイムズが自分の物語を評するときに「軽薄さ」がその魅惑的な特徴とされていることだ――この軽薄さが表すのはここで繰り広げられる戯れの場面における恥の欠如ではなく、むしろ恥がふたたび心地よく循環したあとの余韻である。「[物語は]うれしそうに……おのれを日のもとに差し出しているように見せかけ、知ったかぶりを、それもいちばんありえないような知識、つまり自分がなんの物語であるかについて知っているようなふりをする――ときにはまだ茶目っ気たっぷりにちろりと出した舌を我々にひっつかまれかねないし、その匂い立つような軽薄さのほかにはまったくなんの根拠もありはしない。ならばいっそのこと、軽薄さとはつねにそこにあるものなのだと認めようではないか――いわばそれは優美さであり、効果であり、魅惑なのだと。なによりそれは「物語」が芸術の寵児だからなのであり、そしてまた我々が、甘やかされた子が「やんちゃ」をしないといつもがっかりしてしまうように、その性格のすべてをありのまま見たいと願うからなのである。じっさいのところたぶん、我々が巧みな取引によって物語と交渉しているのだと自負しているときにでさえ、物語はそうやってやんちゃをしているのだろう」（*Art* 315〔三四三〕）。物語をその作者との関係上で軽薄な存在として劇化することは、この場面と拒絶の場面とのあいだの贅沢な距離を劇化することにも等しい。過去の自分、過去の創作にたいする潜在的な恥は、力と知識の微妙な格差がかもしだす親密で放埒な相互の圧力をめぐる軽妙な人間関係の喩えに取り入れられ、ふたたびそのなかを循環させられているのだ。

ジェイムズは『アメリカ人』の執筆についてこう語る。「どうか雨のように降り注ぐあの素晴らしき時を呼び戻せたら、とひとは思う……グレイの美しきオードに出てくる無邪気な男子学生たち[*6]のごとく、彼らをとりまく無知の恍惚《エクスタシー》のすべてをもって、あんなにも自由で自信に満ち、まわりの呈する疑問など目もくれずにはしゃぎ回るイメージの数々が、心地よく降り注いでくれた時間が、どうか戻ってくるようにと」（25〔二四—二五〕）。（またはこんな「ねじの回転」についての自慢。「ほんのもう一抹たりと足そうとも……その結末にあてがわれたひとつまみは台無しになってしまったにちがいない」［170〔一八四〕］。）ときに懇願は究極的には失敗に終わる。「この若き男をなんとか燃え立たせ魅力的に飾り立てようと、巧みな指先が百度にもわたり惜しみなく彼に触れたにもかかわらず、我が試みは水泡に帰した……」（97〔一〇四〕）。けれどもこうした少年愛的な改稿の場面における求愛はまんざら一方通行のものでもなく、年の差さえもときにはかなりちがったかたちで表される。たとえばジェイムズが『アメリカ人』を読み直した際に気づいたとおり、「難所にさしかかると私は我が主人公に、あたかも彼が背の高く、面倒見の良く、優しい兄であるかのようにしてしがみつく」のだし（39〔三九—四〇〕）、はたまたランバート・ストレザーについては「こんなにも熟年の主人公を起用するという見込みに私は歓喜した。その歳は彼を相応にもっと食べごたえのある存在にするだろうから」といわれる（310〔三三八〕）。「密林の野獣」の主人公は「『死者の祭壇』のストランソンとつがわせるのにじつにふさわしい、もう一人の哀れなる繊細な紳士」と評され、「哀れで繊細な紳士たちへの我が偏愛は、前進《マーチ》するにつれ私をほとんど恥じ入らせる！」とジェイムズはつけくわえる（246〔二六九〕）。「密林の野獣」の主人公ジョン・マーチャーの姓と「私」との偏愛的な重ね合い、そして今度はこれまた「繊細」な独身者ジョージ・ストランソンとマーチャーとのロマンチックな結びつけは、なんとなれば過剰なほどのゲイらしさを「ほとんど」恥じいるような思いに与えるのだが、この「ほとんど恥」なるものはしかし、作家がみずからを覆い隠すための口実としてではなく、パフォーマティヴに誘導された作家としての新たなる魅力として扱われているのだ。

序文においてジェイムズはつまり、育てなおしすなわち「再刊」を、恥を劇化しそしてそれをみずからの一部として統合するひとつの戦略として用いているのだが、それはともすれば心を麻痺させかねないこの情動を物語的に、感情的に、そしてパフォーマティヴに生産的なものにするという意味での戦略だと言えるだろう。またジェイムズの理論的な書きものにおいてこの再教育のシナリオは、恥のほとばしりが心をつき動かすエロス化された相互露出のかたちとなるような、少年愛的《ペデラスティック》／教育的《ペダゴジカル》なものでもある。書く主体と、融合されてはいないがかといって否認されてもいない「内なる」子どもとのあいだの誘惑に満ちた絆は、いうなればその主体が内面性をもとうとするならば必須の条件のように思える。その内面性とは没入によって特徴づけられるような、空間化された主体性のことだ。あるいはいっそ、こういうべきなのかもしれない——それは没入によって特徴づけられる空間化された主体を、ジェイムズがあらわにするための条件なのだ、と。というのもジェイムズのパフォーマティヴな没入のスペクタクルは、彼のパフォーマティヴな演劇性という、舞台との関係（このうえなく複雑で不安定な関係ではあるけれど）においてのみ立ち現れるのだから。書く自己とその「内なる子ども」とのあいだのナルシシズム／恥回路は、もうひとつの回路と交差する——演劇的なパフォーマンスとして表現される、さしだされた表情ゆたかな顔とその観衆とのあいだに外側に伸びていく、双曲線を描く・大げさ《ハイパボリック》で危険なあの回路と。

ここでわたしが立てている仮説はこんなものだ――ジェイムズのパフォーマティヴィティについての考察がいちばん面白いかたちで現れるのは、彼が没入と演劇性とのあいだに折りあいをつけようとする様子のなか、つまりいっぽうでは愛されてはいるが統合されていない「内なる子ども」によって規定される主体を生みだす空間と、他方では前景化されたパフォーマンスの空間という、ふたつの空間のあいだの交点をやりくりするなかでのことなのだ。ジェイムズはこれらの序文のなかで、オースティンがやがて暫定的にそれぞれ確認的《コンスタティヴ》なものと遂行的《パフォーマティヴ》なものと呼ぶことになるもの、そしてパフォーマティヴィティがもつふたつの意味を（みずからの小説の構造のなかで）区別するための理論的な語彙を開拓しようとしている。けれどこうして差異を設けようとする語彙は序文がおこなうパフォーマンスのシナリオに取りこまれていくうち、どれひとつとして分析的な一貫性を保持することができなくなる。こうやって大なり小なりパフォーマティヴィティ周辺の差異に位置づけられるような弁別的なカップリングには（そしてそれらは一度弁別がなされると多かれ少なかれそこで明示的に脱構築されるものでもあるのだけれど）、ロマンス対現実（たとえば *Art* 30-31〔三〇―三一〕）、内容対形式（115-116〔一二五〕）、逸話対絵画（139〔一五〇〕）、逸話的なもの（この変化に注意）対発展的なもの（233〔二五五〕を参照）などがあげられる。

こういう区別の多かれ少なかれ明示的な自己脱構築の一例。『厄介な年頃』のそれぞれの場面は、それがまさに「一分の揺らぎもなく、舞台＝劇の原則を順守している」からこそ、「このうえなく丹念に鍛え上げられた芸術作品のなかでは、内容と形式といういかめしい差異がまざまざと崩れ落ちるということを、至福のかたちで理解するのを助けてくれる。『厄介な年頃』を前にしたとき、内容と形式のうち片方の要素がどこで終わり、どこからもう片方が始まるのかを言い当てるのは不可能に思える。少なくとも私自身には再吟味にあたり、そのような接合部や縫合線などを示すことも、果たされたふたつの役割を別個のものだとみなすこともできなかった。事の起こる前にはふたつは別個のものなのだが、遂行《エクセキューション》・制作という名の秘跡が分かちえぬ婚姻の契りを結ぶのであり、そしてこの結婚は、ほかのどんな結婚とも同様、「真の」ものでありさえすれば醜聞や不和は見えなくなるのである」(*Art* 115-16〔一二五―一二六〕)。どうやら『厄介な年頃』の演劇的なパフォーマティヴィティは、その言語行為のパフォーマティヴィティとぴたりとかみ合うものらしい――その内容と形式がかみ合うように、そして夫と妻が婚姻という典型的な言語行為のなかで「分かちえず」結ばれるべきものであるように。とはいえ『厄介な年頃』を参照するまでもなく(もちろん参照したっていいのだが)、またオースティンによる巧妙な切り下げを先どりしてみるまでもなく、分かちえない結婚の契りたるものはこの一連の類比になんら安定性の確たる保証を与えるものではない。ただでさえ結婚が遂行の秘跡であるというだけでも問題なのに。ただでさえ結婚が、それが分かちえないものと宣言された舌の根も乾かぬうちに、不和を防ぐ効果もなければ不和にまつわる醜聞すらも防ぐ効果すらなく、できることといえばたかだか不破の醜聞を広めないようにすることくらいだということが露呈するという、それだけでも問題なのに。けれどももっとも頭が痛いのは、こんなわずかばかりの恩恵ですらそれを保証するためには、結婚が「「真の《トゥルー》」ものでなければならない(ありさえすればいい)」ということだ。いかにもジェイムズ的な括弧つきの「「真の」」という言葉は、この条件がどれだけ眉唾ものかをほのめかす。不和にまつわる醜聞が広まらないようにするために結婚は、いったいどんな意味で「「真の」もの」でないといけないのだろう。もしかしたらそれは、当事者たちがおたがいにたいして、または結婚の誓いにたいして「忠実である《トゥルー》」という意味かもしれないし、あるいはまた結婚がいわく言いがたいレベルで「うまくいく」――つまり配偶者たちが結婚の誓いを自分たちの行動の叙述的に正確な描写にしている、という意味かもしれない。したがって不和など起こるわけもなく、保証は不必要に保証されている——すなわち保証としては無意味だということになる。真実の条件をすこしでももちこむことはどだい、言語行為はその叙述的な正当性の度合いまでしか（ということはつまり、その度合いをとおしてしか）パフォーマティヴな意味での効果をもちえないと示すことなのだ。

ジェイムズはいろいろな区別をとおしてパフォーマティヴィティの複数的な意味を練りあげるのだが、なかでもとりわけ持続的に用いられるのが劇《ドラマ》そのもの（あるいは「舞台」）と「絵画《ピクチャー》」という、ほとんどいたるところに現れる対立だ。これらの対立項は高度に不安定でまた高度にたがいをねじまげるものなので、恥と興奮があらわれる格好の場となる。

> 白状すると、とり逃された数多くの重要な事柄の細目を提示するような気にはいまやなれない。結局のところその説明のほとんどは、こうして再検討しているうちに我が身に降りつけてきた真実の露骨さのうちにあったのだと思う——すなわちほとんどいたるところで絵画が劇に嫉妬し、そして劇が（とはいえ概して絵画よりはずっと辛抱強くあるようには思うが）絵画に猜疑心を抱く、その奇妙な執念深さという真実に。劇と絵画というこの二者は間違いなくこの本の主題のために多くをなしている。けれどそれぞれがたがいの理想を狡猾に挫き、そしてたがいの立場の縁を少しずつ蝕んでもいるのである。（*Art* 298〔三二五―二六〕）
>
> さらにいえば、極めて美しいのだ——絵画と場面《シーン》の間の境界線がその二重の圧力の重みに少しずつ耐えるような、こうしたいくつかの場面やある場面のいくつかの部分は。（300〔三二八〕）

なんともジェイムズらしいことにこの絵画《ピクチャー》と場面《シーン》に挟まれた「二重の圧力」についての審美的認定は、テクストのいくつかのレベルで繰り広げられる心理的な語りのなかに埋めこまれている。それは登場人物たちの少年愛的な関係に、そしておなじく作者と擬人化された小説という付随的な登場人物とのお馴染みの関係にも忠実に従うものだ。『使者たち』を読み返しながらジェイムズは、この作品には「このうえなく熟慮《マチュア》された計画に則ったこのうえなく直線的《ストレート》な遂行ですら……その計画にたいして必ずやおこなうと信頼することができるような精妙な裏切り」が存在するという（*Art* 325〔三五四〕）。ジェイムズにとってこの過ちは――それは書き手としての技巧にまつわる過ち、「場面」が「場面的ではない形式」になってしまうものと言われる過ちなのだが――この小説の基盤をなす核心部にあるものだ（325〔三五四〕）。それはジェイムズが（すこし前に確認したとおり）その成熟ぶりを愛でたストレザーが、突如として年若きチャド・ニューサムに熱をあげる場面である。チャドはといえばしかしもちろん、残念ながらごくごく凡庸で自己理解を欠いた異性愛者の若者だと判明するさだめにあり、ストレザーの烈しさに応えられないばかりかみずからが女たちに焚きつける愛情にたいしてすら真に向き合うこともできない。「このうえなく……異性愛的《ストレート》なもの……ですら、このうえなく円熟《マチュア》したもの……にたいして必ずやおこなうと信頼することができるような裏切り」とはチャドがストレザーにたいしておこなうものであると同時に、小説（あるいはその登場人物たち）がジェイムズにたいしておこなうもの、そして創作の記述的ないし命題的な原則としての「絵画」がパフォーマティヴなものとしての「場面」にたいしておこなうものでもあるのだ。それはそれぞれのレベルで、いかにもジェイムズらしい言い回しで言うところの「（あまりに甘すぎる《フォンド》はじめの思惑からの）逸脱」を体現している（325〔三五四〕）。作家がもともと思い描いていた、見込みが甘く、円熟した、混じり気のない「場面」の技術は、成熟した主人公がチャドにたいしてはじめに抱いていた甘い展望と同様の運命をたどるのであり、どちらもおなじように「損なわれ……恥ずべきものとなり……汚され……、手短にいえば彼とその作者との関係性が丸ごと重要な意味で定義され直さねばならなくなる」さだめにある（325-26〔三五五〕）。けれどもやはり注意してほしいのは、どれだけ両義的にとはいえ裏切りが「精妙な」ものだとされていることだし、そしてその裏切りが間違いなくおこなわれることをどれだけ皮肉にとはいえ「信頼する」ようにと勧められていることだ。まさにこうした関係性のあいだの不安定さそのものが、そしてとりわけそうしたさまざまな関係性がもつ、どのひとつのレベルにおいてもはっきりとした表象に抗うその能力こそが、わたしが思うに価値を付与するものなのだ――「しかし批評的に見てみればこの本は、隠されそして埋め合わされた喪失、知らぬ間におこなわれた回復、強烈に救済的な一貫性の数々に、心の琴線《タッチング》に触れるほどに満ちあふれている」（326〔三五五〕）。ジェイムズによる小説の理論において整合性とは、いかなるレベルにおいてであれ言語行為の同質的な純粋さを指すものではない。整合性とはむしろ、それをとおしてそれぞれがたがいに「触れ合う《タッチ》」ような、還元不能で付随的な異質性と、そしてまさに不純さに与えられた名なのだ。

もうひとつ明記しておきたいのは、こうした関係が序文のなかで繰り返しみずからを劇化する場として想像されている、性的な区画分け《ゾーニング》と性的な行為についてだ。ジェイムズについて以前書いたエッセイ、「クローゼットの野獣」の脚註(＊7)のなかでわたしは、ジェイムズのノートブックからある一節を引用した。それはニューヨーク版にとりかかるわずか数ヶ月前にカリフォルニアを訪れた際に書かれたものなのだが、わたしにはいまでもこれが、ニューヨーク版の序文の数々がもっともジェイムズらしくそしてもっとも豊潤なかたちで彼自身の肛門的エロスとの関係として認識するように読者にたいしてせがんでいるものを、このうえなく凝縮した文章であるように思える。

私はここに座っている——何週間もののち、なにはともあれ、自らの遅滞を眼前に、おのれの内に蓄積されてゆく富のように感じられる素材とともに。これについてはもう辛抱という我が馴染みの悪魔を召喚するほかないのだが、いつも来るじゃないかあいつは、そうだろう、私が呼びさえすれば。この冷え冷えとした翠の太平洋を目の前に、悪魔は私とともにある——すぐそばに腰掛けた彼の息を私は頬に感じているが、その息は熱を冷まし、鎮め、そして霊感を与える。すべてが腑に落ちる——何事も失われてはいない——なにもかもそこにとどまったままあの黄金の約束を肥やし新たにし、そして目を閉じて深く感謝に満ちた憧憬をもって私にこう思わせる。LH［ラムハウス］での夏盛りの日々、私の埃だらけの長旅がついに終われば、きっと私はこの手を、この腕を、深く遠く、肩まで［突っ込む］ことができるだろう——記憶の重たい袋に——連想の——想像力の——芸術の袋に——そして役に立ちうるどんな些細な比喩も巧みな言い回しも、どんな些細な事実も夢想も、ひとつ残さず掻き出すのだと。こうしたものたちは、今は分け入ることのできぬほどみっしりと、測りえぬほど奥深くへと詰め込まれているから、その侵すべからざる冷ややかな暗闇に、今の所はそのままにしておこう、やがてLH［ラムハウス］の柔らかで静かな光を導き入れるその時まで——その光のなか、それらは照り映え輝きはじめ、鉱床の金剛や宝石の形をとりはじめるのだ。（*Notebooks*, 318）

わたしは当時これを「エクリチュールとしてのフィストファック」の描写として引用していた（*Epistemology* 208［三〇八］）。それはそうにちがいないのだが、序文の文脈はこのフィスティング場面におけるさらにふたつの顕著な特徴を、どちらもおなじくらいはっきりと浮き彫りにしている——そのふたつはたがいに結びついていて、そして執筆の過程にもまた関係があるものだ。すなわちひとつは富、そしていまひとつは出産である。この一節にいちばんはっきりと響いている間《インター》テクストはまちがいなく〔『テンペスト』の〕「父は五尋海の底」(＊8)で、おそらくはとくに「五」、つまり五本の指が強調されている。もうひとつの重要な間テクストはアレグザンダー・ポウプの『愚物物語《ダンシアッド》』(＊9)第四巻からのもののようで、この一節はアナイアスが盗人から守るために飲みこんだギリシャ硬貨について描写しつつ、その硬貨がやがて自然の成り行きでもって、自分からその硬貨を買いとった男へと臓腑の「生ける聖廟」から届けられる／出産《デリバー》されるだろうと見こんでいる部分である。

おん前にあるこの太鼓腹は
いまだ忠実に硬貨を抱きおり、
しかるに私が飯を食わらば
硬貨に肉をつけ、払い戻すに同じ。
女神よ！　わが潔白を証し立てるべく
ポリオと私に昼餉夕餉を食べさせたまえ。
さすれば学者たちはみな分娩の場に立ち会い
ダグラスはそのやさしき助産の手を貸すだろう。

(Pope, book 4, ll. 387-94［一〇二］)

『愚物物語』の文脈では、直腸のなかで富を手探りする産科医の手は汚穢と不快の極みを表象するもののようだが、それはジェイムズの思索の重みのもと〔ファーディナンドの死せる父のごとく〕海の底での大変化をとげ、ほとんど想像的価値の絶対的象徴にまでなりおおせているのだ。

こうしたテーマへの注目はジェイムズの審美的執着についての一般的な理解とはかけ離れているかもしれないが、蓋を開けてみればヘンリー・ジェイムズの大腸に興味を抱く読者諸氏はみな、じつに立派な御仁と席を並べていることがわかる。「こう言いながらも赤面しているのだが」と、ウィリアム・ジェイムズ(*10)はヘンリーに当てた手紙で一八六九年に書いている──「お前の腸についての仔細な報告が……虜になってしまうほど興味深くてたまらないのだ」(*Correspondence* 73)。腸がそれほどの魅惑の場になるとはどうも奇妙に感じるむきもあるかもしれないが、それでもわたしはこう言いたい。ジェイムズの最良の文章の多くに情熱をもってしっかりと向きあうこととは、彼が長きにわたって苦痛に満ち、細大漏らさぬ、とてつもなくゆたかな関心を寄せつづけたものの虜に、必然的に──あるいはあたかももうすでに──なっていることにも等しいのだと。そしてその関心の焦点とは、ジェイムズ自身の下部消化管の感覚、動き、麻痺、蓄積、触診、そして排出なのだと。最近になって出版されたふたりの兄弟の初期書簡集には何ページにもおよぶヘンリーの便秘についての記述もふくまれており(「私の大腸の感動《ムービング》巨編と兄さんがうれしそうに呼ぶもの」[138])、これまでは推測のみによるものだったジェイムズの身体感覚、創作、そして快楽における肛門の中心性についての読解に、新たな客観的相関物(書かれている事実はともかくも、その詳細さと親密さは驚愕に値する)を提示してくれる。

こうした初期の手紙からでさえ明らかなのは、ジェイムズの便秘という単純な事実などありはしないということだ。そこではジェイムズの食生活、運動、受けていた治療のみならず、旅の行き先(彼の人生が旅によって形成されていた時期だ)、読んだもの、家族との関係、そして作品の創作過程と売れ行きについてまでがつまびらかにされている。たとえば自分の容体を実家の兄と話しあう必要性はひそやかな共犯関係のドラマを駆り立てるのだが(ウィリアム「お前の人生がこんな身の毛もよだつ苦痛に蝕まれていると思うと胸が苦しくなる。家族の皆には言わないでおくよ。お前にはろくなことがないだろうし、皆も苦しむだけだろうから」［*Correspondence* 113］）、それはヘンリーの体内での閉塞と似た症状を呈すると同時に、性の秘密らしき雰囲気をもかもしだす。たとえばウィリアムはヘンリーにこう忠告する。「別の紙に私信の印をつけて書いたらどうだろう。そうすれば手紙の残りはアリスが持ち運んで読み直せるよう、堂々と渡すことができるから……ほかの諸々について話している真っ只中に書いてあると、手紙自体を家族皆で読むことができなくなる。汝に神の御加護のあらんことを」（84）。兄弟間の長きにわたる協議の中心にある問いとはすなわち——ヘンリーの大腸に分け入りそこに詰まった便を掻きだすためには、いったいどんな既存の技術を（化学、電流、温熱、水圧、はたまた手か）使うのが最適なのか。ウィリアムはこうさとす。「耐えられる限りもっとも大きくて熱い、石鹸の泡と油の浣腸を……注入するんだ……——電流もときには良い仕事をする。ただしお前が去年の冬思い出したみたいなちまちましたやり方じゃなくて、背骨から腹筋にかけて、あるいはもし直腸が動かなくなってるようだったら片方の極を直腸に入れて、強いガルバニー電流を流さなければ。もし私がお前だったらそういう手段に訴えるところだ」（113）。そしてヘンリーからは——

ここの食事はいいです——簡素で口当たりがいい。でも僕の症状の治療法といえば腰湯だけ。ディボンヌで兄さんが見つけたような器具（つまり注射型洗浄器《ドゥーシュ》ですが）がここでは見当たらないのにはがっかりです。（63）

排便はできないと言ってしまってよろしいでしょう。もはや僕の「噴射坊や《リトル・スクワート》」は名ばかりの働きしかしていません。水は入ったきりまるで出てこないか、あるいは入ったときと同じくらい清らかな姿で出てくるだけです。ここ一〇日ほどですっかり滅入ってしまい、躍起になって錠剤を飲むばかり。でも薬もほとんど役に立たず、一〇錠飲んだところでほとんど音沙汰なし……是が非でもこいつはなんとかしなければなりません。（105）

僕が「危機」と呼んだ事態は、イギリス人の薬局で勧められた、いわゆる「消化不良どめ」の錠剤を飲んだことに端を発します。この薬が便通の助けにならなかったばかりかすこぶる体に合わなくて――流産のような下痢をあらん限り引き起こしました。どういうことかというと、これ以上ないくらい何度もつづくこのうえなく暴力的な排便衝動を覚えたのですが、それがきたすものといえば少しばかりの血の流れだけで……もちろん……アイルランド人の医者を呼びにやりました……注射を受けさせられたんですが、なにが入っているのかわからないこの注射がまた、まるでお通じにはつながらず。似たようなことを繰り返しましたが――びくともせず。医者はその晩遅くになって、かなり打ちのめされたような様子で帰って行きました……それからもう数日が経ちました。その医者には何度もかかっています。どうも私のことをなんとかしたいと（どの程度が友人としてでどの程度が医者としてか［など］については考えないようにしていますが）思っているようです……彼は［僕の腸に］（できる限り）自分の指を挿入して（なんと忌まわしい話！）診察したのですが、触診可能な閉塞は見当たらないというのです……彼に（あれを目にしたことのない人ならだれでもそうですが）理解させることは難しいと思います。僕の悩みの頑固さと程度――その長さと幅と深さを。（108）

ある若き作家とその身体の一部との強烈な、痛切なまでに不幸な関係からはまた、さまざまな悦楽と富が生ずることとなる。とりわけ消化管のなかの蓄積と手の挿入にまつわる意味は、おおいなる変化を遂げることになる。心の内奥に思い描かれたエロスと作家としての自己をめぐるこのテーマの道程に三〇年、いやさらなる月日が流れたとしよう。初期の手紙のなかの記述はこの節の初めに引いた一九〇五年のノートブックの一節にたいして、特別な論点を（類似点だけでなく、その距離や想像力に富んだ変形の相違点をも）提示するものとなるだろう。

　ニューヨーク版の序文執筆時になると、助産師の手とフィスティングされる腸のイメージはまるでホログラムのようにしてふたつのずれた空間性が収束する場に具現化する。（いってみれば）かたほうの手には内側と外側という空間性があり、もういっぽうの手には側面《アスペクツ》という空間性が[*11]（「側面《アスペクツ》――この他愛ない語は不気味に聞こえるかもしれないが」［*Art* 110〔一一九〕］）ある。こちらにむけられたものと背けられたもの、表と裏という側面の空間性だ。このふたつの空間性は印刷物の表面《レクトー》と直腸《レクタム》のように相性がいい。

　前面と内側というふたつの空間性の凝縮は、おそらくは前に引用した『愚物物語』との連想をとおして、執拗にメダルあるいはメダリオンを呼びおこしつづける。たとえば『鳩の翼』の序文でジェイムズは、この小説のふたつのプロットは模様が刻まれ、そして指で掻きだされたひとつのコインなのだと示唆する。「もしも私のメダルをぶらぶらと吊り下げることができさえすれば、その表面と裏面、その顔と背は、美しくも見る者次第となるだろう。どうにか両面ともたがいに一致するように型押しがされていてほしいと、同じくらい目に付くように彫りがなされ模様が施されていてほしいと、そう私は願った。にもかかわらず明らかに、先ほど述べたとおり私にとって「鍵」であったのは、たとえ私の中心には再生したニューヨーカー［ミリー］と彼女を頼みにするものたちがあるとしても、私の外周もまたまったく同じくらい再び命を吹き込みうるものであるということだった……結局のところひとは、準備をするようにして、あるいはあたかも、焦がれるようにして――

こうした事情を考慮すれば——外輪からはじめるのであって、城壁を狭めるようにして中心に近づいていくのだ」(294〔三二一—三二二〕)。いったいどうしたらこの一節のなかで、内輪と外輪の穿通と「鍵」を含むこの同心円状の地形が、表裏の二面からなる平板な地形を併発するのか。これがすこしでも意味をなすためには、この表裏を紙の表面《レクトー》と裏面《ヴァーソ》として読むことが——そして(深さをもたない)前面の顔としての「紙の表面《レクトー》」が、(挿入可能な)背面《リアー》/尻としての「直腸《レクタム》」へと開けっ広げになっているのだとして理解することが——ほぼ必須になる。ジェイムズは『メイジーの知ったこと』について語るときにも「あの硬くきらりと光るメダル、すこぶる面妖な合金でできた、片面はだれかの正しさ《ライト》と心安さ、もう片面は痛みと邪さ《ロング》をたたえたメダル」について書いている(143〔一五五〕)。もしもほんとうに「顔《フェイス》/表」と「背《バック》/裏」が「美しくも見る者次第になる」のであるとすれば、それは紙の表面《レクトー》と裏面《ヴァーソ》が、まっすぐ《ストレート》さないし「正しさ《ライト》」と「ひねられた《ターンド》」ないし倒錯した《パーヴァーテッド》「邪さ《ロング》」に、単なる語呂合わせの言葉遊びではなくむしろ、その当時までにジェイムズが(そしてもちろんわたしもそのお仲間である)つきせぬ興味と欲望の対象として経験していた解剖学的掛け言葉のうえに、あまりにもそば近く収束していたからなのだ。

強調してもしきれないのは、ラテン語の/*rect*/から派生した「正しい〔right〕」とその他いくつかの言葉(直接〔direct〕、直立/勃起〔erect〕)が、いわば捧げられ享受された身体の表面《レクトー》と裏面《ヴァーソ》をジェイムズのために仲介する、その重要性である。「劇作家というのはつねに、まさに彼の天賦の才という法によって、正しく《ライトリー》考え出された引き締まった《タイト》場からの正しい《ライト》はずの放出《イシュー》を信じているばかりではない。さらにもっとそれ以上のことをするのだ——劇作家は抗い難くも、(問題が何であろうと)必要不可欠で貴重な場の「締まり」を信じているのだ……しかるに重要なのはそれをどう解釈するかではこればかりもなく、ただひたすら、とてつもなく喜ばしくそしてとてつもなく忌々しいことに、その手をどこに当てて示すかなのである」(*Art* 311-

12〔三三九―四〇〕）。「正しく考え出された引き締まった場からの正しいはずの放出」――こういうフレーズは「まっすぐな・正当な・異性愛的な《ストレート》」（つまりは適切な、あるいは慣習的な）着想／着床《コンセプション》の道を指すと同時に、直腸的な《レクタル》着想／着床《コンセプション》の道からの直腸的な放出／刊行／子孫《イシュー》をも指しているのであって、それは気持ちよく締まっているという意味で「狭き門《ストレイト》」なのだ。その「放出／刊行／子孫」が何であれ、「私たちが正しく想像しないかぎり、なにごとも正しくはないのだ」。

こういった説明のなかでも見てとれるように、このようにして執拗に強調される語の家族はジェイムズの後期著作（序文だけでなく小説にも）に目に見えておびただしく現れる。そのさまはまるでこれらの単語が「生のままの幻想の精髄」にたいして接近することを特別に許されているかのようだ――「これこそが正しく作り上げられなければならない、魅惑的で、心を蝕む、とこしえなる小さき物体なのだ――あらん限りの銀糸で織り上げ、黄金の釘を打ちつけて。もしそんな正しさがほんの少しでも獲得されたように見えたなら、それはあまりにも幻のような慰めを――芸術家の慰めというものがたんに生のままの幻想の精髄でできているのではなかったとして――見出してしまっているということだろう」（*Art* 69〔七三―七四〕）。そしてこれから見ていくように、これにともなって手が呼び起こされることもまた、おなじくらいしばしばである。

ニューヨーク版の序文を集めた『小説の技法』は（それがめずらしくも議論の俎上にのぼるときには）有機的な形式の可能性と創作を構造化する中心としての意識についてのもっとも純粋な宣言《マニフェスト》であるとされているのだが、それに照らしてみると驚きなのは、どれだけこの著作自体が置きまちがえられた中間部を集めた覚え書きのようなものかということだ。どの序文をとってみても問題のない中心や外周というのは存在しない。ジェイムズはこう書いている――

芸術家の精神に特有の悪徳——その悪徳にたいしてはそもそもの初めから警戒などまるで意味をなさないさだめにあるのだが、その結果とはすなわち、幾度も幾度も、倒錯的に、そして手の施しようのないほどに、私の構造の中心が頑として、いわば真ん中に、自らを置くことを拒むということなのである……隠し立てのない告白を自分に迫ってみると、私の目から見て自分の作品のなかで有機的中心が適切な位置にあることに成功した例など、ほとんどないのである。

つまるところは繰り返し繰り返し、装飾をほどこされ留め金を締められ派手に見せびらかすようにして取り付けられた見事な腰帯ないしはガードルが、こちらがどれだけ哀れなほど必死に抗議をしようとも、いわば必然的な意趣返しのようにして、危ういほど膝近くまでまんまと降りてくるというわけだ……忌憚なく言わせてもらえば、じつのところこうした作品は、偽装された見せかけの中心をもつことによって真なる中心の失敗を埋め合わせようとしているにすぎない。(*Art* 85-86〔九一—九二〕)

こういう一節のなかで「中心」は明らかに、平らな丸いメダリオンが深みにむかって開かれるというようなありえない開口部をこの言葉が呼びさましていたときとおなじく、多義的に使われている。ここではそれは、人体としての小説という喜劇的なまでに露骨な擬人化にもっともらしい理屈を与えている——その身体ときたら、「危ういほど」にずらされた下の方の地帯を中心に「倒錯的に」みずからを構造化し直す危険をいつでも冒す気まんまんのあり方を寿がれているのだ。けれども紛らわしいことに、こうした空間的比喩はさまざまな登場人物たちの視点のあいだの相互関係(たとえば「意識の中心」というような)のみならず(そしてそれとはかなりかけ離れて)、小説の前半部と後半部(擬人的にいえば下半身または後背部)との関係すらも指している。たとえば『鳩の翼』の序文では、ジェイムズはまるで自分の作品を診断するかのように「どこから奇形化がはじまったのかを予備的に抜け目なく探る」ための「自由な手」の望むままに、小説の「後半部、つまりは偽りに満ちた奇形の半分」を精査する（302-3〔三三〇〕）。この片割れ同士の関係はちぐはぐでありながらその危険性が快楽でもあり、そしてその快楽が絶頂のリズムでもあるような関係だ。ジェイムズは『悲劇の女神』の「ウェディング・ケーキのこってりとした濃密さにナイフを入れるかのようにして、想像力が分厚く切り分けられた緻密さ」をたたえて、さらにこう言う。「その教訓はといえば、あまりにもつまらないことかもしれないとは思うのだが、私の眼前にあるこの「分厚い」、偽りに満ちた、ごまかしの後半部が……土壇場になってその努力を、甚だ発作的な、けれどもまた独特ではありながら極めて快い痙攣として表しているということなのだった」（88〔九四〕）。

そしてこうした関係が擬人的にマッピングされたその上につねに重ねあわさるように浮かんでいるのは、さらにまたこれとはかけはなれた劇場のイメージである。「作品の前半は私にたいして、自身が作品後半部のための舞台ないし劇場として表現されることをせがむ」と、たとえばジェイムズは書いており、さらにこうつづける――「そして私はといえば大抵、その劇場を都合の良いものにするために空間を与えすぎて、その結果、前半部と後半部が奇妙にも不釣り合いになることがあまりにもしばしばなのである」（*Art* 86〔九二〕）。あるいはまた、まったくちがったマッピングの仕方もある。「小説というのは、おもに英国においてなされている場合、完全なる未解決の楽園なのである。いっぽうの劇は唯一の道の論理に、つまり数学的正しさに従うのであって、そこでは未解決はその表面にたいするまったき無礼そのものとされるのだ」（114〔一二三―一二四〕）。

ニューヨーク版の序文の数々をとおしてこれらのイメージが分岐していくさまをたどろうとすれば、（文字どおり）あらゆるページから引用しなければならなくなってしまう。もっと効率の良いやりかたというのはたぶん、これらの序文のなかで肛門に挿入された拳のイメージがあらわれるいくつかの主たる表現の語彙群と意味論的な塊として、なんらかの簡潔なものを提示することなのだろう——特定のシニフィアンが蓄積されて消化されたそのかぐわしさこそ、ジェイムズが「欲を言えば堆積していくものを圧縮してゆくための、とまではいかなくてもせめて圧縮を豊かなものにするための、その努力」としてなによりも楽しんでいたと豪語していた、そんな愉悦なのだから（232〔二五四〕）。

とはいえ、この語彙一覧を提示するに先立って多少なりと話しておいたほうがいいかもしれないことがある。それはこうしてゆたかに堆積し、ほとんど錬金術的なまでに高度に性的な意味を吹きこまれたシニフィアンに耳を傾けるとはどういうことなのかについて——そしてもっと広くいって、わたしがここで示唆している読みが精神分析的な解釈のプロジェクトにたいして提示しているある種の抵抗についてである。カジャ・シルヴァマンはジェイムズについての精神分析的な研究のなかで（あるひとつの序文のある一節に限ってではあるとはいえ）「ジェイムズ批評におけるひとつの金科玉条、つまりいかに「巨匠」の言語が生々しくも思わせぶりなときでさえそれは性的な意味合いをもちえないのだという信条に、反するという危険を冒す」つもりがあると宣言している（Silverman, “Too Early” 165）。言うまでもなく大賛成——ではあるのだが、ジェイムズの序文がどれだけ堂々とセクシーであるかに耳を貸すシルヴァマンの「つもり」というのが、そのじつそれがどれだけセクシーかをジェイムズが自覚していなかったという妙な主張によってようやく成り立っているのは、どうにもいただけない。シルヴァマンの読みでは、ジェイムズが自分の書きものと登場人物にたいしてもつエロティックな関係は「それを系統立てる意識というよりはむしろ、無意識の欲望」によって支配されていることになる。「自己についての望まぬ知識からは甲冑で身を守る」とされるジェイムズは、「防御手段」を「そのような厄介な発見にたいしてはしっかりと整えている」と診断されているのである（149）。わたしとしたってジェイムズの性的な言語が聴きとられることを願う気持ちはやまやまではある。だけどこんな風に聴き手の認識論的特権についての鼻持ちならない思いこみで聴かれるのは、まっぴらごめんだ。しかもこの特権とは、セクシュアリティは抑圧と自己にたいする無知という観点からしか考えることができないという、シルヴァマンの無批判な主張に付随するものなのだ。ジェイムズの言語のあの周波数にわたしたちが自分たちの耳をチューニングするのは、彼自身からも隠された性の物語を盗み聞きする一枚上手の特権的な者としてではない。むしろそれは、恥を中心として組織化されたセクシュアリティをめぐるジェイムズの露出狂的な享楽とパフォーマンスを分かちあうという特権を差しだされた観客としてのことなのだ。いわばまさに、そうしたいと欲望する観客として――そしてそれは幸いなことに、欲望される観客として、ということにも等しい。

　このささやかな語彙群に含められることをことさら声高に要求する表現には（もちろんほかにももっとたくさんあるだろうし、そしてじっさい、こうしたいくつかの抜粋部分を読んだだけでもきっとだれだって、これにさらにつけ足されるべき、くりかえされる魅惑的でしばしば謎めいたシニフィアンのリストを作りだすことができるんじゃないだろうか）、たとえばFOND / FOUNDATION〔あさはかな／土台〕、ISSUE〔刊行・放出・子孫〕、ASSIST〔手助け・尻《アス》ぬぐい／参列〕、FRAGRANT / FLAGRANT〔かぐわしい／おぞましい・目に余る〕、GLOVE / GAGE〔手袋／決闘用に投げられた手袋〕、HALF〔半分〕、そしてここまで見たように、RIGHT〔正しい〕その他のラテン語の / *rect* / から派生した語群、CENTER / CIRCUMFEREMCE〔中心／外周〕、ASPECT〔側面〕、MEDAL〔メダル〕などなどがある。こうした語を選んだのはこれらがおなじみのファルスを中心としたよくある「フロイト的」シニフィアンだからというわけではない（そういうのはおよそジェイムズ的モードではないのだ）。そうではなくて、このひとつひとつがジェイムズにとって「かの神秘的な、かの「化学作用のごとき」変化」を遂げたものだからなのだ――「そうして感じられる発酵とは尽きせず興味深いものなのだが、ただし我々の眼前にある例においてその興味深さは目に余る《フレイグラント》もので、もともと伝達された意味がそのさきにある新たなる使用法のために新鮮でまったく違ったかたちでさえありうる言葉を作り上げることを可能にするものである」（*Art* 249〔二七二〕）。それぞれの語が――それが凝縮するうちに――エロチックな幻想の局所化そのものと、そしてそのパフォーマティヴなある一側面、またはその側面の数々のあいだの結節点とに開かれていくのだ。

たとえばFOND〔見こみの甘い・甘やかな・好きな・下地〕という語はジェイムズがこよなく愛した言葉のひとつなのだが、自分を卑下するためにこの言葉が使われるときにはさらにその偏愛がきわだっていた――若き作家がもつ「いちばんはじめの執筆にたいする甘ちゃん《フォンド》で誠実な信念」であれ（13〔一二〕）、年を重ねた「愚かな《フォンド》物語作者」であれ（318〔三四七〕）、あるいは擬人化された作品の「あさはかな《フォンド》……自己満足」（21〔二〇〕）であれ。この言葉は、作家が自己陶酔的な妄想とうら恥ずかしさに――そしてまたおなじくらい快感によっても――ほとんど溺れかけている自分自身を劇化するその愉悦を指し示している。「甘い《フォンド》考え」を抱いていたとジェイムズがみずからを評するとき読者は、はたしてそれがまずい考えだったと言っているのか、はたまたジェイムズの言葉で言うところの、いまだ現在進行形の「のぼせ上がりにも近い高揚感」の「証拠」を自分たちが耳にしているのか、どうにもはかりかねない（30〔二九〕）。けれどもまたそれとおなじくして自己陶酔的な「甘さ」は作家を他動詞的で固着的なエネルギー、だれかのことが……好きである《フォンド・オブ》という興味のエネルギーに溺れかけた者としても描く。とりわけ、愛おしげに興味をもって他者のほうへと身を寄せる者として――この対人関係の／心の内奥のドラマではその他者とはたいてい自分より若い男の姿で表されるのであり、彼はその他者に「すっかり崇高なまでに、そして少し間の抜けたように」愛おしげに興味をもって身を寄せるのだ（29〔二九〕）。カリフォルニアでの日記の一節でもすでに目立っていた歓喜と自己の愉悦を間抜けて「甘やかな《フォンド》」ものとする表記法は、これらの序文たちという織物の縦糸と横糸をなしているのである。「追想に耽りがちな彼は、後方に広がるこの眺めの下で、自分自身がつまびらかにしてゆくものを、創作の過程を、血湧き肉躍る物語だと甘やかに《フォンドリー》も思うのだ」(4〔一二〕)。

あるいは、ちょっと強調の仕方を変えてみれば——「追想に耽りがちな彼は、後方に広がるこの眺めの下で、自分自身がつまびらかにしてゆくものを、創作の過程を、血湧き肉躍る物語だと甘やかにも思うのだ」。FOND がフランス語で底部《ボトム》を意味するということもまた、この語と「追想〔*retrospect*〕」、「後方の眺め〔*backward view*〕」、あるいはまた「血湧き肉躍る物語〔*thrilling tale*〕」とが親和性をもつ理由のひとつかもしれない。芸術家の甘やかさ／愚かさ《フォンドネス》とは、ジェイムズが序文のひとつで言いかえているように、その「おもに阿呆者／尻《ケツ》〔an ass〕として見られるのを厭わないこと」にあるのかもしれないのだ(83〔八八〕)。

FONDNESS と FUNDAMENT〔土台／お尻〕とのあいだの連想はさらに、ジェイムズが自分の作品の構造における野心について語るときに使うきわめて(そしてつねに擬人的に)建築学的なイメージをとおして、ジェイムズの FOUNDATION〔土台／根幹〕への興味にも伸びていく。「私が思うに、特別な堅牢さを意識した礎や土台をもつ芸術的な試みには、それがどんなものであろうと、喜びが深く宿るものである……心が打ち砕かれるのは、緩い基盤の上によって生み出された困難のせいなのだ……自分の根本原理を強く信じる劇作家は……真に構築せねばならないのだし、どんな代価を払ってでも建築に、建設に、専心する。支柱を縦に深々と打ち込むことに、梁を横に渡し堅固に固定することに——自らが振るう匠の槌のどんな振動にも負けず、心血を注ぐのだ。これこそが彼の巨大な礎の能動的価値となるものなのであり、その脇腹を守りつつ、先に進むことを可能にするものなのである」(*Art* 109〔一一八〕)。FOND とはすなわち、結節点なのだ——恥の劇場性と愛情、そして露出が創作原理とともに集い、そしてそれと同時にシニフィアンのレベルではエロス化された身体の特別なゾーンにしっかりと埋め込まれた、そんな結節点。(これをより十全な語彙一覧にしようとするなら、ジェイムズによるARCH〔門〕、BRACE〔締め具〕、PRESSURE〔圧〕、WEIGHT〔重み〕といった語の準建築的、準擬人的用法も参照のこと。）FONDについて憶測を巡らせることが道理にかなっていると言えそうな理由を、もうひとつ。それはこの音節が、ジェイムズが思わせぶりに括弧をつけることをとても好んだ《フォンド・オブ》「FUN〔お楽しみ〕」という言葉に響く低音をもっていることだ。「うつつを抜かした芸術家にとって、けっして軽んじられるべきではない「お楽しみ」のほとばしるたくさんの泉」（324〔三五三〕）！「巡り巡って、結局は私の、そして貴方の「お楽しみ」に戻ってくるのだ」（345〔三七五〕）。これがケツロンです〔*au fond*〕。

序文のなかで中核となっているひとつがいの語といえば、ISSUEとASSISTがある。このふたつがそれぞれ助産現場の暗示にひときわ満ちているのは、たとえば「子守りはまるきり手出し《アシスト》すべからず！」の禁令が（「厳密にいえば想像できる」ものではあるとはいえ）「いかなる公正で堂々たる……再発行《リイシュー》」においても不可能だといわれていた、あの一節にも確認できる（*Art* 337-38〔三六七〕）。ISSUEとASSISTのそれぞれもまた、BROODとCONCEIVEという、これまたべつ立てで語彙項目を設けてしかるべき語と同様、執筆あるいは劇作の現場に特有のものでもある。作品の改訂としての再発行《リイシュー》と序文における育てなおしの過程がいかにISSUEというシニフィアンのなかで結びついているようにみえるかについては、すでに確認した。ISSUEというのは刊行物や子ども、またはその他身体から出てくる物体であるだけでなく、産道、すなわち子ども／放出物《イシュー》が出てくる《イシュー》路を、「正しく《ライトリー》考え出された引き締まった《タイト》場からの正しい出口《イシュー》」をも指している（311〔三三九—四〇〕）。甘やかな「追想」の「後方に広がる眺め」、そして数々の小説の「後半部／下半分」と同様に、時間的なものは空間的なものに擬人的に重ね合わされうるのであって、過去の刊行物《イシュー》は後世の子孫《イシュー》になっていくのだ。「想像が生み出した我が多くのいたいけな子どもたちとその両親たちを、そして生殖をおこなう我が伴侶たちとその不可避なる産物を、歴史的にみて組み合わせるということになろうものなら、私は不発に終わることなどありえない爆薬を運命によって装填された砲弾のイメージによって、自分の後ろ向きの意識を差し出すこととなるだろう」（178〔一九三〕）。

ISSUE とおなじくASSIST もまた、まずは出産の場面を暗示することで始まるようだ。それは助産師の手と喝采をする手を、分娩と――出版ではなく――演劇とを結びつける。『鳩の翼』の序文のなかでジェイムズは、小説に登場する名医ルーク・ストレット卿が演じる主治医としての役割をみずから果たすと同時に、ほのめかしに満ちた意味合いの選択の連鎖を通じてミリー・シールの死に至る病を「かなり正直にいって、助けないわけにはいかない」妊娠出産として書きかえている。ミリーの病は「興味深い様子」とされ、その強度は「活発になり／胎動し〔quicken〕」そして「有終の美を飾る／胎児の頭が出てくる〔crown〕」ものとして描かれる。そこでのミリーの役割とは「情熱に満ちた抵抗、触発された抵抗という、至高の活動」なのであり、「この最後の事実が真の問題《イシュー》なのだ。道はまっすぐに伸びていくのだから……」とされている（289〔三一六―一七〕）。

とはいえ、つぎの『アメリカ人』における視点の駆け引きについての記述などでは、はたして助産と演劇性のどちらの意味でASSIST の語が作用しているのかを見分けるのも容易ではない。「我々は［ニューマンの］広い、心ゆくまで存分に幅広い意識の窓辺に座っているのであり、そしてその絶好の位置から「手助けする・列席する《アシスト》」のである。それゆえ彼こそがなににもまして最重要課題なのだ。その他すべてのことは彼がそれを感じ、扱い、そしてそれに応じる程度においてのみ問題となる。自らが作り出した存在の皮膚の中に滑り込もうとする創作的努力の強度、それはつねに、美しき心酔であると私は思う。それはひとつの存在をいまひとつの存在が個人的に所有するという行為の、このうえなく完全なる形なのだから……だとすればニューマンがその人生を生き、そして伝えていこうとするごく微妙な細部《タッチ》を増殖させようという私の本能にしたがって、たくさんのことが忠実でありつづける」（38〔三七―三八〕）。「手助けする・列席する」はここで括弧つきのものとされているのだが、それがなぜかを理解するのは簡単ではない（ジェイムズと簡単さなんてそもそも水と油みたいなものだが）——ただしそれがこの言葉の二重の意味（助産／演劇）に注意をむけるため、ないしは「お楽しみ《ファン》」につけられた括弧のごとく、ちょっとばかりずれたフランス語の駄洒落が背景に滑りこまされていることをチラリと目配せするためでもないかぎり。この場合なら、おっぴろげの窓の側に座らされていることと「その絶好の位置から」助けることとの連想だ。フランス語の*ASSISTER*（分娩の「世話をする」、ないし、催し物に「参列する」、というような意味での、英語のATTENDに相当する語）と*S'ASSEOIR*（英語のSIT、「座る」にあたる語）は、フランス語でもじっさいには語源的な関係はないのだが、たしかにこのふたつの語は朗々たるASS-〔尻〕の音節をとおして、たがいに似ているようにも聞こえる。そして建築的な堅固さのような断固たる態度でもって、SEAT〔座席・臀部・中枢〕の思いもよらぬ劇的な連想、とくに「巨大な」「土台」「至極じゅうぶんに幅広い」といった、愛すべき豊満なお尻を思わせるそれは、序文のなかでこれでもかとばかりに裏づけられている。たとえばジェイムズが執筆をおこなったという窓辺のひとつからは——「大きな屋敷」が……くすんだレンガに包まれて私の視界いっぱいにぼうっと浮かび上がるのだが、程なくして私はその都合の良い中立性が、鬱陶しく詮索しようともすることもなくこちらを守ってくれるもののように思えてきて、つねに我が眼前に広がるこの特別な灰褐色の表面から色を借りるがごとくして、座業ばかりのわが人生と規則正しい習慣も、豊かな地方色を帯びてきた。この表面はこのうえなくずしりと重いカーテンでもあるかのようにしてそこに垂れ下がっていた——それはこの町という大いなる劇場の舞台そのものを覆い隠していたのだ。それを眼前にして何時間と机の前に座っていることは、なぜだかこの世界でもっとも適切なあり方で、比類なく壮大なドラマのなかに、それに比例するように潤沢な興味をもつことでもあったのだ」（*Art* 212〔二一二〕）[(1)]。

こうした一大座業が紡ぎだす連想のなかには、消化とその産物にかかわるものがある。こうした連想がいかに序文の文章を芳香で満たしているかというのは、どれだけ引用してもなかなか伝えきれるものではない。「［芸術は］その素材を……人生の庭で摘む——他所で育った素材など黴臭く食べられたものではない。しかしそれを摘み終えるや否や芸術はある過程について考慮しはじめねばならない……それは表現の、価値を字義どおりひり出すことの過程である。これがまさに、強力な混合物を完成させるものとしての注入なのである……すべては座っているうちにおこなわれる」（*Art* 312〔三四〇—四一〕）。消化作用について語られるときにもっともよく使われているのは、多かれ少なかれうわべでは料理について語る言葉だ。そのどちらもが「化学的な、ほとんど神秘的な方法で想像が——よしんば想像することが可能だとして——できる」のであり——

小説家の仕事において彼の想像力の大釜を通されていないものを挙げることなどもちろん不可能だし、彼の知的ポトフが絶え間なくくつくつと煮える大釜のなかで旨味に満ちた融合へと煮詰められないものも存在しない。そこに放り込まれたひと口はもちろん煮出されて無になったわけではなく、それが放出する味わいのかわりに、新たな、より豊かな飽和へとさらされているのである。こうした状態になったならばそれは間も無く取り出され供されることになり、そしてそのひと口が自らの浸っていた心地良い媒介と美的に保たれた素晴らしき良き仲間たちを彷彿とさせるのでなければ、わずかばかりの称賛しか得られない。要するにそれは新たな関係性に参入する、新たな関係性へと浮上するのである。その最終的な旨味は達成された——しかしその当初の個性は破壊されたのだ……こうしてそれは別ものに、そして稀なる錬金術により、より良きものになったのである。（*Art* 230〔二五二〕）

料理と消化の産物は代替可能であるように——そしておなじくらい魅惑的であるように——見えるのだが、それはそれぞれがともに永遠につづくかのごとくに描写される再循環の過程からなる結果であって、「残滓」、「穿り出された」り「抜き取られた」りしたもの（とよくジェイムズが呼ぶところのもの）（155〔一六九〕）、あるいは前に見たカリフォルニア日記の一節やほかのいろいろな文章で「引っ張り」あげたりするもののゆたかさに、さらなる彩りを加えるからである。（「記憶の長い竿が底／どん尻《ボトム》をかき回しかきあさり、すると水底に沈没していた人生や消滅したはずの意識の破片や異物がもう一度つなぎ合わせるよう誘いかけるのを、我々は引っ張り挙げるのだ」［26〔二五―二六〕］）。芸術家の知的人生では、とジェイムズは言う——「「古びた」物体がそこにあり、再び受け入れられ、再び味わわれ、ものの見事に同化／消化され、そして再び楽しまれている……我らの父祖がよく「嗜好・味覚《テイスト》」と呼ぶところのものの、おおいなる成熟だ。「味覚」——私たちの深奥にある多くのものを包括するようにして与えられた聖なる名。詩人の「味覚」とは、根底的には、そして彼のなかの詩人が他のなににも打ち勝つことができるのであれば、その人の人生にたいする能動的な感覚だ。どのような真実に従ってそれを統制しているか、それこそが彼の意識の迷宮の道しるべたる銀の糸を手にすることなのだ。自分自身の身をもってこれを知る者、それはよき者である。」（339-40〔三六九〕）。

序文のなかでFRAGRANT〔かぐわしい〕という語（そして恐らくはこの語のより露骨に、いや燃えたつようにパフォーマティヴな亜種、FLAGRANT〔目に余る／燃え上がる〕という語も含み）が使われている変遷を辿っていくこととは、控えめにいっても、消化をめぐる物語をとおってどこかに辿りつくことに等しいだろう。その真骨頂のひとつはといえば、こんな感じだ。

さらにいえばより一層の分析というのはほぼつねに爆発と勝利の松明なのであり、芸術家の手はそれを固く掴み振りかざす――とは言えむろん、それはもみ消された爆発と曖昧な勝利のあかりであって、それが愛でられ寿がれるのは街頭ではなく心の内奥にある聖域を前にしてのことである。どんな関係性についてのものであれ九分九厘、それが初っ端から容易に真実の最良の残滓に達することなどまずない。それこそが、なるほど、その情景の魅力だったのだ……そのさまざまな要素が事態の見え透いた皮肉さを超えたさらに深い皮肉をもって、抑えきれず表面にさっと赤らむ《フラッシュ》ようにして浮かんでしまう。それは蓋をされた香りのようにして、荒削りな前提のなかに潜んでいたのだ。注意があたりを揺蕩うほどに、そのかぐわしさ《フレグランス》にも敏感になっていった。さらにこう付け加えても良いかもしれない――上っ面を引っ掻き侵食すればするほどに、その効力はより強烈に知的鼻孔に感じられた。そして最終的には、残滓、と私が読んだそれに達して、我が構造の核に赤々と火照る《グロウ》劇的な火花の眼前に私は立ちおり、そっと私がそれに息を吹きかけるとその火はさらに高く鮮やかになっていったのだ。（*Art* 142〔一五三―五四〕）

序文があんまり『羊たちの沈黙』めいて聞こえてしまっても困るのだが、それにしてもじっさいのところジェイムズは、作家としての関係性を皮膚内に住まうこととしてずいぶんと生々しく表現する傾向がある。前にも見たとおり「自らが作り出した存在の皮膚のなかに滑り込もうとする創作的努力の強度」は「美しき心酔」であると、いや「一つの存在を今一つの存在が個人的に所有するという行為のこのうえなく完全なる形」であるとジェイムズは考えていた（*Art* 37〔三七〕）。紅潮《フラッシング》したり火照《グロウイング》ったり、皮膚は情動を産出すると同時に伝染させる最重要器官としての役割を強調されており、そしてそれは皮膚への侵入という幻想に結びついている――具体的には手による、触れる手による侵入だ。こうした関係性を描くときにジェイムズが好んだ語には、

GLOVE〔手袋〕、GAGE〔決闘用に投げられた手袋〕、そしてフランス語の*GAGEURE*〔挑戦〕がある。「それこそが私の問題、いわば私の挑戦であった——つまりはほんの一握りの価値観を、その価値を存分に生かして力の限り演じきること——そして興味というバネに特別に圧力をかけることが」（330-31〔三五九—六〇〕）。ジェイムズにとって手袋／決闘用手袋とはENGAGEMENT〔関与・誓約・婚約・交戦〕の最上のイメージ、興味、動機、そして固着そのものを単純明快に表すイメージなのだ——作家としての「魅力、それにたいする要請がその限界を試し、引き伸ばし、張り詰めさせるのにつれて増していくようなその魅力が、それに力強く手をつける」（111〔一二〇—一二一〕）。さらに強い力をもって、手袋はまた人間の姿をした登場人物たちの創造（というのはつまり、皮膚への侵入）に、頑強なイメージをもたらす。たとえばジェイムズが「ほれぼれするような類の、背の高くもの静かでほっそりとした勤勉な若者」に遭遇し、それによってこれまでほとんど想像をめぐらせもしていなかった登場人物のうちに住まうことが可能になったという場合——「朧げで掴みどころのないオウエン・ウィングレイヴは、彼に触れた瞬間、自分自身をこの紳士のうちに見出していたかもしれない——つまり、その姿、癖、形、顔、運命を」（259-60〔二八四〕、最初の強調は筆者）。

　そしてもちろん、その裏側に手を差しいれて登場人物に息を吹きこむものといえばそれ自体、立派な劇場をもっている——人形劇だ。「目に見えぬもの人知を超えたものを、生煮えの計画でもって、そしてすでに手のなかにある手袋が発する光、いやそこに染みついた匂いによって、探し出そうとすること——どんな物語の語り手や人形劇の人形使いの栄誉も、この快感とは比較にならないし、またこの手に汗を握る難しいゲームのようなぞくぞくするような興奮と焦燥感を覚えさせることもない」（*Art* 311〔三三九〕）。手袋に、手に、人形に染みついた匂い——ここまできたら、もうそれがなにかは想像に難くないだろうと思う。それは糞の臭いであると同時に恥の臭いなのだ。内側を裏返しむきだしにする過程によって演じられる、愛すべきアイデン

ティティの臭いなのである。(2)

いうまでもなく、序文中には似たようなやりかたで作用していることが示せる語彙項目がもっといくらでもある。すこしだけ挙げるとすれば、BRISTLE〔密生する〕、INTEREST〔興味・利子〕、USE〔使う〕、BASIS〔土台〕、UNCANNY〔不気味な〕、TREATMENT〔処置〕、STRAIN〔引っ張る・力む〕、EXPRESS〔表現する・搾り出す〕、ELASTIC〔伸縮する〕、HIGH / FREE HAND〔高圧的な・上手に出る／自由裁量・空手で挑む〕、HANDSOME〔見事な〕、動詞としての BEAR〔耐える〕、CONCEIVE〔構想する・妊娠する〕、形容詞としての TOUCHING〔感動的な・心の琴線に触れる〕、RICH〔ゆたかな〕、名詞と動詞どちらとものSPRING〔泉・湧き出る〕、WASTE / WAIST〔浪費・排泄物／腰回り〕、POSTULATE〔公準〕、PREPOSTEROUS〔本末転倒の〕、名詞としての TURN〔回転・逸脱〕、PASSAGE〔一節・通り道・お通じ〕、そして FORESHORTEN〔短縮する〕。こうした多彩なシニフィアンが呼応しているものにもいろいろあるが、わけてもそれは性目的が、性対象が、身体部位が、身体をめぐるファンタジーと快楽が、どれだけぼんやりとではあれフィスティングを中心として群れなす、その幅広さに対応しているのだ――ファルスの、子宮の、前立腺《プロステート》の、そして大腸と肛門の、揺らめく光。一定のリズムと絶頂にむかうリズム、挿入する側と受容する側、溜めることと放出、自体愛と外的対象にむかう愛のあいだの、揺らめき。こういう読みに序文は「溜め込まれた「いいモノ《グッド・スタッフ》」のこよなく洗練された魅力、そしてそれを手中にすることへの関心へと精神が開かれていればいつだって」呼応してくれるのだということがわかってもらえればと思う――

私はといえば自分の意識にとって、「得ること」はこうして長々とつづいてきた再刊行《リイッシュー》の過程のなかで、もっとも些細な部分であった。私の手は初めて泉《スプリング》に触れたときから、満ち溢れているように感じられることになっていた。むしろ蓄積されたいいモノの方がくどいほどに与えつづけようとするということの方がずっと問題になっていたのだ。（*Art* 341〔三七〇〕）

人間存在、状況、関係についての、一切の無駄を省いた真実——特権的な注意を集中させることがそのために要求されるような——はひとの手のなかで、いまだにかつてないほどに激しく、これ以上ないほどに激しく、その要求の正当性を証し立てようと精一杯に励む。それはいわば、その意味づけやそれ自身が織りなす数々の関係性の究極的な目的や目標を目指して、つねに励むのである。それは一歩一歩、そして諫めるようにして左右にふられる指をものともせずに、それ自身を十全に完璧に表現しようともがくのだ。（278〔三〇四—五〕）

とはいえ、このテクストがどれだけそれにゆたかに応えてくれるとしても、こうやって語彙によってつき動かされた累積的で蓄積的な読解は、ひとつの特殊な、そしてだからこそひとつの不完全なたぐいの読み方でありつづける——ただしそれはこれが「セクシュアリティ」を中心にした読み方だからというわけではなく、意味論的な単位を中心にして組み立てられた読み方だからだ。この読みが意味論的なものと主題的なものに繋がれているということはたぶん、それが昇華不可能なほどに（どんなに不安定であっても）強烈に区分け《ゾーニング》された人間の身体にも繋ぎとめられているということを意味するのかもしれない。それならこういう読みだって案外捨てたもんでもないんじゃないだろうか。とにかくじゅうぶんに明らかなのは、ジェイムズの没入的ないし（彼がよく評するとおり）「ゆたかな」（または奇妙な）シニフィアンへの傾倒に酔うような読み、あるいはそれを尊重するような読みというのは、序文が論証をおこなおうとする推進力を妨げるだけでなく、手助けもするのだということだ。どんなものであれ、意味的な没入ないし意味的な執着によってなされるぎこちなく「甘やかな《フォンド》」読みのリズムは、理論的な逸脱を作りだすために必須のもののように思えるのだ。

まとめみたいなことをしてみると――いちばんこまってしまうのは、これが「ホモセクシュアリティの理論」を提示しているというふうに聞こえてしまうことだ。そんな理論はもちあわせてないし、ほしいとも思わない。ジェイムズならではのエロチシズムの特殊性、ゆたかさ、そしてなによりその堂々たる露骨さの真価をつかもうとするとき、それは彼を「ホモセクシュアリティ」の見本にしたてあげようとしているわけでもなければ、「ホモセクシュアリティ」の一「種」にしようとしているわけでさえない――とはいえもちろん、ジェイムズがゲイじゃないとでもいうかのように響くのもいやなのだが。それでもなおわたしは、ニューヨーク版につけられた序文のジェイムズを「ホモセクシュアリティ」ではなくクィアさの、あるいはクィアなパフォーマティヴィティの一種の原型みたいなものだと呼びたいとは思っている。ここでいうクィアなパフォーマティヴィティというのは、恥という情動とその後に生起するそれに関連したスティグマの事実との関係のなかで、意味や存在を作りだすための戦略の名のことだ。

　クィアなパフォーマティヴィティとしてこうして書いてきたものについて、存在論的にいってどんな主張ならばする価値があるのかは、ちょっとまだわからないでいる。たとえばクィアなパフォーマティヴィティについて論じてきたつながりのいくつかがじつはパフォーマティヴィティ全般の特徴であると言ってみたら、それはなにかの役にたつだろうか。あるいはまた、魔法のごとくひとを変身させる「恥を知れ・お前の上に恥をくっつけてやる〔shame on you〕」の文法は、クィアを自認する人たちにとってクィアさにこれ以上なく密接に関係していると思われているパフォーマティヴな行為のあくまで一部をなしているにすぎない、と言ってみたらどうだろう。いずれにしてもクィアなパフォーマティヴィティとの関連で恥について考えることの有用性というのは、どんな発話や行為が「パフォーマティヴ」でどんなひとが「クィア」だと分類できるかというような問いに、なんら確実性をつけ足そうとすることにあるわけではない。そしてそれはまかりまちがってもクィアさと同性同士の愛情や欲望との関係を定義づけるふりなど、これっぽっちもしはしないのだ。ではなにをするかといえばまったくその逆で、たぶんそれはこの本の序章で指示とパフォーマティヴィティとのあいだの「ねじれ」ないし齟齬とわたしが呼んだもの、さらにいえばクィアさとアイデンティティや欲望を経験するほかのやりかたとのあいだのずれみたいなものにたいして、なんらかの心理的な、現象的な、そして主題的な密度や動機を提示するということなのだろう。

だけどもやっぱり、わたしのプロジェクトがあたかも具体性や政治的関連性を絞りとったようなクィアさを脱構築（とかその他の反本質主義的なプロジェクト）のために回復しようとする試みにかかずらってばかりいるかのように響くのも、腑に落ちない。だってまるきり逆なんだから。わたしが言いたいのは、パフォーマティヴィティをつねなる羞恥とそれがもたらす変身の観点から見てみたら、アイデンティティ・ポリティクスについて考えるための新しいドアがたくさん開くんじゃないか、ということなのだ。

恥という情動周辺のつながりや付着の構造というのは、文化や時代による差をいちばんはっきりあらわすものだといってもいいんじゃないかと思う。全世界が（なにやら原始的らしい）「恥の文化」と（なにやらより進化したそうな）「罪の文化」に分けられるなんていうことではなく、情動として、恥はすべての構成要素（そしてそれぞれにちがいをもたらすような構成要素）だということだ。トムキンズの用法でいうほかの情動とおなじように、恥は各個人の心理内に独立して存在している構造ではなくて（いろいろな民族、いろいろな文化のなかで）遊離基《フリーラジカル》のようにして意味に——ほぼあらゆるものの意味に——くっついて、恒久的にその意味を強めたり変えたりするものなのだ。たとえば身体のある部分、感覚システム、禁止された、あるいはまさに許可された行動、怒りとかエロチックな興奮とかの情動、なんらかの名前をもったアイデンティティ、自分にたいするほかのひとの振る舞いを解釈するためのシナリオ、そんなものの意味を。だからだれかの性格や人格がなんであるかというのはある意味で、つかの間の恥の感情がもたらしてきた、もっとずっと息の長い構造的な変化のきわめて個人的な経緯の記録でもあるのだ。

　ということはつまり、個人ないし集団の恥を直接消しさろうと、それをなかったことにしようとする治療的または政治的な戦略というのには、わけてもどこか本末転倒なところがあるということだ。もしかしたらそういう戦略は「効く」かもしれない――たしかに力強い効果はある――けれどそれは、そういう戦略がこういう効果がありますと主張しているような方法で効いているわけではない。（ここで念頭においているのはさまざまなやりかたで恥にとり組んでいる多くの運動だ。たとえば公民権運動の共同的な尊厳、「黒さは美しい《ブラック・イズ・ビューティフル》」やゲイ・プライドにおけるひとを個別化するプライド、排外主義者たちのいろんなルサンチマンのかたち、スキンヘッドのまわりを威圧するようなアブジェクションの誇示、怒りを恥にたいする反応として名づけて前景化しようとした初期フェミニストたちの実験、恥について真実を語ることに認識論的圧力をかける近親相姦のサバイバーたちの運動、そしてもちろん、もっともっとたくさんのもの。）恥がとるさまざまなかたちは、集団や個人のアイデンティティのなかでほかからはっきりと独立した「有害な」、切除可能な部分ではない。それどころかそういうかたちはアイデンティティが形成される過程そのものになくてはならず、そしてそのなかに残存していく。それは変身、再構成、意味づけのしなおし、意味の変貌、情動的かつ象徴的負荷とそれによる歪みに開かれているというだけでなく、浄化や義務論的幕引きのような作業なんかには、たぶんとうてい手に負えないくらい強力なのだ。

文化や時代、そして異なる政治形態のあいだで恥の構造化のされかたが大きくちがっているとして、それはまたごく単純に、おなじ文化や時代に生まれたある人とほかの人のあいだでもちがうものだ。アイデンティティのまとめ役として恥がいちばん旺盛に活躍するような幼児や子どもやおとなのことを（恥に関係した言葉でいうと）、恥ずかしがり屋《シャイ》、と呼ぶ。（「五〇年代を覚えてる？」と、リリー・トムリン[*12]はよく問いかけていた。「五〇年代にはゲイなんていなかったのよ。みんなたんにシャイだったの。」）クィアというのは、このグループ、またはそれと重なるところの多い、アイデンティティの感覚がなんらかの理由でいちばんしっかりと恥の音階に合わせて調律されているような幼児や子どものグループをまずは第一に指すものとして想定するのが有効かもしれない、と考えてみるのはどうだろう。彼ら（いや我ら）のなにがこういう仮定を真実にするのかというのは、まだはっきりしていない。まだはっきりしていないというのは、いまのところそれがなんであるか――まちがいなく単数のものではない――言葉にすることができないという意味ではあるのだが、でも同時にそれがこういうひとたち自身にとってもやがてはっきりするもの、つねに遅れてやってくるものだ、という意味でもある。恥によって輪郭を描かれたアイデンティティの場は、そのアイデンティティの不変性や意味を決定するものではない。そして人種、ジェンダー、階級、セクシュアリティ、外見、心身能力は、そこに結晶化する社会構築物を決定する要素の一部でしかなく、それぞれの表現や創造性、快感や奮闘の固有な構造を、この始原的な情動から引きだしているのだ。あえて言ってもいいと思う。こういう意味でのクィアさというのは、この歴史的瞬間において、おとなや思春期の「ゲイらしさ」として今日凝縮されている特質の複合体と、とても重要な定義的な重なり（それはもちろん躍動的な弾性があって、時間性の観点からいってとても入り組んだ重なりなのだけど）があるのだ、と。みんな知っている――レズビアンやゲイ男性のなかにはてんでクィアとはいえないひともいることを、そして同性にむかうエロチシズムをあんまりもち合わせていなかったり、または同性へのエロチシズムをレズビアンやゲイというようなアイデンティティを介してめぐらせることがないひとたちのなかにも、クィアの和音に打ち震えるひとはいるということを。それでもとりわけはっきり恥の意識や恥のクリエイティヴィティに（ジェイムズ言うところの）「火照っている」ように見える、口語的にいわれるパフォーマティヴなアイデンティティの多くは、まちがいなくレズビアンやゲイの俗事的空間まわりに鈴なりになっている。ほんの数例を挙げてみると、たとえばブッチのアブジェクション、フェミテュード、レザー文化、プライド、ＳＭ、ドラァグ、音楽的才能、フィスティング、ふてぶてしい態度《アティテュード》、ＺＩＮＥ《ジーン》と呼ばれる同人誌たち、芝居くささ、禁欲主義、指を鳴らすスナッピング文化、ディーバ崇拝、頬を紅潮させた信心深さ――一言でいえば、燃えるようなクィアさ[*13]。

そして、アクティヴィズム。

恥がわたしを政治的に惹きつけるのは、パフォーマティヴなものへの衝動の源泉において恥はアイデンティティの場を――アイデンティティの問いを――生みだし正当なものにはするけれど、それをおこなうにあたってアイデンティティの空間に本質という地位を与えはしないからだ。恥はアイデンティティの場を「やがて構築されるべきもの」として構築するのであって、つまりはまたすでに（必然的な、生産的な）誤解や誤認に開かれたものとして構築するというふうにも言える。恥――顔の筋肉や毛細血管の上や中に息づく恥――は、あるひとからだれかほかのひとへと、比類なく感染しやすいもののようだ。そしてこの恥の感染性というのは、その新たなる表現の文法にたいするアナモルフィックで変幻自在な受容性によって、いや増しに増すばかりなのだ。

　こういうもろもろの事実が示しているのは、恥や恥／パフォーマティヴィティについてよい問いかけをすることはわたしたちを、たくさんのがんこなもつれがアイデンティティ・ポリティクスの心臓部へと結びついている場所の外側へと導いてくれる――とはいえ「アイデンティティ」概念のひしひしと感じられる切迫感や力を否定することなく――かもしれないということだと思う。喪のダイナミクスと同様、中傷の、あるいはイデオロギー的ないし制度的集団虐殺のダイナミクスは、恥なくしては理解できない。生存者の罪責感、より広く言って罪悪感の政治というのは、とらえどころのない恥のダイナミクスとのなんらかの関係で見てみることでよりよく理解ができるだろう。おなじことは連帯や同一化の政治についても言えるような気がする。そしてユーモアの政治と、逆に冗談の通じないお堅さの政治にも。それからもうひとつ、あくまで括弧つきの傍白としていわせてもらえば、恥／パフォーマティヴィティは「キャンプ」の名で知られる現象の一群についてもパロディ概念よりもっと、そして「深さ」と「表面」のどんな二項対立よりももっと、深い理解に到達させてくれるんじゃないかと思う。もうひとつおまけにもしポリティカル・コレクトネスがほかのなににも増して高度に政治化された恥のドミノだおしのダイナミクスじゃないんだとしたら、そこでなにが起こってるのかなんてどうにも理解しようがないんじゃないだろうか。

恥について研究している心理学者やひと握りの精神分析医は、これまであまりにも安易に恥を抑圧仮説の道徳主義のなかに押しこめるかのような語りをしてきた。恥は「健康」だとか「不健康」だとか、プライバシーと良識を保持するものだからいいものだとか、はたまた自己抑圧とか社会による抑圧と結託するものだから悪いものだといわれたりしてきた。わたしが意味しているのはいうまでもなくこのどちらの価値づけでもない。わたしが言いたいのは、すくなくともある種の（「クィアな」）人びとにとってみれば、恥はごく単純にアイデンティティを最初に構造化する事実であり、そして永遠にそうでありつづけるということだ――それはジェンダーイムズの例が示しているとおり、それ自体が強烈に肥沃な可能性を、そして強烈に社会的な変化を引き起こす可能性をもっているような、そんなものなのだ。

第二章

遂行体《パフォーマティヴ》のあたりで

九世紀の語りにおける周縁遂行体《ペリパフォーマティヴ》とその界隈

2. Around the Performative:
Periperformative Vicinities in
Nineteenth-Century Narrative

しかし、より大きな意味でいえば、我々にはこの地を捧げることも、聖別することも、清めることも、できはしない。

——アブラハム・リンカーン、ゲティスバーグ演説

「しかし、より大きな意味でいえば、我々にはこの地を捧げることも、聖別することも、清めることも、できはしない。」この一文から始めようと思うのは、これがじつはごくありふれた、けれどもっとよく考えるに値する、そんなある種の発話のもっともよく知られた例のひとつだからだ。この章で検討するいろいろな発話は、イギリスの哲学者J・M・オースティンがいわゆる厳密な意味で明示的な遂行的発話〔explicit performative utterances〕と呼んだものの標準的な記述に示されている条件の数々を、満たすようなものではない。『言語と行為——いかにして言葉でものごとを行うか』[*1]のなかで明示的遂行体は、一人称単数で、現在形で、直接法で、能動態の文の一群によって例示されている。こうした文についてオースティンが言うところによると「その文を発話する（もちろん適切な状況での話だが）ことは、自分が［そのことを］をおこなうのを記述することでもなければ……自分がそれをおこなっていると言明することでもない。むしろそれは、その

ことをおこなっているのだ」(6, 二二)。こうしたオースティン的な遂行的発話にはたとえば、「約束します〔I promise〕」、「…を遺贈する〔I bequeath ...〕」、「…と命名する〔I christen ...〕」「謝ります〔I apologize〕」、「挑戦だ〔I dare you〕」、「…の刑に処す〔I sentence you ...〕」などがある。

さっき言ったように、この章で論じるさまざまな文や文の複合体はこういう発話のカテゴリーに当てはまるわけではない。ではなにがそんなに特別なのかといえば、それはこうした文が明示的な遂行的発話をほのめかすということにある。つまり「我々は捧げる」でも「これにより我々は聖別する」でもなく、我々は捧げることもできなければ、聖別することもできない、というふうに。まさにこうした文が明示的な遂行的発話に言及する、またはそれを記述するからこそ、そしてまたときにはそうした発話を否定するからこそ、こうした文そのものは明示的遂行体のカテゴリーに当てはまらない。そんなわけで「この地を捧げるのに胸がときめく」とか「聖別できたらよかったんだけどな」とかもおなじように、明示的な遂行的発話に明示的に言及してはいても（あるいはそうしているからこそ、とわたしとしては言いたいのだが）、遂行的発話ではない。ここで描写しているような発話の種類にオースティンの尻馬に乗って新しい名前までつけてしまおうと思う。その名も周縁遂行体〔periperformatives〕――すなわち、それ自体は遂行体ではないけれど、遂行体についてのものであって、そしてより厳密にいうと、遂行体のあたりに群れなしているもの。

なんでまたこんなグループ分けがおもしろいかもしれないんだろう。序章で話したとおり、時間的な観点から考えるのがつねであるような概念に空間性をもう一度導入してみることだけでも、まずはなんらかの有用性があるかもしれない。たとえば遂行性についてのジャック・デリダやジュディス・バトラーの大事な議論は、遂行性の時間的な複雑さを分析することをとおしておこなわれる傾向がある。反復、引用、「つねにすでに」――未来と過去のあいだを無限に織りなすような概念的往復運動の、とっておきのお家芸の数々。それとは対照的に周縁遂行体の局所性は空間の隠喩性に宿る。周縁遂行的発話は遂行体にまつわるもの《アバウト》だが、しかしそれはたんに遂行体に言及するものだという意味ではない。周縁遂行的発話は遂行的発話のあたりに寄り集まる——近くにあったり、隣にあったり、あるいはまわりに群れなしているのだ。周縁遂行体は遂行体の界隈《ネイバーフッド》に存在している。不動産広告に出てくる近隣界隈《ネイバーフッド》さながら、周縁遂行的な界隈には名の知れた中心地（すなわち明示的な遂行的発話）があるが、はっきりした外周は存在しない。とはいえ中心の威光は均一に降り注がれるわけではなく、ときには予期しないようなかたちでその界隈に影響さえするのだ。

　遂行性そのものについての哲学的議論のなかでもとびきり厄介な問題、これまで時間的な見地からしか説明されてこなかったような問題のいくつかを考え直すのになんとか空間的な見地を使えないかというのは、心そそられる可能性だ。そんな問題のなかにはたとえば、意図についてのもの、理解についてのもの、そして発語内行為の発語媒介行為にたいする関係についてのものなどがある。（＊2）空間化された局所的な遂行性はまた、言語行為論と劇作的パフォーマンスのあいだを行き来するための新たな概念的装置を提供してくれそうでもある。理想的にいえばそれは、意図の誤謬も記述的な誤謬（＊3）も再導入することなく、遂行的な情動性について語る余地さえ作りだしてくれるかもしれない。さらにいえばこの空間化された「遂行体のあたりで」という枠組みは、アルチュセール的な呼びかけ概念（＊4）をさらに押し広げるためにこれまでよりもっと伸縮性も奥行きもあるやり方を示してくれるかもしれないとさえ思えるのだ。

「やってみろよ・わたしはあなたに挑戦する〔I dare you〕」というオースティン的な例からはじめてみよう。おもしろいことに「挑戦する」は「挑発する〔defy〕」、「抗議する〔protest〕」、「挑み掛かる〔challenge〕」とともにオースティンの「態度型〔behabitives〕」というゆるいカテゴリーに組み入れられている。このカテゴリーは「ほかの人たちの言動や境遇にたいする反応という概念、そしてほかの人の過去の行為や差し迫った行為にたいする態度や態度の表明という概念を含む」ものだとされる（160-61〔二四八〕）。けれども「挑戦だ」という発話の「態度」を表明するという概して確認的な機能ではなく、むしろその遂行的な力をじゅうぶんに理解するには、その発話の行為だけでなくその場面にも詰まっているものを丁寧にかきだしてやらねばならない。まず「わたしはあなたに挑戦する」は表向き、一人称単数のひとと二人称単数のひとにしか作用しないように見えるのだが、実質的には三人称複数の存在、つまり目撃者としての「彼ら」（文字どおりそこに存在するかどうかにかかわらず）の空間を暗黙裡に切り分けることで成立している。なんらかの無理難題をおこなうことを（さもなければ自分自身を、ああいっそこう言ってしまおうか、ヘタレとしてさらすことを）あなたに挑みかかりながら（理論的には単数のはずの）「わたし」は必然的に他者の眼差しの総意を呼び入れているのである。あなたがヘタレだと見られる危険は、この眼差しをとおしてこそ存在するのだ。裏を返せばこうした他者はそれに同意しようとしまいと、わたしがあなたに挑戦するという行為によって、ヘタレ性にたいする軽蔑をわたしと分かちあう者たちとして呼びかけられてしまっているのである。

さてこのひとたちが現実にそこに存在しているとして、じっさい問題彼らはヘタレ性をとがめだてることに興味をもっているかもしれないし、あるいはもっていないかもしれない。いやこのひとたち自身、ヘタレであってそれを誇りに思っているかもしれなければ、ヘタレへの軽蔑に依って立つようなある種の社会秩序なんてくそ食らえと思っているかもしれない。理由はどうあれたんにわたしのヘタレにたいする軽蔑を共有していないかもしれないし、あるいはまたヘタレ性をめぐる現在進行中の争いにおけるわたしの立ち位置を胡乱な目で見ているかもしれない。いやむしろ、じつはわたしこそがヘタレ的傾向を隠しもっているのであって、だからこそこうやって他人のヘタレ度を測ろうと躍起になってるんではなかろうかと、いぶかっているかもしれない。ついでに言えば挑みかかられたあなた自身、この人たちのいぶかしげな態度をなんなりと共有しているかもしれないし、さらにあなたのヘタレ度を計ろうとする彼らの権威にも不信感をもっているかもしれない。あるいはいっそ、そんなのどうでもいいやと思っているかもしれない。

かくして「わたしはあなたに挑戦する《アイ・デア・ユー》」は話者と目撃者たちとの合意、そしてある程度においてはその全員と呼びかけられた相手とのあいだにあるはずの合意についての暗黙の仮定（それはあくまでも仮定にすぎないのだが）を発動する。これが当然視された仮定であることは、挑戦されたり挑戦の目撃者として呼びかけられたりすることを拒否する返事に定型が存在しないことにも表れている。挑戦するのは明示的遂行体だ。かたや挑戦されないのは、あるいはまた自分自身やほかのひとを挑戦から解放するのは、もっと周縁遂行体のかたちをとりがちだ——それはごめんこうむるな、わたしに挑戦するなんてあんた何様のつもり、あんたがわたしになにを挑戦しようが知ったこっちゃない、なんて具合に。否定的遂行という魅惑的で高い効力をもつ種類の発話——否認、物言い、放棄、非難、拒絶、「わたしはやめとく」、化けの皮を剝がすこと——はほとんどの場合、肯定的遂行よりはるかに紋切り型になりにくいという非対称的な性質によって特徴づけられている。遂行的な場面の呼びかけから身を翻すのにたいてい必要になるのは新たなる肯定的遂行ではなく、かといってたんなる否定でもなく、むしろ周縁的遂行体という間に合わせ《ノンス》の参照行為なのだ。否定的遂行が要求する独創的戦略の基準値はえてして高い（だからこそダンテは拒否を——たとえ臆病ゆえの拒否だったとしても——「おおいなる」ものと呼ぶ）。[1]「挑戦だ」という安穏たる常套句を口にするにはたいした度量も必要ないが、無理強いされた目撃者がその呼びかけから「わたしのためならわざわざそんなことしないでけっこう」と言って身を翻すには、それなりに肝が座っていなければならない。

　にもかかわらずそんな大技は可能なのだ——それは発話そのものによって可能にされるのであり、そしてそういう意味ではどんな「やってみろよ・わたしはあなたに挑戦する《アイ・デア・ユー》」もそれがはっきりした行為をなしているのとおなじくらい、権威の地盤や空間に危機をもたらしもするということを理解する必要がある。というのもわたしはあなたに挑戦することによって、いやどんな反復によってであれ仮定された関係性の枠組みを再強化しようと試みることによって、またそれによってそうした関係性を操るわたし自身の権威をより強固なものにしようと試みることによって、こうした査定とわたし自身の権威の両者がまさに合意によって成り立っているというその性質に、ぐいぐいと圧をかけることになるのだ。わたしの挑戦が周縁遂行的な目撃者たちの「わたしたちのためならそんな挑戦受けないでよ」の大合唱によって応じられたなら、それは社会的に、政治的に、そして（わたし＝あなた＝彼らの）対話のなかでわたしたちが遭遇する空間を、劇的に変化させることになるだろう。そしてまたあなたが挑戦されたことをつるりとした顔でやってのけ、おなじ目撃証人たちの存在によってしるしづけられた空間で、今度はきみがそれをやり遂げる番だよとばかりにわたしのところに戻ってきたとしたら、それもまたちがった意味で変化をもたらすことになるだろう。

　あるいはまたオースティンのひそみに習い、明示的遂行体について彼が用いた最初の、そしてもっとも影響力がある、明示的遂行体の根幹をなすものと呼んでしかるべき例に立ち戻ってみてもいい。「「誓います〔I do〕」（すなわち、この女性を合法的に婚姻したわたしの妻とします）」――結婚式の過程で発話されたものとしての」（5〔二〇〕）。そう、結婚式こそ「遂行性」の起源に飛び抜けて中心的な役割を果たしているものなのだから（この本において典型的なものがどれだけ不可思議にも否認されながら相変わらずしぶとく登場しつづけるかを思えば）、この本のタイトルは『いかにして言葉でものごとを行うか』というよりむしろ、『いかにして「誓います」と何百回と言いつつ（あるいは書きつつ）、はじまったときとおなじくてんで結婚しないままに終わることになったか』の方がよほどしっくりくるくらいだ。ひとつにはそれは、この本に出てくる「誓います」（あるいは「ここにあなた方が夫婦であると宣言します〔I pronounce thee man and wife〕」）のほとんどが、遂行的発話によってものごとがまちがった方向に進む例として示されているからだ（たとえば「我々がもうすでに結婚していたり、あるいはまた式を執りおこなっているのが船長ではなく事務長だったりすることによって」（16〔三六〕）。しかしもっと重要なのは「誓います」がそもそも例として挙げられているということ自体にある――つまり遂行的に、あらかじめ無効化されたものとして。『言語と行為――いかにして言葉でものごとを行うか』はかくして、結婚についてすくなくとも三重の身振りを遂行している。異性愛の一夫一妻制に基づく、教会と国家に裁可された二者関係の結婚をひとつの哲学体型の定義的中心に据え置きながら、なおもこの本は結婚を不可能ないし無効にする部類のさまざまなものを（たとえば個人的特性とか対象選択とか）その哲学の第一の発見的《ヒューリスティック》装置として据えているのだ。そしてその哲学者、現代のソクラテスたるかの人自身は――おおいに喜劇的な存在として描かれつつ――結婚の誓いにたいして強迫的衝動にみちた魔除けさながらの反復的な関係をもちながら、しかし同時に究極的にはその誓いを果たす義務から免除されているような関係にある者として提示されている。

だからフェルマンの『語る身体のスキャンダル』での仕事が裏づけているように、結婚が奇妙にも遂行性全般の中心的な例となっていることは、かならずしもこれにつらなる考えかたが性的規範主義のなかで骨抜きにされる運命にある印だということを意味するわけではない。オースティンは「一人称単数現在直接法能動態」という定式に立ち戻りつづける。そして結婚の例を見ると、一人称で語る、行為する、そして他者を名指す主体が結婚のなかで構築されるという、そのいかにも自然でございという様子がなんだかいぶかしく思えてくるのだ――国家権威にどうどうと要請をおこなうことによって、その場にいる他者を平然と「目撃者・立会人《ウィットネス》」として呼びかけ構築することによって、そして個人としての主体的行為者性《エイジェンシー》が異性間の二者関係に溶接されることによって保証されるという（異性愛的）補完の理論をもって結婚のなかで一人称主体が作られる、そのさまが。「誓います／わたしはそれをおこないます〔I do〕」の主語／主体が「わたし」であるのは、あくまでそのひとが「彼ら」なるものの前で制定されるような、裁可された異性間の「わたしたち」の一部になることに同意するかぎりにおいてなのだ。そしてこのわたしがそれを「おこなう」、またはその件について行為主体性《エイジェンシー》をもつのは、国家権力（この権力はどんな代名詞でも表せない）と教会の周波数への過剰なる同調を儀式的に神秘化することによってのみなのである。

　自明なことではあるが、結婚の例はクィアな読者の心をもっと斜めの角度から（あるいはあちこちの斜めの角度から）打つ。クィアを自認するひとたちとは、異性愛的な補完の論理を拒否または屈折させること（あるいはそれによって屈折させられること）のなかに主体性が住まう人びとだろう――国家の権威や宗教的な認可とのもっとずっと一筋縄ではいかない関係性のなかに、他者の立会いとのあいだのはるかにあぐらをかかない関係性のなかに、クィアな主体は住まう。クィアな遂行性にとって一人称で、単数で、能動態で、直接法的な主体の出現は仮定されうるものではなく、どれもみな疑問なのだ。

　なんで愛してはいるけど結婚式にだけはほんっとに出たくないのかを友人や家族に説明するのに頭を抱えたことのあるクィアなひとならだれだって、結婚の儀式が発動する空間化された強制的な目撃のダイナミクスを内側から知っていると思う。強制的目撃――それは欠席することが許されないという意味だけではなく、「目撃・立ち会い・証言《ウィットネス》」のもっとずっと十全な意味が（オースティンが扱ったことのないくらい十全な意味が）この原型的な遂行体の例で作動するという意味においてでもある。立会人の共同体を形成することこそが、結婚を成立させる。立会人の沈黙（いまはしゃべりません、永遠に口をつぐんでおります）がそれを許可する。むきだしで、消極的な、強力でありながらみずからコントロールすることのできない発話行為としての、ひとの物理的な存在――もしかしたらとりわけ結婚という制度がその人たちの排除によって成り立っているような、そんな人びとの存在――それこそがその特権の正当性を承認し、補強するのだ。

　そしてここまでやってきたように、発話行為の関係性の界隈を形成するに当たって目撃証言がもつ空間的な役割に注目すること。これが劇場としての結婚そのものという主題じゃなければ、いったいどこにわたしたちを導いてくれるっていうんだろう――それはつまり舞台のある種の第四の壁として、あるいは不可視の〔舞台と客席をわかつ〕プロセニアム・アーチとして(*5)この世界を進んでゆくものとしての、結婚である（街中で手を繋ぐ権利を謳歌する異性愛者のカップルを見よ）。それはみずからを取り巻く可視性や衆人環視の関係性を、暗黙のものとあけすけなものの関係性を、ひとがなにごとか発言する立場が可能であるか不可能であるかの関係性を、みずからを中心に再構築しつづけるのだ。結婚がつねに地獄だというわけではないが（「地獄とは他人のことだ」と言ったサルトルに倣えば）まさしく結婚とは他人のことだ。(*6) 劇とおなじように、結婚とは他者の目のなかに、他者の目のために、存在する。夫婦についてのもっとも根強い民間信仰のひとつに、第三者が結婚式や結婚したカップルを見守ることや夫婦の秘密に内々に通じることは、けして月並みなことなどではなくものすごく特別なことなのだ、というものがある――それが生ける人形劇のパンチとジュディ(*7)さながらの暴虐と虐待に満ちた秘密であろうと、「幸せな結婚」というこれ見よがしの公然の秘密であろうと。劇のもっとも伝統的な定義とおなじで、結婚とは観客に目をそらすこともそれに介入することも等しく許さないスペクタクルなのだ。

　結婚というプロセニアム・アーチが作りだすバリアは婚姻関係の認識論にすら甚大なひずみをきたしつづける。世知長けることとはほかのなににもまして、次のようなありがたい警句のレパートリーを増やすことである。いわく、友人Xに「別れてほんとによかったね。あなたにたいするYの態度って前々から気に食わなかったんだ」などと言ったのちXとYが（どれだけ短期間でも）復縁でもしようものなら、一生許してもらえないと思いたまえ。あるいはXとYのあいだでなにが起きているのか、またはなにが起ころうとしているのか、Xがあなたに話すことをもとにして知ったつもりになるのはやめたまえ――アツアツな場面やら自己犠牲の場面ですら、なんらかの意味で「あなたのために」（もちろんじっさいにあなたに利益をもたらすことなんかこれっぽっちもないのだが）演出されているかもしれないのであり、まったくもって参考になんかならないのである。

思い起こしてほしい――どれだけたくさんのヴィクトリア朝小説で、性にまつわるプロットが絶頂を迎えるのが不倫の場面ではなく、どんなに胸が張り裂けそうなものだろうと、結婚というプロセニアム・アーチが取り除かれてしまう、そのときであるのか。結婚の惨めさがもはや似非秘密ないし公然の秘密ではなくなり、結婚の外部に置かれただれかとの相互関係の絆となるような、そのとき。女が友人または愛人に「彼女の結婚」について、自分の夫にはとうてい言わないであろうなにがしかを語ったりほのめかしたりする、そのとき。結婚小説にとってはこうした遂行体界隈の再配置こそ、このうえなく破壊的な、そして認識論的な「最大の」山場となる。このときこうしたテクストは動くプロセニアムたる結婚への立ち会いの周縁遂行的な拒絶、割れ目、ひずみに、ありうべき根拠と遂行的な潜在性を模索しているのだ。

たとえばヘンリー・ジェイムズの『黄金の盃』の全プロットは、シャーロット・スタントがかつての愛人アメリーゴ公爵にむけて唄うたぐいまれなる周縁遂行的アリアによって構造化されている。彼がほかのだれかと結婚しようというその前日、午後をふたりきりで過ごさせてほしいとシャーロットがかきくどく、その詠唱

――

「貴方がどうお思いになってもかまいませんし、なにひとつとして貴方にお願いしようなどとは思ってお

りません——これ以外、もうなにも。これをお伝えしたということだけはしておきたい——ただそれだけ。これをお伝えできなかったというのは、いやなのです。貴方にお目にかかって、ともに過ごす、いまこうしているように、昔そうだったように、たった一時間——いえ二時間——それだけでも。この数週間、それぱかりを思っておりました。ええ、もちろん、その前に——貴方がなさろうとしていることをなさる前に、それを手にすること……これが私《わたくし》の手にするすべて。これが私がずっともちつづけるもの。これが私が得られなかったもの、となったかもしれませんね、もちろん」彼女はつづけた。「貴方が私にそれを下さらなかったならば……。思い切ってうかがわずにはおられませんでした。ええ、貴方は私が望むことのできた、すべてなんですもの。これがお伝えしておくべきだったことでした。ただ貴方とのお時間をいただくだけではなくて、貴方に知っていただきたかったのです。私がほしかったのは、貴方」——ゆっくりと、柔らかに、声を少し震わせながら、しかし意味や順序にいささかの乱れも許すことなく、彼女は続けた——「貴方にわかっていただくという、そのことでした。貴方に、つまり、聞いていただきたかったのです。おわかりになるかどうかはきっと、どうでも良いのです。貴方にはなにもお願いしないといっているのですもの、そんなことだってお願いはいたしません——してはなりません。貴方が私をどうお思いになるか——そんなことはいささかなりと関係ございません。私が望むのはただ、私がしたということ、それがいつも貴方とともにあること——貴方がけして消し去ってはしまえないように。貴方がなさったとは申しません——お望みならば他愛のないこととお思いになってくださってかまわないのです。けれどもいま私たちがいるこの場所に私たちがこうしているように、私がここにいたということ——これを私はただ申し上げている……それだけのことなのです」(*The Golden Bowl*, 93-94〔九八—九九〕)

シャーロットが繰り広げる周縁遂行的発話のこれでもかというほどの堂々巡り（これをお伝えしたというだけのことはしたい――ただそれだけなのです。これをお伝えできなかったというのは、いやなのです……私がここにいたということ――これをただ私は申し上げているのです）は、まさにこれからなされようとしている結婚の誓いとのあいだに複雑な関係をかたちづくっている。シャーロットはここで公爵の結婚の誓いをまったくもって妨げることなく、その機先を制し、ずらしている。シャーロットの周縁遂行体がこんなにも反復的で執拗なのは、彼女には既存の遂行体の慣習をたんに踏襲しその空欄を埋めるということができず、だからこそかわりに間に合わせ《ノンス》のものを作りだすべく、そんな慣習を横切るようにして動くからだ。シャーロットは結婚の誓いのある種の特徴をパロディ化してみせる――とりわけそのつかみどころのない曖昧さという、発話行為が結婚の誓いとシャーロットの発話の両者において不特定の性的行為の物語を表象すると同時に包みこむような特徴を（「私が［それを］したということ……貴方が［それを］なさったとは申しません〔I *did* [it]. . . I won't say that *you* did [it]〕」）。彼女はまた異性愛中心主義的な補完の論理が当然のものとして仮定するものから距離をとるなかで、ある種の情念を最大限に利用する（「なにひとつとして貴方にお願いしようなどと私は思ってはおりません」）。ここで彼女の「私」としての行為主体性は、安定した「私たち」のなかに遡及的に「私」の行為主体性を作りだすはずのやまびこのようにひびくもうひとつの「誓います／私はそれをいたします〔"I do"〕」によって、保証されるさだめにはかならずしもない。けれどこの保証されない「私」がこうして断固として主張する孤立はまた、かろうじてオブラートに包まれた性的なゆすりをも伴っている（「貴方が［それを］なさったとは「いまは」申しません」）。さらにシャーロットはゴシック文学のひとつの伝統（『破戒僧《ザ・マンク》』や『フランケンシュタイン』を思い浮かべてほしい）(*8) にしっかりみずからを連ねているとも言える。こうしたゴシック作品では結婚の誓いを思わせる異形の発話が呪いやまじないのように作用し、時空を斜めに横切るようにして動きながら、予言的に、遡及的に、結婚を妨害するのではなく、毒するのだ――流動的なものであったはずの遂行的なシニフィアンを額面通りのものにして、それに思いもよらない方法で固執することによって。この発話によってシャーロット・スタントは、彼女自身による「私」を結婚というプロセニアムにある種の恒久的な転轍機として設置し、だれの人生のドラマをだれが見ることができ、見なければならず、見ることができなかったり見てはいけなかったりするのかを決める敷居をずらすために、あらんかぎりのことをおこなっている（そしてそれはそうとうなものである）――婚姻関係がなすなかば公的な「わたしたち」という、国家権力を意味し同時に意味しないものとしての「わたしたち」によって、そしてまたその「わたしたち」として、いったいどの「わたし」たちが形作られ、どの「わたし」たちがかたちづくられないのかを決める、そんな敷居を動かすために。

遂行体界隈についてもう一点、ゲティスバーグ演説と『黄金の盃』の例がうまく描きだしてくれていればと思うのは、周縁遂行体の空間的論理にはたしかに中心と周縁が存在するとはいえ、その論理はたんなる希釈の論理ではないということだ。つまり界隈や近辺というものの評判はたしかにその明示的遂行体との近さからきてはいるのだが、その評判、いや修辞的な力と呼ぼうか、その力は遂行的な中心から周縁遂行的な縁へとひろがる均一な勾配に従って消えていくわけではないのだ。むしろその修辞的力は思ってもみないような塊に、岩盤がむきだしになった露頭に、地質学的融合に、純化されたり濃縮されたりしている。だからこそ周縁遂行体は動くプロセニアムに、旅芸人たちの舞台に、動かすことのできる敷居に、親和性がある。けれどだからこそまた周縁遂行的な発話は特殊な日常性をそなえてもいる――その日常性ゆえに明示的遂行体とは対照的に、あるひとつの文がはたしてそれに当てはまるかどうかなんて問題にはだれも頭を抱えたりしない（といいのだが）。もしある文が周縁遂行的っぽく聞こえたらたぶんそれは周縁遂行的なのだ——そしてあらゆる種類のたくさんの、それはそれはたくさんの文がそうなのである。周縁遂行体はワーズワス風に、あるいは〔スタンリー・〕カヴェル風の理解でいえば「日常言語」である。(*9) いってみれば言語にとってもっともありふれたものとなるものこそ、複雑で、混交的で、内省的で、流動的で、強力で、そして雄弁ですらあるのだ。

じつをいえば、これがこのプロジェクトの動機となっているわたしの数十年来の執着のひとつである——つまり遂行的なものによって定義されている（とはいえそれによって制限されてはいない）、ありていにいって雑居的な界隈が、いかにしてまさに遂行的なものの権威的な中心性を転覆させるとは言わないまでも、しばしばそれをひずませたりずらしたりするような強力なエネルギーの場になりうるのかという、この問いが。もちろんこうした一連の議論は、遂行的発話について（おもしろいことであれつまらないことであれ）なにかを言おうとするとおうおうにして遂行的発話について語る文を構築しなければならないという、びっくり仰天のトートロジーとも戯れ以上の関係にはある。でもそれがどれだけわかりきったことかというのはたいして気にもならない。デリダが論じるように、明示的遂行体は透明な自己言及性と純粋なる自己存在というかたちで姿を表すが、その効力はじっさいのところ過去や未来の暗黙の引用に、そしてみずからを超えた空間への隠れた参照に依拠している。これとは逆に周縁的遂行体は、なによりもまず公明正大に他への指示性によって成り立っている。そしてじゃあいったいお尻から半分ちょろりと出ている自己言及のとげの効果というのがどれほどのものなのかを、アナロジーとかたんなる逆転とかであらかじめわかっていると思うのはやめたほうがいいと思うのだ。(2)

たとえばジョージ・エリオットの『ダニエル・デロンダ』における、運命の鍵を握る周縁遂行的介入。これが起こるのは結婚の誓いの前日の午後ではなく翌日の夜なのだが、リディア・グレイシャーのグウェンドリンへの手紙は『黄金の盃』でのシャーロットの公爵にたいする発話に似て、一見して当たり障りなく、事も無げになされる公認の遂行発話、「誓います／わたしはそれを行います《アイ・ドゥ》」に渡り合うような周縁遂行的な力を駆り集めるべく、じつに幅広い遂行的行為の領域を闊歩してまわる。グウェンドリンの夫となったグランクールの愛人であったリディアはグランクール家のダイアモンドを同封したグウェンドリンへの手紙でこう書く——

かつて燃えるような愛とともにリディア・グレイシャーに捧げられたこのダイアモンドを、彼女は貴女《あなた》へお渡し致します。かつて彼女のものだったものをご自分のものになさりたいがために、貴女は約束をお破りになりました。きっと幸せになられると思っておいででしょう——彼女もそうであったように。美しいお子さんをお持ちになることになど思いを巡らせていらっしゃるんじゃないかしら——彼女の子たちのように美しい、そしていつの日か彼女の子たちを押しのけるお子さんたちのことを。公正なる神はそのようなことをお許しにはなりません。貴女が結婚なさった男の心はもう枯れています。彼の若き日の、最良の愛は私《わたくし》のものです。ほかのなにを奪い取られたとしても、これだけは取りあげられませんね。だってもう、それは死んでしまっているんですもの。けれどその墓はこの私なのです。貴女が幸せになられるための機会は私のと一緒にそこに眠っているのですよ。ご忠告差し上げましたでしょう。私と子どもたちを傷つけることを選ばれたのは貴女です。彼は私と結婚するおつもりでした。ついには私と結婚なさるはずでした——貴女が約束をお破りにさえならなかったなら。貴女は罰をお受けになります。私はそれを心から願っております。

……このダイアモンドをお召しになって、旦那様の前にお立ちになるのかしら……すべてをよくよくご存知の上で、貴女は彼をお取りになりました。貴女が私に進んでなさった悪行は、ご自分の呪いとな

ることでしょう。(Eliot, 406〔上巻三八五―三八六〕)

この一節ではたくさんの明示的な遂行的発話がほのめかされている——約束、呪い、忠告、結婚の誓い、墓への埋葬、譲渡の証明。けれどもそうする機会、そしておそらくはそうする誘惑も掃いて捨てるほどあるというのに、それはみずからが遂行的発話であることを示す一人称単数現在直接法能動態を用いることをぐっと踏みとどまる。『ダニエル・デロンダ』を思い起こしてグレイシャー夫人の手紙について説明しようとするとほとんどの読者はたぶん、「私は貴女にダイアモンドをあげます。私は貴女を呪います」というふうにこの手紙をまとめたくなると思う。けれどこの手紙はそのどちらの定式化も避け、あからさまに合成された確認文めいたかたちの週縁的遂行体としてみずからを提示するために、統語的な労をいとわない。なぜここで周縁的遂行体が厳密な意味での遂行体よりもっと強力になっているのかは、いわく言いがたい。ひとつとして考えられるのは、明示的な遂行体が(ニール・ハーツが言うところの)「不確かな行為主体の情念」(*10)をつねに排除しなければならないのとは逆に、これらの周縁的遂行体はまさにそれをドラマ化しているということだ。オースティン自身もやはり、話者の行為主体性を当たり前のものとしてとらえがちだった——あたかも話者である彼または彼女が、個々の発話行為を起動、認可、さらには強化さえする力と重なりあう、あるいはすくなくとも地続きのものであるかのように(ことに極端な場合には、戦争とは個々の市民が宣戦布告をおこなうときにはじまるものであるとすら示唆さえしているようにすら見える［40, 156, 七一、二四二］!)。「行為というのは人によってのみ遂行されうるものなのであり」とオースティンは書く——「そしていうまでもなく我々の［明示的遂行体についての］場合、発話者こそが遂行者であらねばならない」(60〔九九〕)。この「いうまでもなく」の自明性は、フーコー主義、マルクス主義、脱構築主義、精神分析、その他諸々の近年の理論的プロジェクトによって集中砲火をあびせられてきた(3)。

いっぽうのグレイシャー夫人の周縁遂行的解決はといえば、ほかのだれによる脱構築的な行為主体性の脱神話化を必要ともしなければ寄せつけもしない。「かつて燃えるような愛とともにリディア・グレイシャーに捧げられたこのダイアモンドを、彼女は貴女へお渡し致します。」ダイアモンドの来しかたを端折る、この受動態の使い方。この三人称による一人称の覆い隠し（かたや明示的遂行体はほとんどその真逆のことを要求する。つまり三人称の力を一人称の発話に凝縮することを）。まるでダイアモンド自体が不気味に揺らぐ行為主体性を手にしているかのように見せる、この目的語と主語の倒置。女が財産を所有ないし譲渡することの可能性をめぐる物質的かつ法的問題系を前景化する、この二重の移動（ダイアモンドはリディア・グレイシャーに「捧げられ」、それを彼女はグウェンドリンに「渡す」だけなのだ）。こうした技巧がこの手紙中にはびっしりと張り巡らされている。

夫イアソンの新妻のために猛毒を仕こんだ衣を織るエウリピデスのメデイアさながら、メデイアの血族たるグレイシャー夫人は存在論的にはべつべつのふたつのレベルを目に見えるかたちで、そして暴力的なまでに、つなぎあわせる唯物的技法《テクネ》を必要とする――呪いの力と物理的身体をもつ贈り物を、習慣となる贈り物を、身に着けるべき贈り物を、そこから毒が近接しているというそれだけによってじわりじわりと広がっていくように、固めあわせるための技法を。まさにこれこそがグウェンドリンにとっての贈り物／呪いの効力なのだ――

気分が優れないというよりほかにはなにもわからぬまま、彼女は長らくその場に座りこんでいた。手紙に書かれたあの言葉たちが、彼女のなかで渦を巻いて繰り返されていた。

紛れもなくそれは毒の仕込まれた宝石だったのであり、その毒はこのうら若きいたいけな存在のうちにすでに染み込んでいた。

そうして長らくの時も過ぎ、扉を叩く音とともに夕餐のために正装したグランクールがやってきた。彼の姿を目にするとふたたび神経が昂って、グウェンドリンは半狂乱の勢いで叫びに叫びつづけた。グランクールが予期していたのは艶然と着飾って微笑み、階下へと連れられていく準備の整ったグウェンドリンだった。彼が目にしたのは青ざめ、床に飛び散った宝石のなか、恐怖らしきもので絹を裂くような声で泣き叫ぶ彼女の姿だった。気でも触れたのか。

なんらかのかたちで、復讐の女神たちが彼の敷居を跨いでいた。(407〔上巻三八六―三八七〕)

復讐の女神たちは結婚の敷居を侵す――「このダイアモンドをお召しになって、私の言葉が彼と貴女の頭を駆け巡るなか、旦那様の前にお立ちに［なる］」、そんなグウェンドリンの姿を召喚するリディアによって。その敷居の侵犯が存分に証し立てているのは、リディアが周縁遂行的なふたつの発話内行為――贈与、呪い――を第三の発話内行為のすぐそばで結合させることによって、強力な空間的ひずみを作りだしたことだ。そしてその第三の発話内行為とは結婚の誓いなのである。

しかしリディアの手紙のなかで複合化された発話内行為への参照は、明示的遂行体と周縁遂行体の差をさらにはっきりと示す。明示的遂行体の力、「幸福さ《ハピネス》／適切さ」、自己言及的な透明性の幻想はすべて、かりに発話内行為が単純なものではないとしても――たぶんけして単純ではありえない――せめて単一のものであることを要請する。もしわたしが明示的遂行体によっておこなっているのが約束ならば、(発話内行為のレベルで) 同時に脅迫もおこなうことはできない。つまりもしわたしの発話内行為が寄贈することであるなら、それは呪うことではありえないのだ。明示的遂行体の単一性に重きをおくかぎり、こうした複合的な行為は遂行体を定義づけるものとしての発話内行為ではないレベルへと追いやられないといけなくなる。たとえばそれらはわたしの発話行為の発話媒介効果のひとつだとされるかもしれない（とはいえそんなことを言いだしたら、話しているときにわたしが相手の顔に唾を浴びせまくってしまっているとか、中学のときの歴史の先生にわたしが似ていて相手がむかついているとか、そういう制御不能な不確実性だって発話媒介効果のひとつになるんじゃないだろうか）。あるいはまたこうした複合的行為は、わたしが発話行為を遂行するときに抱く感情といっしょくたにグループ分けされるかもしれない。でもこれまたずいぶんな格下げっぷりである。だってそもそも遂行的行為概念の核たるものは、わたしがそういう行為をおこなうときに経験するかもしれない想いというような心理的な問題とその行為の効力とをきっぱり切り離すということにあるわけだから。いや、そうじゃない。発話内行為は行為がなされるところに、すくなくとも発話行為がなされるところに、遂行体の付近にある――そして明示的遂行体についていえば、一発話につき一発話内行為という厳密なきまりがあるということのようだ。

だとすればもしかすると、周縁遂行体の指し示す明示的遂行体にくらべて周縁遂行体の効力がかならずしも減少するわけではないもうひとつの理由は、周縁的遂行体がふたつ以上の発話内行為の効力を呼び覚ますことができるからかもしれない（そういう行為に本格的に参加するわけではないにしても）。そしてこの効果もまた周縁遂行体の空間性に関係があるのだ――（次の章で論じるように）時間的なレジスターにつきもののデジタルなオン・オフの表象よりも、空間的なレジスターのほうがもっとずっとアナログな表象に向いているという意味で。もし周縁遂行体が遂行体の界隈だとすれば、そこから北とか北西とかにちょっと行ったくらいのところにもうひとつ遂行体の界隈があってもおかしくない。うちの近所の霊峰からぶらぶらと離れていくにつれ、わたしのコンパスの針は近づきつつあるもうひとつのパワースポットの磁力にもまた、びんびんと震えるかもしれないのだ。

　周縁遂行的な特質はまた——不思議ことにそれが空間的なものやアナログなものを呼び起こすかぎりにおいて——明示的遂行体よりも歴史的変化を刻みつけておく能力が高いように思える。遂行体とは対照的に周縁遂行体は、発話内行為の明示的文脈内でまたべつの発話行為を呼び起こすことができる。だからこそ周縁遂行体はまた、明示的遂行体の存亡をかけた典型的なものへの、単一の例への、依存を解きほぐすためのなにかをおこなうこともできる——この単一の例は哲学的・文学的実践の偶発的事象においてあまりにも多くの場合、結婚という行為そのものの典型性への依存を意味してきた。この章自体で見てきたとおり周縁遂行体は、たとえそれが修辞的効力の決定的な中心地としての結婚の名声を不朽のものにしようとするときでさえ、結婚の意味や効果を変えて劇化するようなさまざまに異なる多角的な周囲の環境を描きこむという性質をもっているのだ。

　ここですこし見ておきたいと思うのが、ヴィクトリア朝における数々の周縁遂行的な場のなかでももっとも慣習的な——けれどもある種の読者にとってはもっとも衝撃的に重要な——場のひとつとして数えられるべきダイナミクスだ。そのダイナミクスとはつまり、英国主体どうしの結婚を構成する遂行的な行為と場面、そして新世界におけるアフリカ人とその子孫たちの動産奴隷制《チャテル・スレイバリー》という制度を構成する遂行的な行為と場面とを結びつけるものだ。奴隷制が合法であった最後の世紀にいやましに真実味を増していたこととは、ある人間がもうひとりの人間を売却し、購入し、遺贈し、相続し、請求し、宣伝し、解放するという明示的遂行行為が、遂行性をめぐる理解そのものに——人間の存在と行為主体性という明確な概念を前提とする、ほかのあらゆる社会的、言語的、そして空間的形態とともに——慢性的な危機の萌芽のようなものの土壌を作りだしていたということだった。けれどそうした萌芽のようなものに物申すには、局地的で修辞的な、そして明確に周縁遂行的な行為が必要だったのだ。その一例を見るために、アメリカ奴隷制をめぐる文学と、ヴィクトリア朝小説の好例としてのディケンズの『ドンビー父子』とのあいだに広がる「黒い大西洋《ブラック・アトランティック》」を行き来してみよう。わたしがとりわけ『ドンビー父子』に注目するのは、数多いヴィクトリア朝小説の「奴隷制としての結婚」プロットのなかでもポール・ドンビー・シニアとイーディス・ドンビーの結婚は、結婚という演劇的空間をずらし再配置するためのはっきりと周縁遂行的な闘争をほとんど壮大なまでに実演しながら、このお定まりの概念をその定型から外すことに成功しているように思えるからだ。

　ついさっき、新世界における奴隷制の月極め文化をかたちづくっていた多くの遂行的行為――売却、購入、遺贈、相続、請求、宣伝、解放――を列挙した。けれど一九世紀の奴隷制をめぐる言説が凝結したもののなかでもとりわけ驚くべき、そしてあえて言うならばもっとも有害なもののひとつは、売却の場面と行為をもって奴隷制という制度全体の典型例にしたものだ。『ドンビー父子』が出版された一八四八年には、かつて英国読者にとって主流だった奴隷制と反奴隷制の中心的な視覚的図像にも、なんらかの変化がともかくも生じていたはずだ。それはジョサイア・ウェッジウッドのだれもが知る一七八七年のカメオ、「私だって同じ人間、兄弟ではないのか」[*11]に描かれていた奴隷とされ鎖に繋がれた男性の像から、奴隷女性の背けながらさらされる裸体へという変化だ。この裸体の図像はロマン派と新古典派の絵画によってすでに馴染みのものではあったが、その人気を押しも押されぬものにしたのは一八四三年に作成され次々に複製されたハイラム・パワーズの彫刻、「ギリシャ人奴隷」[*12]だった。「私だって同じ人間、兄弟ではないのか」に描かれた孤絶のなかにありながらそれでも語る主体である男性像は、人目を引かずにはおれない鎖と顕著な黒い色によってみずからの立場を表す記号をまとっていた。後世におけるその片割れたる「ギリシャ奴隷」の女性はといえば、人種的に判然としない。

それは彼女が新古典派的に「ギリシャ」的だからでもあり、また色を塗られていない彫刻だからでもある。彼女の張り詰めて背けられた姿勢と伏された目が喚起するのは奴隷としての永続的な立場ではなく、演劇的に空間化されて情動を規定する、強制的な露出という場面と売却という行為だ。演劇歴史家のジョセフ・ローチはいみじくも、一八五〇年代には奴隷売却のスペクタクルが奴隷制自体のみならず、都市における商業空間の消費者的な芝居を丸ごと定義づけるものになっていたと論じている。「むきだしにされた肉体の中心性はあらゆる商品がふんだんに取り揃えられていることを意味する。すべてのものが売りに出されており、そしてすべてのものが品定めされ、触れられる――「見てるだけ」の者たちによってでさえ」(Roach, 174)。

痛いほどはっきりしているのは、繰り返し呼び起こされるこのひとりの女の強制露出の場面と売却の行為には、英国市民たちにとってアメリカの動産奴隷制を換喩的に表象するものとしておおいに問題があるということだ。アフリカ人女性に属するはずの肌が執拗に漂白されていることは、こうした表象的場の虚偽に満ちた暴力的な猥褻さとしか言いようもないものを示すあくまでひとつの手がかりでしかない(とはいえ猥褻さがひとつの属性や関係性のようにごく単純なものであるなどというつもりもない)。その虚偽の一部はこれ見よがしにもの悲しげな凝縮のなかにある――何年何世代にもわたる身も心も押しひしぐ労働、希望によって変化することなどついぞない果てしない時間性、安全や育成や行為主体性の根拠などによって分節化されることのない複雑な空間性といったものが凝縮されていくのは、かぎりなくわかりやすく、関係性のなかにしか存在せず、どこまでも他者からの共感と性欲の受け皿となりうるような女性の像なのであり、そして究極的に彼女が同意するように強要されているものとは、彼女を眺めたがるすべての者のために恥という不安定な情動を劇的に体現してみせるという、みずから制御することのできない表象的労働なのだ。

自国内での結婚プロットに夢中のヴィクトリア朝作家たちにとって、この像にはさまざまな周縁遂行的な使用にもってこいの重大な余剰価値があった。『ドンビー父子』出版の数年後である一八五三年から一八五五年にかけて、サッカレーはいまだこの像に『ニューカム家の人びと』(*13)の文章や挿画に使えるような新鮮さが失われることなくふんだんに残されていると思っていた。この醜怪な一八五〇年代という時代、英国一般世論が奴隷所有に同情的になり科学的《サイエンティフィック》レイシズムを受け入れるようになったその時代に（カーライルが「黒人問題に関する時論」の表題の「黒人《ニグロ》」を「黒ンボ《ニガー》」に変えて再出版したような時期だ(*14)）、デボラ・トマスが『サッカレーと奴隷制』で説明するとおりサッカレーもまた南部擁護者として浮上し、アメリカの奴隷制とはことの両面を十全に注意深く描くべき問題のひとつであると考えていた。一八五三年のアメリカでの巡回講演でサッカレーはリッチモンドでおこなわれていた奴隷市場におもむくことを拒否しただけでなく、自分の秘書も行かせないようにした。嫌悪の念からではない。奴隷制に批判的な態度をとっているように見えること——そのスペクタクルを目撃するというただそれだけのことによって——そのせいで自分の講演の成功に傷がつくことを恐れたからだ（D. Thomas 138）。にもかかわらずサッカレーはそうした図像の力を英国人たちの結婚の場面がそれに蝕まれるようにして反映するよう、存分に利用した。登場人物のひとりがこう言うように——「自分の娘を［ロンドンでの金目当ての結婚の］取引に差し出すくらいなら、森のなかから引きずり出してヴァージニアで売っ払った方がまだましだね」（D. Thomas 138）。

一八五〇年代のサッカレーと同様に、『ドンビー父子』を執筆していた一八四〇年代後半のディケンズもまた、ふたつの発話内行為をこうして周縁遂行的につなぎ合わせることがもつ修辞的な効果に、絶大なる信頼を置いていた——つまり英国人たちの結婚と合衆国における奴隷の売買という発話内行為の結合だ。「ギリシャ奴隷」がその凛とした姿勢と恥に満ち背けられた眼差しの張り詰めた格闘によって織りなす、強制的な露出と強要された同意を劇化する振る舞い。それこそがこの小説の名の由来である豪商ドンビー氏ご自慢の後妻、美しきイーディス・ドンビーというキャラクターに流れるはっきりとした通奏低音なのだ。「並外れて美しく雅びやか」でありながら、イーディスは「まるで自分の魅力が忌むべき烙印かお仕着せかでもあるようにして、それを高飛車な額と唇によって突っぱねている」(371〔上巻 四五一―五二〕)。結婚前夜、この縁談をもちかけた母をなじりながら、イーディスはこの類似をはっきりと周縁遂行的に、断固主張する。

「彼が私《わたくし》を買い取られたというのはお分かりのはずでしょう……いえ、明日お買いになる、と言ったほうがいいかしら。あの方はご自分のお買い物についてとくとお考えになられました。お友達にもお見せになって。むしろ誇らしくすら思ってらっしゃるわ、ご自分にぴったりだと、それにきっと随分お手頃にお求めになれたと。そしていよいよ明日お買い上げという次第――ああ、こんなことになるために生きてきたなんて、こんな風に感じることになるなんて!」

端正に整ったひとつの顔に、百人もの女たちの自意識に駆られた自己卑下と燃え盛る憤怒を、強い情熱と自尊心にたぎるそのなかに封じ込めるがいい。ほらその顔が、白く打ち震える両の腕にみずからを覆い隠している。

……「市場に出されるどんな奴隷や競りにかけられるどんな馬でもかくやというほどに、お母様、私は、この恥辱の一〇年というもの、ひけらかされ差し出され品定めされ見世物にされてきたんです」と熱く燃える額でイーディスは叫んだ……「当然の権利とでもいうように見たり触れたりするのに」爛々と眼を光らせ彼女は言った。「この身を委ねてきたんじゃないの……最後のひとかけらの自尊心が死に絶え、そして自分のことが忌まわしくてたまらなくなるまで」(371〔上巻 四五八〕)。

けれど強要された結婚への同意の場面のなかでイーディスは、すでに自分が高度に緊迫した意味の敷居を打ち立てるような周縁遂行的選択を作りだし、それを言葉にしているのだということを示唆している。ドンビーがこの敷居に気づき損ねる、あるいはそれを認めようとしないときですら、その緊迫は弱まるどころかますます高まる。

「もう二〇回だって」彼女の母親は言った。「嫁いでたって不思議じゃなかったんだよ、イーディス。お前さえちゃんと殿方たちにそれとなく水を向けてたら」

「いいえ！　私を、この塵芥のような私を、ええこうなって当然のこの屑みたいな私を娶ろうとでもする者は」面を上げ、恥と逆巻く誇りの勢いに身を震わせながら、彼女は答えた――「この男みたいに、おびき寄せるための技巧など私がこれっぽっちも使うことなどなく、私を娶ることになるんです。あの方は私を競売でご覧になって、買うのも悪くなかろうとお思いになる。好きにさせておけばいい！　とくとご覧になるために――値を付けるためでしょうよ――近づかれると、あの方は私の嗜み一覧を見たいとお求めになられました。ええ見せて差し上げましたわよ。ご自分の手下たちにいい買い物をしたとひけらかされたいばっかりに私にひとつ披露させようとなさる時だって、ええどれがお好みか仰っていただいて、お目にかけましたとも。それ以上のことなどするものですか。あの方はご自分の意思で、ご自分で価値を見定められて、ご自分の金の力で、この買い物をなさったんです。がっかりなさらないといいですけど。私はこの取引を一度たりとも煽ったり押し付けたりしたことなど、一切ございせんでしたから」（376-77〔上巻 四五九〕）。

この結婚に救いなどあるのだろうか。

いまのところこれは、ごく標準仕様の結婚と奴隷市場の比較である。けれども『ドンビー父子』においてこの要素の効果が増している要因のひとつは、ディケンズが奴隷売買の場面と行為へとむかうヴィクトリア朝的屈性を共有しつつも、たとえばサッカレーなどとはちがって、奴隷制にまつわるほかの行為や文脈にも注意を寄せようとしていることにある。つまりディケンズはたんに英国内で使用するために掘削される修辞的エネルギーの主脈としてのではなく、制度、そして生きた経験としてのアメリカ奴隷制度に、じっさいに興味をもっている——とはいえ明らかに前者の誘惑にも抗えずにはいるのだが。戦慄と嫌悪感によって——そしていわずもがな読者へのへつらいによっても——ディケンズが沈黙に追いこまれることはなかった。そして一八四二年の旅行記『アメリカ紀行』では（サッカレーとはちがって）自分の分厚いアメリカ読者層の多くを遠ざけることを承知のうえで、奴隷制をアメリカ文化についての記述の中心に堂々と据えた。たとえばディケンズは合衆国の奴隷廃止論者と同様に、自分を惹きつけてやまなかったものを強力な周縁遂行的使用に役立てる。それは逃亡奴隷についての新聞広告だ。その広告は新たな広報媒体をとおして、奴隷の身と自由の身とのあいだの物理的な敷居を無限に翻しつづけることをもくろむものだが、同時にひとたび周縁遂行的に引用されれば、それは予想外の効果をもつことになる——疑似家族的なプライバシーの門戸という、その裏で奴隷制度の暴力が目撃されないままに守られている扉を（逃亡奴隷たちを見分けるために、彼らの焼き印の、傷の、その他の身体切断を、広告が厚顔無恥に列挙することをとおして）半ばこじあけるという効果を。

ドンビーの結婚という叙事詩的魂の戦争《サイコマキア》もまた、遂行的なプライバシーと立会い《ウィットネス》の空間的な線引きをめぐる、包括的で大掛かりな周縁遂行的な格闘へと発展していく。もちろんそれはたんなる偶然ではないが、とはいえそれが合致以上のものだと言うつもりもない——たぶんそれはディケンズの政治分析についてというよりは彼の「感情の構造」について、言語的・社会的な想像力のかたちについて、なにか大事なことを教えてくれるようなものなのだろう。ともかくも結婚の外部から内部へと手を伸ばすために周縁遂行的な力を使っていたシャーロット・スタントやリディア・グレイシャーとはちがい、イーディスは結婚という空間の内部にすでに閉じこめられている。ドンビー家の婚姻の敷居を踏み切ろうと心に決めている部外者はライバルの女性ではない。それはドンビーにとってのイアーゴー的補佐官であるカーカー氏という物腰柔らかな優男なのであり、イーディスも承知の彼の目的とは、自分の雇い主をあざむきその妻を寝取り、そしてその妻の貞操を公然と奪うことなのだ。

この設定の伸縮自在の秀逸さとはなにか——どんな周縁遂行的動作にも、そして結婚というプロセニアムのどんなわずかなずらしにも、残忍なまでの味わいを与えるものとはいったいなんなのか。それは三人が三人ともほかのふたりにあからさまな軽蔑を抱いていながら、それぞれがまたほかのふたりの軽蔑に使い出を見出しているということにある。そして三人とも立ち会い・目撃《ウィットネス》という結婚の地盤を明示化することに、利用価値を見出しているのだ。ドンビーはイーディスにたいする力を、そして自分がカーカーにたいする力だと思いこんでいるものを、これ見よがしに振りかざす——イーディスがカーカーを蔑んでいると知りながら夫婦喧嘩の場面へカーカーを横柄に引き入れ、こうした場面にカーカーが立ち会うことを要請し、イーディスを罰するために彼を仲立ち人として使うことで。イーディスの秘密を手玉にとることができるのだから、カーカーにしてみればドンビーの自分への盲目の軽蔑は好都合だ。自分にたいする恐怖と憎しみを覆い隠さねばならないイーディスというスペクタクルこそがその秘密をカーカーの目に見える、そして旨味のあるものにする。かたや四面楚歌のイーディスといえば、ドンビーから自分を寝取ろうとするカーカーの策謀を使って、ただし自分の人格や尊厳を貶めることなく、そしてカーカーに自分の無力さを悟られることなく、なんとかドンビーの上手をとろうとする。そして同時に彼女は自分の本当の動機をふたりからひた隠しにしようとするのだ――自分が愛する唯一のひと、疎んじられ、虐げられたドンビーの娘、フローレンスを守ろうという動機を。

ディケンズを引用することの快楽は、わたしの議論を乗っ取りかねない。このプロットのごく最初のシーン、パーティの後の場面がこれだ――

「願わくば」と「カーカーは」言った――「賑やかなる今宵のお疲れが明日、ドンビー夫人のご負担とならねば良いのですが」

「ドンビー夫人は」ずいと歩み寄りドンビー氏が言う――「ちゃんとお疲れを免れておいでだから、お前がそんな心配する必要など無用さ。こう言っちゃなんだがね、ドンビー夫人、こんな時くらい少しはお疲れ遊ばしてくださったらと思うよ」

彼女は蔑みの一瞥をドンビーに投げかけると、これ以上は視線を留め置くのも無駄とばかりに、無言で目を背けた。

「おやおや奥様、申し訳ないが」とドンビー氏。「もしそれが自分の務めじゃないと考えているようなら――」

ふたたび彼女は彼に目を向けた……「ここにどなたかがいらっしゃるのを、ご存知ないのですか」今度はドンビーをしかと見据えて、こう応じた。

「やめろ！　カーカー！　下がってくれるな。下がってはならんと言ってるんだ」静かに立ち去ろうとする紳士を制し、ドンビー氏は叫んだ。「カーカー氏はね、お前、知ってのとおり、私の厚い信頼を受けておるんだよ。私がなにを言ってるかなんて、私に劣らずよくご存知さ……」

「お尋ねしてるんです」侮蔑に満ちた揺るぎない眼差しを逸らさぬまま、彼女は繰り返した。「ここにだれかいるのはお分かりでしょうか、と」

「どうか」歩を進めてカーカー氏は言う。「お願いです、お頼み申し上げます、お暇させてください。いかにこの諍いが小さく些細なものでありましても——」(494-95〔下巻 八一—八二〕)

けれども翌日、カーカーはイーディスにこうもちかける。

「勝手ながらも」とカーカー氏は言った——「お目通りにあずかりたいと思いましたのは……」

「ドンビー氏からお小言でも預かられているんでしょう」とイーディスは返した。「またとないご信頼を受けてらっしゃるんですもの、それが貴方のご用向きだとして、いささかも驚きはいたしません」

「旦那様の御名を高めておいでの御婦人へ伝言など、滅相もございません」とカーカーは言う。「しかしながらその御婦人に、この私めのために……どうかご理解いただけるようお願い申し上げたいのです——昨夜私が完膚なきまでに非力でありましたことを、そしてあのようなすこぶる痛ましい場において強いられた役回りを免れることなどとうていできかねるということを。〔数段落の省略〕しかしながらどうか、私の胸中をご自身の胸の内によってお測りいただき、旦那様を思う私の心がもしも行き過ぎ道を外れることあらば、なにとぞご容赦いただければと存じます」

ああ彼女の誇り高き心へのなんたるひと突きか——この男と相対してここに座り、この男が彼女に祭壇での偽りの誓いを飲み込ませるようにそれをいやというほど繰り返し、身の毛もよだつ盃の残り滓への嫌悪を認めることもできなければ顔を背けることもできないでいる彼女のその唇に、それを押し付けるままにさせているとは！　どれほどの恥辱が、悔恨が、激情が彼女のうちで猛り狂っていたことか――毅然とした美しさで昂然と面を上げつつ、心のうちでは自分が彼の前に這いつくばっていることを、彼女は自覚していたのだから。（499-501〔下巻 八六―八八〕）

やがてふたりのあいだでは婚姻関係への遠慮という見せかけすら鳴りを潜めるが、それでもふたりの争いの憎しみに満ちた緊張関係はいっこうに和らぎはしない。「貴方は」とイーディスはのちの会見で堪えきれずに言う――

「これまでもそうでしたが、なぜ私の前で夫への愛と務めをお説きになり、私の結婚が幸せなものであると、私が夫を敬っていると、そんな風に考えているかのようなふりをなさるのかしら。よくもそうやって私を辱めようとなさいますね。貴方の方が私自身に輪をかけてお分かりになっているでしょうに……私たちのあいだにあるのは愛情ではなく、嫌悪と侮蔑だということを。そして彼を蔑むのに勝るとも劣らず、私が彼のものである自分を蔑んでいることを……」

彼女は彼になぜかと問うた。誇りと忿怒、自己卑下に目が眩んでいなかったならば……その答えを彼女は彼の顔に認めていたことだろう。すなわち、この告白をさせるためだった。（595〔下巻 二〇一―〇二〕）

カーカーがイーディスを捕らえるための（ディケンズ自身の言葉で言うと）幾重にも「巻かれたとぐろ」が、周縁遂行的に結婚の契約という基盤を洗練された技巧で明示化することをとおしてじわりじわりと「ほどかれていく」という、その手に汗握る細部をたどりたいという誘惑には、とうてい抗いがたいものがある。たとえばカーカーがイーディスに説明する体で話すとき——

「ドンビー氏には、奥様、貴女への誠なるお心遣いなど、私へのお心遣いに劣らず、なさることがおできにならない。もちろんこのように引き比べるなど大それたことです。それは承知の上でございます。けれどもあながち間違いでもございませんでしょう。ドンビー氏はご自身のあふれんばかりのお力で、私に求められました——昨日の朝、ほかならぬ氏の唇から出たお言葉でございます——貴女とのあいだの仲介人になるようにと。私が貴女のお気に召さないことをご存知だから、そして私が言いなりにならない貴女への罰となるようにと意図されているからです。そしてさらには、旦那様は私が、雇われの身の使用人であるこの私めが、ご自身の尊い奥方、ご自身の一部であるそのお方が受け入れねばならぬ使者であるなどと、本気でお考えだからでございます。ご想像いただけますでしょう、いかに私のことなど御構い無しに、私にも人並みの思いや考えがあろうなどとはてんで思われもせず、お前はそうした役回りで雇われているのだと私に堂々とおっしゃられることか。ご存知でしょう、このような使者を送りつけて貴女を脅かそうとなさるとき、貴女のお心になど一顧だにされていないことは……」

彼女はいまだ彼をしっかりと見つめていた。けれどもまた彼も彼女を見つめていた。そして彼は見た。彼女と夫のあいだで取り交わされたなにごとかを彼もまた知っているというそのほのめかしが、毒矢のごとく、その高飛車な胸に喰い込み、疼かせているのを。(597-98〔下巻二〇四〕)

このゲームのなかでイーディスは、絶体絶命の位置にあるようだ。儀式的で、気が遠くなるほどに慣習的で、けれどそれにもかかわらず致命的な、結婚の立ち会い・目撃《ウィットネス》というホモソーシャルな十字砲火を自分の夫と愛人志望の男の両者が絶えず掃射するそのあいだで、イーディスは身動きがとれない。ことさら万事休したようにに思えるのは彼女がじっさいに、文字どおり家庭と国家の敷居をまたいでカーカーとフランスのホテルで落ち合うべく駆け落ちする場面だ。彼女はドンビーに告げる。「明日、いえ、明日という日がなんど繰り返されようと、私はあなたの家にはおりません。あなたがお買い上げになった手に負えない奴隷としてだれに晒されることもうございません……もし私が結婚の日を覚えておくとすれば、恥辱の日として胸に刻むことでしょう」(627〔下巻 二三七〕)。

しかし駆け落ちすることによって彼女はとうとうドンビーを死ぬほど辱め、カーカーをドンビーの殺人的な怒りにさらす。さらにカーカーより先にホテルに着くとイーディスは、ふたりがここに一緒にいることを知りうるのはだれか、彼女が駆けこみ寺を求める妻であるのを理解するのはだれか、そして——文字どおり——彼らのスイートルームのどの扉が開いていてどの扉が閉まっているのか、鍵はどちらの側に付いているのかについての決定権を、慎重に手中に収める。こうした取り決めによってイーディスはいよいよ関係を迫られたその瞬間、自分の体をカーカーにも許さずにいられる。「あなたがひとつ自慢話をされるたび」、ついにイーディスはカーカーに明かす——

「私がひとつ勝利を手にするのです……天狗におなりなさい。私をだしにあの男に復讐するがいい! 今宵ご自分がどうやってここにいらしたかはご承知でしょう。そうやって怖気づいて立ちすくんでいることも。鼻高々で私をだしにご自分に仇を返されなさいな!……私は名誉も名声も凪のなかの塵のごとく捨て去りました。この身に与えられる恥は耐え忍びましょう——心に決めているのです、それは謂われなく押し着せられた恥だと、わが胸に刻むことを——そのことはあなたもご承知だと——そして彼はそれを知らず、知りえず、そして永遠に知る由もないのだと。私は死に、なんの証拠も残しはしません。そのためにあなたとふたりきり、真夜中にこんなところにいるのです。そのためにあなたとここで、偽名を使って、あなたの妻として、お会いしたのです。そのためにあの男たちに目撃させ、そしてここを出たのです。あなたにはもう、逃げ場などないのですよ……最後に、忠告です！ せいぜいお気をつけ遊ばして！」と彼女は言い、ふたたび微笑んだ。「裏切られたのですよ……あなたがこの場所にいることはもう知られているのだから……もしも私が生き延びたなら、今夜夫の馬車をこの道で目にすることになりましょう！」（728-29〔下巻 三五八—六〇〕）

ドンビーの結婚物語における奴隷制というテーマは、ある女をその意志に反してさらしだし売買するというその情景からさほど発展することはない。しかし動く敷居という周縁遂行的な空間構造は、すくなくともディケンズの結婚理解と同様——正しくも——彼のアメリカ奴隷制理解の一部でもあったのだと、わたしは言いたいのだ。遂行的発話の効力というのはつまり、その地理的な位置に決定的に依存している。カーカーとイーディスはともに、アメリカ奴隷制の加害者と抵抗者とおなじく、遂行的効力のこうした地理的格差を自分たちの最大の武器のひとつだと考えている。たとえば『アメリカ紀行』でディケンズは、「興味深い訴訟事件」という当たり障りのない題であるアメリカの新聞記事を再録している。「最高裁で現在、次のような事実から生じた興味深い事件が争われている。メリーランド州在住の紳士が年のいったふたりの奴隷に実質的な自由を、合法ではないものの数年にわたって与えた。こうして生活するうちふたりには娘が生まれ、娘も同様の自由のなかに育ち、ついには自由黒人と結婚して夫とともにペンシルヴァニアに暮らすことになった。彼らは数人の子をなし堂々と生きてきたが、もとの所有者が死ぬとその後継者が彼らを取り戻そうとした。しかし引き立てられてきた彼らを前にした判事は、自分には管轄権が存在しないという判決を出した。所有者は女とその子供たちを夜間に捕え、メリーランドへと輸送した」(205〔二〇七〕、強調原文)。

ディケンズは結婚の敷居と奴隷制と解放とのあいだの敷居を含む動く敷居を、合衆国における奴隷制をかたちづくるひとつの特徴だとみなしていた。しかしメリーランドの事例が示すように、こうした遂行性の空間的な理解そのものも、脱構築によって示されてきたような複雑な事後性・後づけの時間性の感覚によって補完されなければならない。

こうした要素が編み合わされる様子は、ハリエット・ジェイコブズのような物語[*15]に十二分に劇化されている。ジェイコブズの家族と人生についての歴史に記録された「出来事」のなかには、次のような特徴的なものがある。

一、彼女の祖母は法に則って解放されたが、フロリダを旅する途中、奴隷商人によってとらえられ、ふたたび売られた。

二、祖母の新たな所有者である女性は彼女を自由にするよう遺言に書き記したが、にもかかわらず遺言執行人は祖母をオークションにかけた。元女主人の友人が彼女を買い受け、自由にした。

三、ジェイコブズの弟はニューヨーク行きの船へと逃げこむが、船は嵐に見舞われ南部の港に入らなければならなくなった。新聞広告によって身元が割れ、鎖に繋がれ船に戻された。鎖を逃れ泳いで岸へと泳ぐが、追われ、とらえられ、主人のところに連れ戻され、やがては売られる。最終的には北部へと逃れることに成功した。

四、祖母は自分の家を抵当に入れて息子のうちふたりを買い受けて「自由」にした。ふたりが自由でいつづけられるかどうかはつまり、彼女がさらなる借金を負わずにいることにかかっていた。

五、ジェイコブズは自由の身で生まれた黒人の職人と恋に落ち、彼は彼女を買うことを、そしてはっきりと書かれてはいないがおそらく結婚することができるよう自由にすることを申し出る。奴隷の結婚には法的根拠がないからだ。彼女の所有者はジェイコブズを結婚へと売り払うことに応じない。

六、ジェイコブズは自分の所有者ではない白人男性の愛人になることに合意する。彼は彼女を買い受けて子どもたちの面倒を見ることを約束するが、彼女の所有者を説得して売却させることができない。

七、ジェイコブズは逃亡するが、何年ものあいだごく近場に隠れた後にようやく北部にたどり着くことがかなう。祖母がジェイコブズの子どもたちをその父親から金を借りて買い受ける。所有者から自分自身を買い上げようとするジェイコブズの試みは叶わない。

八、子どもたちの父親は今や白人女性と結婚しているが、子どものひとりをみずから「養子にとり」、またもうひとりを義理の姉に「養子にとらせる」。北部へと逃れそこで生きるときですら、彼らの立場は親戚と奴隷のあいだにあるなにかのようなものだ。

九、一八五〇年の逃亡奴隷法(*16)の成立により、北部に住んでいるにもかかわらずジェイコブズはふたたび南部の奴隷法の支配下に置かれることになる。

十、ジェイコブズの所有者が死ぬ。その妻と子たちはジェイコブズを捕まえようと決意する。北部の友人(コーネリア・ウィリス)がジェイコブを買い受けると申し出る。ジェイコブズは自由の身になることと「ふさわしい人」に買われることを同義とすることを拒絶して、こうして買われることに応じないが、友人は交渉しつづけ、ジェイコブズの同意のないままに彼女を買うことに成功する。

ジェイコブズはこの瞬間についてこう書く。「わたしは胸がいっぱいだった。幼いとき、貧しい父がわたしを買おうとしていたことが思い出された……だいすきな祖母がいつかわたしを買おうと稼ぎをたくわえていたこと、そして幾度その計画がくじかれたかを思い出した……けれど神はわたしがわたしの友であるブルース夫人とともにあるようにと、すべてをあつらえられたのだ。愛、義務、感謝もまた、わたしを夫人のそばへと縛り付ける。迫害のもとにあるわが民を憐れみ、わたしと子どもたちに自由という計り知れない恩恵を与えてくださった彼女にお仕えすることは、光栄なのだ」（200-201）。

ハリエット・ジェイコブズの弟、奴隷であったジョン・S・ジェイコブズが一八三八年に所有者のサミュエル・ソーヤーと北部に旅したとき、北部にいるあいだに脱走してはどうかとニューヨークの友人たちに提案された。友人と逃亡計画を立て、彼はこう書く。

〔ソーヤー一家は〕アスター・ホテルで三時に食事をした。僕は四時半にプロヴィデンス行きの船に乗ることになっていた。当時は自分で字が書けなかったし、やきもきさせるのも嫌だったので、次のように友人に書いてもらった――「旦那様――わたしはあなたのもとを後にし、もう戻ることはありません。落ち着いたらご満足行くよう、もう少しご説明します。あなたの、ではもうない《ノー・ロンガー・ユアーズ》、ジョン・S・ジェイコブズ」(＊17)

このメモは翌朝、ソーヤーが受け取るよう郵便局に出されるはずだった。僕は彼とその妻が食事をするのに仕えた。街の時計が四時を打つと、僕は部屋を出た。（280-81）

あなたの、ではもうない、ジョン・S・ジェイコブズ。逃亡しようという奴隷はいとも涼しげに、惰性的な礼節の定型がもつ意味を電撃的に復活させる。ほかの人間にたいする所有権という劇のプロセニアムを周縁遂行的に押しやりつづけることで、彼はそれをおこなう。そのプロセニアムはたとえば〔手紙の最後に添えられる〕「貴方の忠実な僕たりつづけることを願い〔I beg to remain your obedient servant〕」などという定型化した忠誠の誓いにも凝縮されたようなものだ——その意味がそこから隔離されているはずの事実とは、一八三八年のどこかでは、ほかの人間に合法的かつ実質的に所有される人間がじっさいに存在していたのだということだ。

ある複雑で長期にわたる歴史的犯罪、つまり西半球においてアフリカ人とその子孫たちが奴隷とされてきたことが、ヨーロッパ系だろうと、アフリカ系だろうと、旧世界においてだろうと、新世界においてだろうと、その周縁遂行的な領域内にいるだれしもにとって可能なかたちで、いかにして意味のさまざまなモードに（それぞれまったくちがった度合いで）その傷跡を残してきたかを考えることが、この章の動機の一部にはあった。具体的にいえば、奴隷制の時代に、そして奴隷制が廃止されて以降も境界線の定めようもなく、おそらくは現在を超えていくであろうその時代に、J・L・オースティン以来「遂行体」という範疇のもとにゆるく分類されてきたこれ見よがしに強力な言語的行為の一群について考えようとするならば、それは奴隷制という典型例との関係性で理解されつづけなければならない、ということを前提としてここでは話を進めてきた。そういうふうに理解されなければならないのだ——すくなくとも、哲学者や言語学者やジェンダー理論家たちが求愛／結婚と法的行為一般という典型例との関係で遂行体を理解してきたのと、おなじくらいには。

いま言ったとおり、ここではこういうことを実証してきたのではなくて、前提にしてきた。それが立体的に下支えしてきた議論とは、オースティンの「記述的誤謬」非難はきわめて必然的なものではあるにしても、なぜそれが情動的な力の心理化されて空間化された理解から遂行的な効力の非人格的な理解を独立させるような効果をかならずしももちはしないし、そしてもつべきではないのかを示そうとするものだ。そしてまたそれは、明示的遂行体、明示的遂行体をほのめかしたりその周囲にあったりするような発話、そして言語と言説のより広い遂行的な効果の領域どうしのあいだの関係についてのわたしたちの感覚を、より濃いものにしようとするような議論でもある。わたしがこういうことをやろうとしたのは、一枚の皮膚が、途切れない色のスペクトルの、途切れない理論の皮膚が、無理をすれば、どんなに薄くなったとしても、こんなにも多種多様な存在論的状況に——市民と動産、ロマンチック・リアリズムと証言すること、求愛・不倫の慣習と奴隷法に——おおいかぶさるように引き伸ばすことができるのだということを、見せつけるためではない。そうではなく、そうして破れてしまうくらいこじつけがましく引き伸ばすことがたとえ醜怪な不一致の残響のひとつひとつを増幅させてしまうかもしれないとしても、それでもなお、そうやって引き伸ばされなければならないという見こみを劇化するためなのだ——そう、たとえそんな教訓じみた話が、そういう引き伸ばしの要点ではなかったとしても。

第三章

サイバネティックスの襞《ひだ》のなかの恥

――シルヴァン・トムキンズを読む

3. Shame in the Cybernetic Fold:
Reading Silvan Tomkins
(Written with Adam Frank)

今日《こんにち》において理論《セオリー》が知っていることを、ここにいくつかご紹介しよう。

いや、もうちょっと公平に言いなおしてみると——今日において理論の発見的《ヒューリスティック》慣習や仮定的手続きをかたちづくっているおおまかな前提を、ここにいくつかご紹介しよう（ただし理論といってもそれは一次的理論テクストではなくて「応用理論」という名のルーチン化した批評的試みのことだ。すなわち、いまや人文科学全般をおおいつくし歴史学や人類学に広がっている広範なプロジェクトとしての、理論。たとえばフーコーやグリーンブラットに連なる、フロイトやラカンに連なる、レヴィ＝ストロースに連なる、デリダに連なる、フェミニズムに連なる、そんな理論）。人間存在や文化について理論がなにごとか説明しようとするとき、そこで前提とされているのはこんなことだ——

一、こうした説明が生物学的な基盤からどれだけの距離をとっているかと、その説明が（個人の、歴史的な、そして異文化間の）差異、偶発性、遂行的な効力、そして変化の可能性をどれだけ公正に扱っているかとは、ほとんど正確なまでに比例する。

二、人間の言語は表象を理解するための唯一可能なとは言わないまでも、もっとも有効なモデルである。

三、こうした理論のなかの支配的概念とは、主体の客体にたいする、自己の他者にたいする、能動性の受動性にたいする双極的で推移的な関係性、そしてこうした関係性にもっとも近似すると考えられる身体感覚（すなわち視覚）であり、またそれゆえにこれらを解体することこそが喫緊かつ終わりなき課題だとされている。こうした関心の矛先がむかうのは、主体化、自己成型、擬物化《オブジェクティフィケーション》、他者化などの過程の数々、あるいは視線、はたまた自我の中核（発達的目標地点としてであれ、あるいはまた余念なく脱構築されねばならない危険な幻想としてであれ）などである。

四、これに応じて言えるのは、構造主義は諸要素の二項対立的な組み合わせ、つまりおたがいへの弁別的な関係によって定義され、象徴されるものとは恣意的に関連しているにすぎないような対関係をとおした象徴化に依拠していたが、その二項対立的象徴化への依拠は構造主義の時代を生き延びただけでなく、変化に富んだたゆまざる批評《クリティーク》によってかつてないほど広範に増殖されてきたということだ。つまりそれは先に挙げたような二項対立だけでなく、さらに現前／不在、欠如／潤沢、自然／文化、抑圧／解放、転覆的／覇権的といったような二項対立を、たとえその仕組みの理解を複雑なものにするにしても、同時にその構造を再生産し広めていくような批評によって延命してきたのだ。

この章でわたしたちは現在ではあまり知られていないある人物について話をしようと思う。アメリカの心理学者シルヴァン・トムキンズ（一九一一～一九九一）は、こうした慣習や手続きにたいして暗黙のうちに疑義を突きつけていたように思える――ただしトムキンズがこうしたものに挑みかかったのは現在の地点からではなく、こうしたものが理論として据えつけられる直前のモーメント（であるとわたしたちには思えるもの）からだ。ということはトムキンズはまた、こうした習慣や手続きがおそらくは厳しく戒めようとしたであろう人物像でもあるということだ。トムキンズの情動についての著作を読んでいるとわたしたちはじっさい、きまって奇妙な二重の動きに巻きこまれていた。それはすなわち、トムキンズの著作のとてもおもしろい部分に応えようとすることはまた、抗いがたいほどたやすくその信憑性を貶めるように見えるもののメカニズムを絶えずあらわにすることでもあるという二重性だ。いってしまえば、人間の生物学的システムに組みこまれたことなる八つ（いや九つのときだってあるんです）の情動の独立した存在に依拠した心理学をこてんぱんにすることくらい、理論の幼稚園を卒園してほやほやだってできるのだ。

　にもかかわらずわたしたちには、たとえばトムキンズの恐ろしいほど豊かな感情の現象学と彼のいかにも怪しげな科学主義との関係が偶然だったり切り離し可能だったりするものだとは、どうにも思えない。なんとなればトムキンズの科学主義はトムキンズの理論を一笑にふすような理論を、もっとずっと粗雑なべつの科学主義として理解するもののように思える。なるほど「理論」の科学主義はこういう風に見てみると、トムキンズとほぼおなじ、きわめて特殊な技術的なモーメントの生みだしたまた別種の産物であるように見えてくる。現在ではいっぽうが笑止千万でもうかたほうがほとんど常識のように聞こえるという事実、あるいはいっぽうがどうしようもなく時代遅れでもういっぽうがほとんど印刷したてのように新鮮に思えるという事実は、「理論」の歴史を超えた正しさを証しだてるというよりはむしろ、意見の一致《コンセンサス》の形成と分野を超えた伝達の力学についてなにがしかを明らかにするのかもしれない。

わたしたちがトムキンズを読むのにすっかりはまっていく途上で経験した、ひとつがいの情動的効果がある。トムキンズの書きものは胸躍らせながらも心を落ち着かせるし、刺激しながらも満足させるのだ。あるときなんて読んでいるうちにひとりが居眠りをしてしまって、後からこう釈明したくらいだ――「たくさん学ぶことがあると、眠くなっちゃうんだよね」。その著作の臆面もない懐の広さの例を挙げればきりがないのだが、異種族間の情動の差異についての節のなかには書き手自身の器の大きさが表れている。「著者はかなり野性的な子猫、バンビを手なずけることに成功した。バンビはそれまで農場に一緒に住んでいた二〇匹あまりの年上の猫たちに威嚇されていた。バンビは野生の小さな不安神経症患者でほかのすべての動物にたいして圧倒的な恐怖感を抱いていたが、その相手には人間も含まれていた。彼の野生も恐れも、恐怖反応が燃え尽きるまで長くしっかり抱いていれば減退することが示された。恐怖が過ぎ去った後も、非恐怖的な人間との接触に彼を慣らしめるべく、私は彼を抱きつづけた。これがしばらくのあいだ日々くりかえされるうち、やがて恐怖は減退した」(Tomkins, *Affect* I: 61)[1]。

これはまたトムキンズ自身の書きものについての描写のようでもある――潜在的には読者をおびやかすような、そしてそれ自身怯えているようなアイディアやイメージが拾いあげられ、「恐怖反応が燃え尽きる」まで何段落にもおよんで抱きしめられ、そしてそのアイディアやイメージが恐怖をすぐに引き起こすことなくテクストに現れるようになるまで、またおなじくらいそれがくりかえされる。あるフレーズや文、そしてときには段落がまるごとくりかえされることもある。構文的に似たような文(「……ということも可能である」、「もし……ならば……である」、「……によるものかどうか」というような形式の認識様態のモダリティをもつ非叙述的発話)、一般原則を実証するのではなくサンプリングをおこなう、可能なるものを列挙するような文の数々が、ページを埋め尽くす。このゆたかで浮世離れした書きものはアイディアを育み、なだめ、補給し、そしてそれからまた作動させる。この光景のなかで怯えている野生のものは、バンビだけではないのだ。

トムキンズはハーヴァードでの博士研究員時代に七年にわたって精神分析を受けたのだが、その直接のひきがねとなったのは深刻な読書障害《リーディング・ブロック》だった。深刻な読書障害――そんな症状に名前がつけられるのなんてそれまで聞いたことがなくても、その命名を耳にしさえすればだれしもすとんと納得がいくだろう。『情動、心象、意識』が心を打つのは、とりわけこの本が強烈に問題化された言語的過程の痕跡をとどめているからだ。トムキンズの数十年来の友人であるアーヴィング・アレクサンダーがインタビューでトムキンズの書きかたについてわたしたちに語ってくれたところによれば、トムキンズはよく「自動書記《オートマティック・ライティング》みたいに」一ページに六、七行を一気に手書きしたものだという。そして自分でもおおいに驚きだったようだが、長い一節を書き終わったのちに引きだしから、ちがった出発点からおなじ一連の結論にたどり着いた何ヶ月も前に書かれた紙の束を見つけることもまれではなかったという。『情動、心象、意識』の驚くほど異種混交的な筆致が重なりあう複数の声たちをしばしば抱きすくめてその恐怖を和らげているとするならば、それはその声の数をすくなくするためというよりむしろ、その重なりあいの空間が本のなかでもっと大きなセクションに広がっていかないように収めてやるためだ。文の構造が正確に反復されることはほとんどない。それは「だろう」や「かもしれない」、そしてこれらを含む句の数々がはっきりとしたパターンもなくひとつの段落のなかで交互に入れ替わるからであり、そのリズムはまるで列挙の快楽をまちがいなく知るもうひとりの作家、ガートルード・スタインのリズムを思わせる。

> もしあなたが見られるのが好きで私があなたを見るのが好きだとすれば、私たちは快い人間関係を築けるだろう。もしあなたが話し好きで私があなたの話すのを聞くのが好きならば、これは互恵的な関係でありうる。あなたが閉ざされた場所に囲い込まれていると感じるのが好きで私があなたを両腕で抱えるのが好きならば、私たちはともにある特殊な抱擁を楽しむかもしれない。あなたが支えられるのが好きで私があなたを腕のなかに包み込むのが好きならば、私たちはそんな抱擁を楽しめるかもしれない。も

しあなたがキスされるのが好きで私があなたにキスするのが好きならば、私たちはお互い楽しくやれるだろう。あなたが吸われたり噛まれたりするのが好きで私があなたを吸ったり噛んだりするのが好きだとすれば、私たちはお互い楽しくやれるだろう。もしあなたが肌をこすられるのが好きで私がこれをあなたにするのが好きなら、私たちはお互い楽しくやれるかもしれない。もしあなたがハグされるのを楽しんで私があなたをハグするのを楽しむなら、私たちはお互い楽しくやれるだろう。もしあなたが支配されるのを楽しんで私があなたを管理するのを楽しむなら、私たちはお互い楽しくやれるだろう。もしあなたが自分の経験や考えや野望を伝えるのを楽しんで私がほかの人の経験や考えや野望について知ることを楽しむなら、私たちはお互いに楽しくやれるかもしれない。もしあなたが過去について話すのを楽しんで私が過去について聞くのを楽しむなら、私たちはお互いに楽しくやれるだろう。もしあなたが未来について憶測したり予想したりするのを楽しんで私がそんな情報を与えられるのを楽しむなら、私たちはお互いに楽しくやれるかもしれない。もしあなたが私のようになりたくて私があなたに真似されたいと思うなら、私たちはお互いに楽しくやれるかもしれない。(*Affect* 1: 411)

読者や筆者にすることを許可するのとおなじくらいの頻度で——たとえばここで許可されているのは楽しむことだが、テクストのほかの部分では怒ったり、心踊らせたり、恥じいったりすること、あるいはいろいろな情景に入りこんで感覚的な、記憶の、そして情動的な知的能力に訴えかけるような台本を演じたりすることでもある——このテクストはしないことをも許可する。

ともにとても社交好きであるにもかかわらずふたりの人間が、どんなタイプの対人関係的な交流に思い入れを抱くかが異なるがゆえに社会的関係性を保つことができないかもしれないというのは、珍しいことではない。あなたはたくさんの身体接触と沈黙のコミュニケーションを欲し、私は話したいと思うかもしれない。あなたは私の目をじっと見つめたいと思うが、私は暗闇のなかでの性的な抱擁においてのみ親密性を得ることができる。あなたは養われ世話をされたいと思い、私は露出して見られたいと思う。あなたは抱きしめられて皮膚を擦られたいと思い、私は自分の人生哲学を語ることによってのみ自分自身を露わにしたいと思う。あなたは人間の本性についての考えをとおして自分自身を露わにしたいと思うが、私はほとんど人間のように考えることができるコンピューターのテープとスチールについての自分の情熱を伝えることによってしか自分を表すことができない。あなたは私にたいするもっとも個人的な思いを伝えたいと思うが、私が社会的親密性を得られるのはなにかとても個人的でないもの、たとえばある特定の理論や知識分野や自動車などの、利点についての高い評価を共有することによってのみである。（*Affect* 1: 413-14）

わたしたちがシルヴァン・トムキンズにはじめて触れたのは、恥というトピックについてなにか使えるアイディアはないだろうかと探し回っていたときだった。いろいろな感情のなかでも抜きん出て移ろいやすいこの恥という情動、にもかかわらずそれについて書かれるもののほとんどが道徳的で感傷的なステレオタイプに濡れそぼっているなか、トムキンズの定式の数々には目をみはるべきものがあった――その定式の鋭さと大胆さ、豊かさ、そして意気消沈するような文脈ではほとんどシュールにさえ聞こえるほどの記述的な冷静さ。トムキンズは恥を、興味、驚き、喜び、怒り、恐怖、苦悩、嫌悪、そして後期の著作では軽蔑（「忌臭〔“dissmell”〕」）[*1] とともに、情動の基本セットに含まれるものだと考えている。なんともトムキンズは恥を、恥

＝興味という情動的極性のひとつの極だとしているのだ。これが示すのは、こともあろうに恥にまつわる固着の拍動こそが、世界にたいして興味を抱く能力というごくごく基本的な機能を可能にしたり不能にしたりするものなのだということだ。「嫌悪感と同様に［恥は］興味か喜びが活性化してはじめて作用し、そのうちのどちらかあるいはどちらをも抑制する。恥の生得的な活性化装置は興味か喜びの不完全な抑えこみだ。それゆえ興味を部分的に抑えるようなさらなる探求にたいする障壁はいかなるものであれ……恥のあまり頭と目をうつむけるという動作を発動し、さらなる探求やみずからを披瀝することを抑えるのである……。こうした障壁が作られるのは、突如として見知らぬ人に見つめられるからかもしれないし、あるいはだれかを見つめたい、または心を通わせたいと思うのに相手がよそよそしいので突如それができないから、あるいは親しい人だろうと思っていた相手が突如知らない人に見えるから、あるいはまた、微笑みかけたところで自分が見知らぬ人に微笑んでいることに気づくからかもしれない」（*Affect* 2:123）。

序章でも触れたように、この説明でトムキンズが禁じられたものや反対されたものではなく見知らぬものに力点を置いたことは、本書の動機となっている直観とも親和性がある。その直観とはすなわち、フーコーが「抑圧仮説」という名で一括りにしたようなほとんど脱出不能に感じられる思考回路をショートさせる新たな方法を、恥という現象が提示してくれるのではないかというものだ。同時にトムキンズの説明の「見慣れなさ／不思議さ《ストレンジ》」は、現在恥についての議論がもっとも大々的におこなわれている場である大衆的な言説、つまり自己啓発とかリカバリー運動、そしてそれを理論的に裏打ちする自己心理学といった言説のなかで恥を取りまいている、すべてを飲みこむようなほとんど終末論的なまでの情念とはうまい具合にちがっているように思えるのだ。

じつをいえばわたしたちがはじめてトムキンズに出会ったのも自我心理学や対象関係心理学のフィルター

をとおしてのことだった。その当時トムキンズの著作が多少なりと知られていたのは、自己の個別化と派生をめぐる創生の物語に起源の神話を（乳児の恥をとおして）提供するものとしてだった。トムキンズの情動理論は一九五五年におこなわれたある乳児の綿密な観察から始まったのだが、そのなかでは乳児がどんな禁止概念をもちうるより早い時期（生後七ヶ月前後）に恥の初期段階の表出が確認されたのだった。第一章で説明したとおり、いまでは多くの発達心理学者たちがこの発見に応えて、恥こそが自意識の発達する空間を抜きんでて規定する情動だと考えている。こうした対象関係理論の発達物語の文脈におけるトムキンズの使用は、フロイト心理学的なエディプス・コンプレックスや抑圧への強調をずらすためのこういう心理学の定石のひとつとしては有用なものだ。けれどもそれによっておおいかくされてしまっているのは、トムキンズ自身の仕事は核となる自己の出現を物語ろうとするどんなプロジェクトからも崇高なまでに異質でありつづけているということだ。トムキンズの『情動、心象、意識』を四巻にわたって読む者は、偶発性の錬金術がアイデンティティとあまりにも密接に絡みあうのを感じて、トムキンズとはプルーストと抱きあわせで読みたくなるような心理学者なのだと感じはじめる。人びとを分類することへのプルースト的な耽溺、そしてそうした分類の妙味の最たるものは反証や驚きの根拠を作りだしつづけることにあるというプルースト的な確信を、トムキンズは支持してやまない。

いかにもトムキンズらしくこうした傾向が体現されるのは、一九四〇年代から一九六〇年代過ぎのアメリカにおいて心理学の名で括られたたがいに異質で競いあう学術領域――実験心理学、診療心理学、それに応用心理学、そのどれも――のあいだを見境ないほど見事にわたり歩くことをとおしてのことだった。この場合、応用心理学というのはパーソナリティ理論を指している。たとえばプリンストン大学で長年教えているあいだトムキンズは、教育テストサービス（ＥＴＳ）のためにパーソナリティ・テストの開発に従事するとどもに、主題統覚テスト（ＴＡＴ）の解析をおこなう本を執筆した。[*2] アーヴィング・Ｅ・アレクサンダーによるトムキンズの伝記的なエッセイによれば「知的な達成としては大変高い評価を受けたが、ＴＡＴの結果をどう解析するかを学ぶためにこの本を使った者はどこにもいないだろう」と評された本である。しかしこうした学術領域の場で暗黙裡に共有されているような統一的なコア・パーソナリティという前提は、トムキンズの仕事のなかではいたるところで巨視的、微視的両方のレベルで疑問に付されており、そのためにトムキンズはサイバネティックスやシステム理論、[*3] あるいはまたさらにはば広く、行動学、神経心理学、知覚や認知、社会心理学、そしてさまざまなフロイトの先進的再読の試みなどのほかの学術領域を動員している。おなじく第二次世界大戦後のアメリカという時代によって徴づけられたポール・グッドマンやグレゴリー・ベイトソン[*4]などの多産な博識家たちですら、学域としての心理学にこれほどまでに幅のある重心を置いてはいなかった（そしてだからこそ心理学におなじような知的圧力を加えることができなかった）。トムキンズの情動理論がはじめて出版されたのはフランス語であり、その本を編じていたのはまたちがった意味でトムキンズに比肩する人物、ジャック・ラカンだった。

崇高なまでに異質——自我の核《コア・セルフ》という、発達を旨とする前提／処方箋にたいするトムキンズの心理学の関係をわたしたちはこう評した。崇高なまでにがんこ、とつけくわえてもよかったかもしれない——ただしその崇高さは弁証法的な闘争にではなく、お手本のような地図的な距離に宿るものだ。冷戦期アメリカの心理学にあってさらにまれなのは、トムキンズの心理学にはホモフォビアが明白に不在だけでなく、異性愛中心主義的《ヘテロセクシスト》な目的論がかけらも見当たらないということだ。[2] このたいていは暗黙の、そして徹底的に慎重な切り離しは、トムキンズが援用した分野の幅広さと多様性から見るとますます特筆に値する——行動学、社会心理学、精神分析学などはみな、それぞれちがったやりかたで異性愛中心的な前提を基盤として構造化されているのだから。とはいえこうしたトムキンズの達成は反ホモフォビアのために共闘するプロジェクトに起因するわけではなく（さらにいえば目に見えたゲイ的関心からでもなく）、むしろほとんど単純なまでに他とはちがった起点を見つけだしたということに依っているように思える。

　トムキンズの異性愛中心主義的な目的論への抵抗は彼の情動理解のもっとも基本的な要件に基づいている。[3] 序章でも触れたように、そもそも情動システムとそれが類比的に増幅する欲求システムを区別することにともなって、（息をしたり食べたりするための）欲求とはちがって「どんな情動もあらゆる「対象」をもつことができると言うことができる。これが人間の動機や行動の複雑さの根本的な源になっているのだ」（*Affect* 1: 347）。さらに行動主義の原則を拒むように、情動システム全体には「単一の「アウトプット」が存在しない」（3: 66）。また欲求とちがって「情動的な増幅は手段＝目的の差とは無関係である」（3: 67）。「楽しむことは楽しい。興奮させられることはどきどきする。怖がらせられることは怖いし、怒らされることは腹が立つ。情動はそのほかに指示対象があろうとなかろうと、外部からの承認を必要としないのだ」（3: 404）。こういう特性によって情動理論はまさに、心理学のさまざまな分野に歴史的に埋めこまれているようなたくさんの目的論的前提にたいして有効な抵抗を示す場になるのだ。

　ここに挙げた第一の提議――「どんな情動もあらゆる「対象」をもつことができる」――の力強くも慈悲深い「ができる／してもよい／かもしれない［may］」がもつ（かのように見えてくる）効力、つまりトムキンズの大部の著作のなかでもっとも欠かせない言い回しとしてあらわれてくるこの「may」の力は、トムキンズの人間理解ではすくなくとも部分的には、生物学的なモデルと機械的なモデルが高度に複雑かつ明確に重なりあっていることから生じている。彼にむけられた初期の質問のなかに「真に人間らしい機械をデザインすることは可能か」というものがあった。けれど序章で参照した一節をさらにじっくり読んでみると、トムキンズにとって「機械」という概念は複雑なものだったことがわかる。

これについての思考を辿っていくうちに、ウィーナーのサイバネティックスについての初期論文に巡りあった……。さまざまに程度の異なる自律性、依存性、共依存性、そして一方による他方の支配や変形の複数的な結合という概念なくしては、こうしたプロジェクトに従事することなどは不可能なのだ。

この一般概念こそ一九四〇年代後半のある日、情動メカニズムの役割とはそれぞれ別々ではありつつも増幅しあう共＝結合なのだという理解に私が初めて至ったきっかけだった。窒息時、生命維持に不可欠な空気の供給が途切れるという経験でパニックに陥るとき、そのパニックは酸素欠乏のシグナル伝達そのものとは無関係なのだとはたと気づいて、私は驚きと興奮でほとんど椅子から滑り落ちそうになった［酸素が徐々に失われるときには驚きという情動の引き金がないので、たとえそれが致死的であってもパニックは起こらないのだから］。人間はこの世のありとあらゆるものにおびやかされうるものだし、じっさい頻繁におびやかされている。そこから興奮そのものはセクシュアリティや渇望とは関係がないということ、そして衝動システムの見たところの緊急性はそれにふさわしい情動をそれに必須の増幅装置として用い結合することによって借り入れられているのだということがわかるまで、そう長くはかからなかった。突如としてフロイトのイド（エス）が張子の虎のように見えてきた。セクシュアリティというのはフロイト自身がだれよりもよく知っているように衝動のなかでももっとも気むずかしいもので、恥や不安や退屈や怒りによってやすやすと不能に陥ってしまうものなのだから。（"Quest" 309）

ここに見られるいかにもトムキンズらしい分析構造に注目してほしい。いっけんして性的欲求に与えられていた力を縮小しているようでありながら、それはさまざまに異なる性的関係性のいろいろな可能性の複数化に（この場合では恥、不安、退屈、憤怒といったべつべつのネガティヴな情動に宿るものだ）呼応している——この複数化はやがて、有限かつ具体的な複数化だということがわかるだろう。セクシュアリティはもはや、《ヒョウシュツ》と《ヨクアツ》というラベルのついたふたつの可能性のオン／オフの問題ではなくなる。たしかに欲求としてのセクシュアリティはここで二項対立的なモデル（精力的／不能）によって特徴づけられたままではある。しかしセクシュアリティと注意や動機、そしてまさに行動との結びつきは、オン／オフよりもたくさんの、そしてもっと質的に異なった可能性を包含するものとして描かれる情動システムとの共同的な結合によって、はじめて生じるのだ。

ここではトムキンズの傾向のなかに見られる、デジタルな（オン／オフ）表象モデルとアナログな（段階的な、そして／あるいは、複合的に差異化された）表象モデルの重ねあわせというパターンについて考察し、この傾向にはおおいなる理論的な価値があるのだと論じたいと思う。構造的にこの傾向は、さきほど生物学的なモデルの人間像と機械ないしコンピューター的なモデルの人間像を重ねあわせるというトムキンズの傾向として確認したものと「呼応する」ように見えるかもしれない。しかしそうだとしてもなお、機械やコンピューターとデジタル表象を同一視し、そして生物学的有機体とアナログ的な表象を同一視するようなホモロジーには眉をひそめなければいけない（トムキンズも、というよりどんなシステム理論の論者でもきっとそうするだろう）。機械対デジタルの関係は動物対アナログの関係に等しいというような暗黙のホモロジー（そしてそれに付随して機械／デジタルに重きをおくこと）は現代の理論をがっちりと下支えしている前提のひとつであり、そしてそれは反射的な反生物学主義としてことさらはっきりと現れているのだとわたしたちは論じる。それが代表しているのは粗悪なエンジニアリングや粗悪な生物学だし、それが導くのは粗悪な理論なのだ。たとえ情報機械と有機生命体がはっきり分かれた部類のものだと仮定するとしたって、まちがいなくそれらに共通しているのはそのどちらもがそれぞれデジタル的に構造化された表象メカニズムとアナログ的に構造化された表象メカニズムの不均質な混じりあいによって成り立っているということだ。さらにいえばデジタルとアナログの差そのものだって絶対的とはほど遠い。サーモスタットやニューロンの例でいえばオン／オフのスイッチを作動させるためにはアナログな測定が使われうるのだし、はたまたドナルド・ヘッブが一九四九年に提示した脳内のニューロン発火のモデル(*5)でいえばオン／オフ切り替えのパターンや集積が複雑なアナログ構造の形成につながるかもしれないのだから。

アンソニー・ワイルデン(*6)は「アナログ的コミュニケーションとデジタル的コミュニケーション――否定、意味作用、そして意味について」という一九七〇年の論文で、この主題についての「基本原則」を挙げながらこう書いている。

アナログとデジタルについての問いは関係性についてのものであって別個の存在についてのものではない。

コミュニケーションがある種の境界線を横断するためにはアナログからデジタルへの切り替えが不可欠である［そしてその逆もまたしかりだ］。コミュニケーションの大半は――いやたぶんすべてのコミュニケーションは――まちがいなくこの手の恒常的な切り替えを含んでいる。

デジタル思考は分析的で二価的である。アナログ思考は弁証法的で多価的である。

デジタルシステムはアナログシステムよりも高次の組織でできており、そしてそれゆえより低次の論理タイプによって成っている。デジタルシステムはより大きな「記号論的自由」を有しているが、しかし究極的にはさまざまなシステムやサブシステム、スーパーシステムのあいだのアナログな関係性のルールによって事実上支配されている。(Wilden 188–89)

トムキンズの情動理論はワイルデンのこの論文に似かよった知的時代背景を反映しており、アナログな表象形式とデジタルな表象形式のさまざまな種類のいくつもの横断に依拠している。たとえばトムキンズが考察する情動のなかにはこんなふうに構造化されたものがある。

ひとつの原則の三つの異型によって情動の活性化がどう異なるかを説明しよう。その原則とはニューロン発火の密度である。ここで密度とは一定時間内におけるニューロン発火の頻度を指す。私の理論が想定しているのは情動活性化因子の三つの分類であり、そのそれぞれがみずからを発動させる原動力をさらに増大させるようなものである。この三つの分類とは、刺激の増大、刺激のレベル、そして刺激の減退だ。

つまり比較的突然始まってニューロン発火率を急激に上昇させるような刺激ならどんなものであれ、生得的に驚きの反応を活性化させる。【図1】に示されるとおり、ニューロン発火率の上昇がそれほど急速でない場合には恐怖が活性化し、さらに遅い場合には興味が活性化する。対照的にニューロン発火のレベルが持続的に高いとき、たとえば連続的な騒音のような状況では、不安の叫びが生得的に活性化する。もしそれが持続的でさらに騒々しければ、怒りの反応が生得的に活性化する。最後にニューロン発火率を引き下げるような刺激の減少はどんなものであれ、たとえば過度の雑音の突然の削減などにおいて、満足げな喜びの微笑みを活性化する。("Quest" 317)

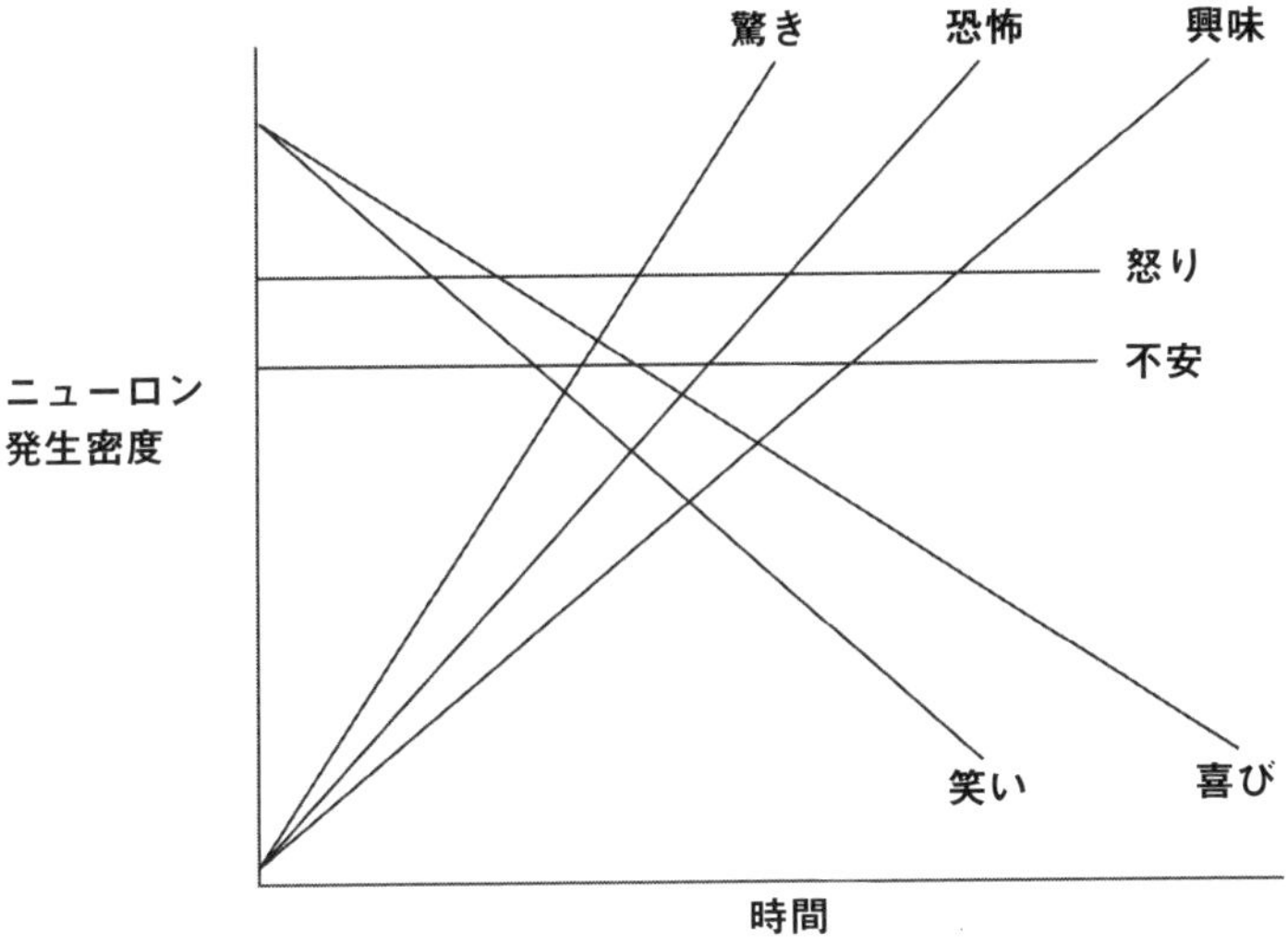

【図１】生得的な情動の活性化因子についての理論のグラフによる表象。
Silvan Tomkins, *Affect, Imagery, Consciousness*, vol.1. Copyright © Springer Publishing Company, Inc., New York 10012.

さて、この一節のなかの「生得的な〔innate〕」という単語の出現密度が理論好きの読者諸氏に引き起こす恐怖、不安、そして怒りについては、ひとまずわきに置いてよろしいだろうか。ついでに言えば「ニューロン発火の密度」という概念の還元性を耳にして、今日の科学的読者の面々に浮かぶ笑いも。かわりに注意を促したいのはヘッブスがニューロン発火を定量化可能な（それゆえアナログな）刺激によって引き起こされるオン／オフの（それゆえデジタルな）出来事として理解したのにたいして、トムキンズのグラフのなかでニューロン発火がふたたび時間軸にしたがってアナログ的に定量化され、しかし今度はそれがいくつかの異なる情動のいずれかのオン／オフの（デジタルな）「活性化」につながっていく、ということだ。トムキンズの理論のこの部分はだから、アナログ→デジタル→アナログ→デジタルというふうに図式化することができるだろう。けれどこの（それ自体がデジタル化された）図式がとり逃してしまうのは、トムキンズの理論が多価的な（そしてその意味でアナログ的な）情動理解にむかって分岐していくということだ。つまりもし「ニューロン発火」のオン／オフが質的に未分化だとすれば、情動の活性化のオン／オフは質的に高度に差異化されている――しかも七つもの情動の間で――のだ。（ある意味で質的な差異化はつねにアナログ的なのだが、それはひとつには異なるさまざまな情動が存在する以上、こうした情動は必然的にグラフやマップをとおしてアナログ的に表象されるべきものだからだ。）トムキンズはこう書いている――「ニューロン発火レベルの幅広い範囲とさまざまな変化によって情動が覚醒することの一般的な長所は、それによって個々人がまったく異なる方法でまったく異なる事態に関心をもつようになるということである」（"Quest" 318; 強調筆者）。

つけくわえておくべきなのは、「まったく異なる事態」というのは純粋に外的な状態としてとらえるべきものではないということだ。トムキンズはここで刺激を表すのにいつになく単純化した「騒音」の例を使っているのだが、彼の研究全体をとおしてみるとニューロン発火密度は「刺激」としてはっきり分離できるような外的事象の直訳ではほぼけしてない。むしろトムキンズにとって刺激とは、内因性だったり外因性だったり、知覚的だったり自己を感じる固有感覚的だったり解釈的だったりするようなさまざまな原因、効果、フィードバック、動機、気分のような長期間の状態、理論、そしてさらには身体的ないし言語的なはっきり知覚できる一時的な出来事などの複雑な交互配置をそれ自体ですでに反映しているものだ。行動主義者たち[*7]にたいしてトムキンズはつねに、情動システムにかかわりのある刺激は外的な出来事だけでなく内的な出来事をも含むのだと論じつづけ、反応と刺激のあいだの定義的区別にはなんら根拠などないし、まかりまちがってもそれは内的対外的というような根拠ではないのだと固く断言していた。たとえばトムキンズはある刺激＝反応実験について、混じり気ない嫌悪刺激の見本だと伝統的にみなされていた電気ショック経験の自明視された単純さをくつがえすような報告をしている。「自然と出てくる叫び声に一連の実験をとおして耳を傾けさえすれば」とトムキンズは書く――「適切な刺激と見えるものを使ってただひとつだけの情動を引き起こすことの困難に気づくはずだ」。電気ショックを受けた瞬間の被験者たちの発言を記録するというただそれだけで、トムキンズは想定済みの「結果」のかわりにカーニバル的な脱構築を供する。自己同一的なはずの刺激にたいして起こる情動的反応たちのサーカスのなかには、たとえばこんなものがある。「パパにお尻叩かれたときみたい」、「百年前だったらあんた犯罪者かなにかですよ、ええ?」、「恐怖パターンを作りだしたいんだったらもうできてますよ」、「これはずるいよ」、「ああやめやがれクソ野郎、頭にくる」、「ぼくにはあまりピンとこないんですけど、まぁなんか参考になるといいですね」、「馬鹿馬鹿しい実験だな」、「なるほど電気ショックってこんな感じなんですね」、「吐き気がするんじゃないかと不安だわ」、「電気ショック好きだな」、「心理学者の意のままにされるのって、面白い」、「これって警戒心を高めるはずのものなんですか?」、「べつに突撃部隊に入りたかったわけじゃないし」、「イタッ、や、驚いたけど……痛くはなかったな」、「なんだかスポーツの賭け試合みたい」、「一回目はなんか腹が立ちますね」、「まいったな、眠くなってきちゃったよ」。(*Affect* 1: 193-98)。

いましがたわたしたちは、科学志向の読者たちはトムキンズの鍵概念である「ニューロン発火密度」という概念の還元性を敬遠するだろうと言った。この本でのニューロン発火というアイディアそのものの使われかたはそれなりに理解できるもののように思えるが、トムキンズは(『情動、心象、意識』の四巻が出版された長年にわたって)この発火がどこであるいはどんな(機能的に特化されていると思しき)神経系の位置で起こっているのかを特定することには抵抗を示しつづけている。基本的に『情動、心象、意識』では脳機能の局在への興味がふんだんに示されているのだが、ことこの鍵概念、ニューロン発火密度についてだけは、あくまでも脳をせいぜい局所的な質的特化にむかう潜在性をもつだけの均質なかたまりとしてとらえつづけている。

　こうした脳の理解は、だいたい一九四〇年代後半から六〇年代半ばにかけて起こった、わたしたちがサイバネティックスの襞《フォルド》(＊8)と呼ぶある特定のモーメントにたいするトムキンズの（きわめて実りゆたかな）歴史的関係を定義づけるのにとても重要なものだ。「サイバネティックスの襞」が意味するのは、脳やその他の生命作用についての科学者たちの理解が高性能コンピューターという概念、可能性、そしてその到来の予感によって特徴づけられていながらも、じっさいには新たなコンピューターの計算筋力にはいまだ手が届かなかったような、そんなモーメントのことだ。だとするとサイバネティックスの襞というのはシステム論のモーメントでもある――そしてまた、それと直接的に関係してはいるがまったくおなじ発展形態ではないもの、つまり構造主義の時代でもある。わたしたちが目指すところのひとつは、いわば構造主義を脱構築以前に存在していた誤解に満ちていたけど幸いにも脱構築主義につながったアレとしてではなく、ひとつのゆたかな知的エコロジーの一部として描きだすこと、つまり脱構築へとすいこまれる滑らかな軌跡を超えて存続することよりもっとさまざまでもっとおもしろいものを意味することを許すような、ひとつのゲシュタルト（システム論も含む）として記述することだ(4)。均質で差異化可能だがもともと差異化しているわけではないシステムとしての脳という初期のサイバネティックス理論的な概念は、これまでのところ実現されていないこの知的モーメントの可能性の多くを特徴的かつゆたかに表す象徴なのだというのが、わたしたちの議論なのだ(5)。

　サイバネティックスの襞というのはまた、脳と精神について仮説を立てる際のポストモダニスト的やり方とモダニスト的やり方の間にある襞だと言えるかもしれない。ほとんど無制限なまでの計算能力という可能性はフィードバックのような概念の数々を改めて魅力的なものにした。そうした概念は機械設計ではすでに一世紀以上にもわたってある種の道具として利用可能なものではあったが、ひとたび生物学的なシステムを含む多くのシステムに共通する特徴として理解されると、記述計算や予測計算に比類ないほどの複雑さをもたらすようなものだった。そうした計算を試みることなど想像もできなかったような時代とそんな計算をおこなうのが当たり前になった時代のあいだに、それがゆたかに想像されるものとして存在した時代があった――けれどその想像力には、じっさいにテクノロジーが導入されて以降は生き残ることのないよう運命づけられたような(そしてどうやら生き残る必要もなかったような)構造的なエレガンス、つまり手段とモデリングの概念的な無駄のなさへの興味が、いまだ存在していた。

『情動、心象、意識』の文章のすぐれて独特な特徴でもある心を揺さぶるようなリストの数々は、このテクロノジーをめぐる想像力のモーメントの徴を帯びている。最小限の、そしていっけんして意味のなさそうな文法的差異をもって列挙される項目たちは、ランダムでほとんど無限にちかい変型の可能性を示唆する。そういう変型のなかには取るに足らないものもあるし、ものすごく大事なものもある。そうやって示唆される純粋で無制限な広がりは可能な結果にたいしてそれらが根源的に偶発的なものであることを刻印する。しかしじっさいにはリスト上の項目はランダムとはほど遠く、新たな眺望を開いて指し示すために、どんな一般化のなかにも存在する新たな種類の可能な帰結を表すために、注意深く選ばれているのだ。こうした項目の数々は新たな分類作業を解体しているのだとも、あるいは指し示しているのだとも読める。トムキンズのリストがおそらくいちばん似ているのはプルーストの長文、それもだれかの動機についての推測が並行したいくつもの長い節によって表わされる、「……だからであるにせよ、……であるからにせよ、はたまた……であるからにせよ」というようにしてはじまる長文だろう。機械的に無限であるかのように動機を複数化していくことによって理解することの可能性自体を無効にするようにも思えるポストモダンな構文は、まさにそのおなじ身振りによって意味論的道具を差しだしもしてくれる。その意味論的道具は抗いがたいほどに使い勝手がよく、個人の心理という局所的な可能性の数々にひとを想像力ゆたかに深く結びつける。トムキンズのリストはみずからが列挙するものを圧倒しその機先を制するような、テクノロジーの魔神を呼び起こす。けれどそれを呼び起こしながらもトムキンズのリストはその力を瞬間的に回避したりずらしたりもするのだ。これはまた自分の主要な例をトムキンズがどれだけ頻繁に一語一句たがえずくりかえすか、というふうに単純化していい問題でもない。この執拗なくりかえしは『情動、心象、意識』が機械の部品のように取り換え可能な部分でできていることを示してもおかしくないはずなのだが、それにもまして強く呼び起こされるのは閉塞とその打開という情感、「豊かさのスクリプト」や「知覚的貪欲」（とトムキンズが呼ぶもの）[＊9]の心理的エコノミー、そしてときには資源の恥ずべき枯渇といったような、彼の著作が新たな理解のためのアフォーダンスをふんだんに提供するようなものたちなのだ。

「襞」の名がサイバネティックスのモーメントにしっくりくるように思えるのは、ひとつにはシステム理論がまさにその未分化でありながら差異化可能なエコロジーのイメージへとむかう指向性をとおして、どうやって差異化するかについての議論をおこなう能力という表象上のおおきな強みをもっているからだ——それはたとえばどうやって量的な差異が質的な差異に転化するのか、どうやってデジタルな表象とアナログな表象がおたがいを飛び越したり交互に配置されたりするのか、計算可能な領域と計算不能な領域の断層線とはなんなのか（これはカオス理論につながっていくものだ）などについての議論をおこなう能力だ。認知心理学が精神作用を認識の観点から徹底的に透明化しようとし、行動主義が行動的な「結果」という視点からおなじことを試み、そして精神分析がひとつづきの「意識」とひとつの「無意識」のあいだにあるひとつの障害（抑圧）という概念的なミニマリズムのご利益に預かっているそのいっぽうで、トムキンズの情動理論は対照的に生産的な不透明さの場をふんだんに提供していた。システム理論がフィードバックを重視するのも結局は、エラーや死角がとりわけ構造を生みだすものとして必然的に重視されているということなのだ。たとえばフランク・ローゼンブラットのパーセプトロン(*10)（Luger 516-28）という、この初期の時代にどうやって学ぶかをトライアル・アンド・エラーの過程によってみずからに教えるものとして設計された機械モデルを思い起こしてみてほしい。もっとはるかに高性能なコンピューターの出現によって廃れたかに思えたその理論的な原則は、最近になって結合説と並列分散処理の旗印のもとに再浮上してきた。トムキンズがこう書くように、真に恐るべき人型の機械は——

> 十中八九、比較的無力な幼児期を、そしてその後に子ども時代と思春期を経て育ってゆく能力を要するだろう。手短に言えば間違いをおかしそれを修正することを通じてどうやって学ぶかを学ぶ時間が必要なのだ。これだけは割とはっきりしていて、これが我々の現在知るオートマトンたちがもつ限界の一因なのだ。オートマトンの製作者たちは無力さや混乱、誤りで始まるメカニズムを作り育てるのに気質的にむいていない。オートマトンをデザインするものたちは自分の創造物の早熟さに満足しきった過保護かつ要求過剰な親なのである。人間の成すことを鉄とテープと電気に翻訳することができたならそれだけでもう自分の頭が生み出したものにご満悦なのだ。こうした早熟さは本質的に、そのオートマトンの学習能力がすぐに天井に突き当たることを約束するようなものだ。（*Affect* 1:116）

ただしトムキンズは認知のレベルに不透明性とエラーを導入することだけでは高い認知能力を得るのにすらじゅうぶんではないと強調する。情動システムについてはこう書いている——「我々はこの基本となる動機システムがもつ曖昧さと盲目性を強調してきたが、それは間違いをおかすことによって学ぶというリスクの海にそのエネルギーの大半を消費するという、どんなシステムも払わねばならない代償を強調するためだった。認識能力と正確さの獲得もまた、負けず劣らず柔軟で大胆な動機システムを必要とする。認識能力のあゆみはそれを促す動機によって制限される。認識エラーは認識学習に不可欠なものだが、そうした認識エラーは動機的なエラーをおかすこと、つまりたとえば自分自身の望みやその原因や結果についての誤解することなどができる存在によってしかなされえない」(1: 114)。[6] つまりは情動システムと認識システムの——そしてふたつのうちのどちらかと衝動システムの——適合効率の悪さこそが学びや発達、連続性や差異化を可能にする。自由、遊び、アフォーダンス、意味そのものなどは、ある対象について間違っているかもしれないというたがいに不透明な可能性の数々から派生する——そしてそこに含意されているのは自分自身についての誤解でもあるのだ。

☞ともあれ【図1】に話を戻そう。この図のアナログシステムの多価性がしめす値や次元の数が、ふたつよりは多いが同時に有限に多数である(たとえば地図でいえば、北、南、東、西というように)というのは重要だ。とはいえどんなアナログ表象にもいえることだが、有限に特定された次元のなかには無限のグラデーションがあるかもしれない。これは大多数の表象についていえるようなごくごく普通のありふれた特徴ではある。けれどもこの場合のように有限多数(n>2)の値によってある情動理論が構造化されているということこそが、じつは現在の「理論」の惰性的な思考回路がそれにたいしてしめす抵抗の、そしてそうした惰性的な思考にこの情動理論が与えることのできる洞察の、心部にあるようにわたしたちには思えるのだ。抵抗が起こるのは「有限多数(n>2)の値」という特定性とあの会話を凍らせる「生得的」という単語のあいだに強度の癒着があるように見えるからだ(とはいえトムキンズの著作のなかでこの癒着は見事なまでに弱められるものだということがわかる――それが弱まっているのはたぶん、まさに生物学的モデルと機械的モデルが重ねあわされ、またつねにおたがいを阻みあっているからなのだ）。どういうわけだか八つとか一三個とかの（とはいえ無数ではない）ちがった種類のなにか、なんであれ大事なものという概念を、生物学的なモデルがまったくまわりに存在しないところでもちつづけるというのは、どうにも難しいらしい。この癒着は歴史的に発展したものかもしれない。あたかも近代のなんらかの契機（一神論とか、宗教改革とか、はたまた資本主義的合理化とか?）が二と無限のあいだの概念空間をすっかり真空状態にしてしまったものだから、ある種の生物学主義という慣性抵抗でもなければその空間にふたたび足を踏み入れる可能性を示唆することもできないとでもいうように。レイシズム、セクシズム、ホモフォビアその他のために悪用されてきた生物学主義の数々のいまなおつづく歴史を、あるいはそうした歴史を陽の下にさらすことといった現代の批評プロジェクトの数々の抗議陳情をなしてきたものを、矮小化する気はまるでない。でも同時にわたしたちが心配しているのは、「理論」の不動の基本信条として反生物学主義が自動的に取りこまれることによってある思考領域のすべて、つまり有限多数（n＞2）というアナログ的全領域が概念的にアクセス不能になってしまうことだ。二項対立的な均一化と無限へとむかう平凡化に抗うことができるかもしれない差異の政治的ヴィジョンを可能にするために、この領域へのアクセスはとりわけ大事なものなのだ[7]。

　最近の理論の慣行のもとで情動がどう扱われているかの一例として一九九二年に出版されたアン・クヴェッコヴィッチの著作、『入り混る思い――フェミニズム、大衆文化、そしてヴィクトリア時代のセンセーショナリズム』[*11]を見てみることができるだろう。この本を例にとるのはそれが知的に優れていないからでも役に立たないからでもない（むしろその真逆だと言っていい）。それはこの本の達成がこの本の底に流れるいくつかの理論的な潮流（精神分析、マルクス主義、フーコー主義）とのあいだの模範的なまでに明確で説明的な関係に依拠しているように思えるからなのだ。[8] そして情動理論についての議論を明示的に中心に据えていることもまたこの本を特異なものにしているもののひとつだ。ところがこの中心的な理論、「本質主義的な情動概念に基づいたものではない情動の政治」(Cvetkovich 25) を目指すのがゴールだとされるその理論は、まるでとおりいっぺんにしか規定されない——

> セクシュアリティと同様、情動もまた言説的に構築されていると理解されるべきだ。(30)

> センセーショナルな出来事と身体的な感覚《センセーション》のあいだの繋がりは自然ではなく構築されたものだが、それのみならず身体感覚と情動の一見した自然さもまた構築されたものなのだとここでは仮定している。セクシュアリティやその他の身体作用とおなじく情動もまた前言説的な存在ではないというのは、情動や身体感覚を自然なものだとする構築によってしばしば見えにくくされている事実だ……さらにいえばもし情動的反応が見た目よりも自然なものではないとすれば、自然なものとしての情動という構築それ自体、おそらくフーコーが身体の規律《ディシプリン》=訓練と呼んだものをおこなう言説的装置の一部なのだろう。規律=訓練が強力なのは、まさにそれが押し付けられたものではなく自然なものであるかのように機能するからなのだから。(24-25)

クヴェッコヴィッチは「情動の理論化」(この本の章題のひとつである)の名のもとにこの探究をおこなっているのだが、情動が「自然」ではなく「言説的に構築されている」というこの最低限の特定がどうして理論の地位を主張するに足るのかは、即座にわかりかねる——まさにこの特定こそがあらゆるものを理論にするというのでもないかぎり。こうした一節はじっさいの情動についての理論をとりあげたり要約したりするのではなく、情動を寄せ集め、大文字の《理論》《リロン》という体系をなすものとしてすでに理解されているものの大きなテントに追いやるという意味で「情動を理論化」しているのだ。この体系に焼きつけられた商標は残酷なまでにわかりやすい。いわば「理論」はもうほとんどこの主張（なんど言ったって言い足りない）と同一化してしまっているのだ——すなわち、それは自然ではない、という主張。途方もない主張がここでは自明のこととして提示されている。「理論というものの価値とはまさに［価値とはまさに！］歴史分析のそれと同様、「自然」についての想定に異を唱える能力にあるのだ」(43-44)。

　序章でも触れたとおり、この脊髄反射的な反生物学主義はクヴェッコヴィッチの著作が表明している原則とはいっけん逆説的な関係にあるようないくつかの議論の傾向と同時発生的なもののように思える。

一、フーコー的な「抑圧仮説」の切り下げはほとんど即座に転覆的対支配的、抵抗対権力というような二項対立的できわめて道徳的な寓話に変換されることになる。「もし情動が歴史的に構築されているとすれば、フーコーが抑圧仮説の支配のもとにあるセクシュアリティについて言うように情動もまた自己の解放のためのメカニズムではなく自己の封じこめと規律＝訓練のメカニズムだということになりうる」(31)。「もし情動が抵抗の源になりうるのならばそれはまた……権力の源でもある」(40)。「抵抗は権力の外部ではないというときフーコーが意味しているのはこうした領域が抵抗の手段でもありそしてまた権力の強制の手段でもあるということだ」(41)。

二、本質的な真実という問いを名目上切りさげることはほかのだれかの真理主張を頻繁に呼びおこして探偵のごとく吟味するための根拠となる。そのときそうした真理主張はこれ以上なく絶対的な言葉で言い換えられて提示される。クヴェッコヴィッチの議論にとってかなめとなる語のひとつが「保証する」だ。たとえば「個人的な変革と社会的な変革のあいだの関連はなにひとつ保証されていない」(1)。「ヴィクトリア朝小説は社会変革の可能性を保証するために擁護されなければならないわけではない」(41)。「情動は……テクストの転覆的な傾向を保証するあてにはならない」(34)。存在論的な選択肢は保証するか保証しないかのどちらかでしかない。その奇妙に消費者主義的な響きだけならまだしも、真実にたいする関係のこの抜本的な粗雑化はクヴェッコヴィッチの議論の認識論的な圧力が軽減されているのではなく、むしろこれまで以上に執拗なものになっていることを示す。たとえばいかにもなことにクヴェッコヴィッチは演繹的な議論をさんざんおこなったのち、フレドリック・ジェイムソンの大衆文化についての議論は「その情動の概念化の仕方にどうも本質主義の疑いがある」と判ずる(29)。疑いがあるのは読まれているテクストではなく読んでいる目《アイ》のなかなのだが、それにしてもこれはよくある発展形なのだ——反本質主義者から存在論の私立探偵《プライベートアイ》へという、摩訶不思議な変身。

三、

「情動の理論」たるこの本がたぶんもっとも不可思議なのは、そこになんの感情も存在しないことだ。情動は単一の歴史と単一の政治性をもった単一のカテゴリーとして扱われている。面白がるとか、吐き気がするとか、恥じるとか、怒りに燃えるとか、たとえばそうしたもののあいだの差異についての理論的余地がまるでないのだ。フーコーのセクシュアリティについての語りとの類比によってクヴェッコヴィッチが言及するのは近代の「情動を意義深いものにするための構築の歴史、感性と感傷性をめぐる一八世紀小説やロマン派の詩における感情の強調にも……明白なその歴史」である(30-31)。感情——けれどあきらかにどんな具体的な感情でもない、感情。もうひとつ例を挙げると、崇高さは「ハイカルチャー版の情動」と表される（ええと、どの情動ですか?）(35)。そして全体をとおしてクヴェッコヴィッチが含意するのは、ジャンルが差異化されるのはそれぞれのジャンルがどんな種類の情動を喚起するかによってではなく、大文字の《情動《ジョウドウ》》という物象化された実体が存在しているか不在であるかによってだということだ。

この「情動の理論」に異なったさまざまな情動が不在なのは、もちろんうっかりによるものなどではない。逆にそれが表しているのは、ある理論的決断なのだ――あたかも情動どうしの質的な差異を定義する余地などあろうものならそこに提示されたものは究極的には理論たりえない、とでもいうかのような。けっきょくのところ、あれじゃないですか（よく訓練された大学院ゼミだったらどこでも耳にするような問いただしを想像してほしい）、さまざまな情動がたがいに質的にちがっていると理解するなんて、本質主義の恐れがあるんじゃないですか。ええ、たしかにそうでしょうね。じっさい、今日においてアナログ的に構造化された有限多数（n＞2）の値という思考領域全体はある種の生物学的モデルとの関係上でしか考えられないという仮定が正しければ、そして本質的なるもの、自然なるもの、生物学的なるもの、という概念がある種の歴史的過程をつうじて今や理論的に融合してしまっているという仮定が正しければ(9)、だとしたら「理論」と呼ばれるものがそもそものはじめから厳戒態勢にある反本質主義と反自然主義のまわりに構築したような世界において質的な差、この場合ではさまざまな情動のあいだの質的な差を犠牲に供することが厳重に求められたとしてもなんの不思議もないのだ。現在の反本質主義の潔癖さは（誤って機械と同一視された）デジタルなオン／オフ表象モデルにあくまで固執することに依拠しているように思えてならない――「理論化」されるためにはさまざまな情動は大文字の《情動《ジョウドウ》》に変換されねばならない、というように。

くりかえそう――現在という歴史的瞬間において有限多数（n＞2）の値というかたちで表され、アナログ的に想像される質的な差異を定義的に呼び起こすことはなんであろうと、差異を生物学的なものにする本質主義を再生産するリスクをたしかにおかすことなのだと。けれどもそのリスクはどれだけ綿密にデジタル化の実践をおこなったとしても、まるで防ぎようがないのだ。デジタルモデルに固着する本質主義はアナログなものの本質主義とはまたちがったやりかたで構造化されている。現時点ではしかし、たぶんだからこそもっとデジタルモデルの本質主義は危険なのだ――まさに現在の「理論」の慣行ではそれがある種の本質主義だとして認識されえないのだから。本質はこうした慣行のもとで有限複数の質的差異というアナログな可能性から、未分化の始原の物質やエネルギーが（無限に）オンかオフにされるようなどこかもっと前にある場所へと置きかえられている。後者が前者よりも「本質主義的」でない隠喩体系だと考える傾向が映しだしているのは、生物学的なものと誤って同一視されたアナログモデルより機械と誤って同一視されたデジタルモデルを習慣的にありがたがる態度にすぎないと、わたしたちは論じているのだ。

たとえばクヴェッコヴィッチは自分の議論を暗に支えている情動の科学的理解について論じることはないが、しかしその「情動の理論」は認知心理学の普及によって受け入れられるようになったある特定の感情の理論とかなりの程度一致する。いやむしろクヴェッコヴィッチがこの理論を引用することなく使用していることは、それがもう現在の理論のなかでは「常識」的なコンセンサスの一部となっていることを証し立てているようにに思える。そしてそれは偶然にも認知科学の現代における（いまだ論争中ではあるが）常識となっているものでもある。それはこれが一九八七年に出版された『オックスフォード版・精神入門』にまるで無批判に再現されていることにも表れているだろう。

［感情の研究にたいする］もっとも大きな貢献をひとつ挙げるとすればそれは……スタンリー・シャクターによるものだろう……感情の経験に必要なのは生理的興奮が喚起される一般状態だけだとシャクターは仮定した。つまりさまざまに異なる感情の経験はおなじ生理的背景から起こっているということになる。さらにシャクターは、生理的興奮状態が起こるとひとはみずからの感情をそのときに使用可能な認知の観点から（思考、過去の経験、環境的信号など）描写すると仮定する……生理的興奮は感情経験の必要条件だとみなされているが、感情の質は外界と内的状態の認知的かつ知覚評価に依拠していると考えられた……現代の知見からいうと期待ないし意図された行動の齟齬や妨害はどんなものであれ未分化の生理的（自動的）興奮を生み出す、ということになるだろう。そのときそれにつづく感情の感覚質《クオリア》は、現在の状況についての現在進行中の認知的評価（意味分析、査定）に依拠するということになるだろう……［さまざまな感情は］ホモ・サピエンスに進化する以前の我々の過去の名残などではかならずしもなく、能動的で探究心に溢れ、思考する人類の重要な特性なのである。新奇さ、齟齬、妨害が生理反応を生成し、そのいっぽうで我々の認知システムが世界を脅威的な、胸躍らせる、恐ろしい、あるいは喜びに満ちたものとして解釈するのである。人間の世界が感情に満ちているのは我々が深層部において動物だからではなく、むしろその世界が胸を踊らせたり脅かしたりする信号にいまだ満ちているからなのであり、そしてまた齟齬や妨害をきたす出来事や人びとで溢れているからなのだ。（Gregory 219-20）

なぜそんなにもこの情動の理論が「理論」にしっくりくるのかを見てとるのはたやすい。未分化の「興奮」の流れにたいする「齟齬や妨害」にはホッとするくらい機械的な、モールス信号のような響きがある。表象が表象されているものにたいして恣意的でない関係をもつかもしれないという誤謬に遭遇する危険性が、ここには皆無なのだ。さらにここでは（我々は「深層部では動物」ではないのだからして）我々の興奮の原材料はじゅうぶんに文化変容された認知能力によって無限に可変的であるという註記によって、情動の言説的社会構築のための空間が保証されているように見える。

なんとなればこうした説明は批評理論の読者たちにとってあんまりにも違和感のないものに聞こえるのではないかと思うので、これにも直観に反するある種の力がたしかに（控え目に言っても）まだ残っているのだと述べてみるのも有効かもしれない。そんなわけで、ちょっと自分に聞いてみてほしい。夜中に（a）突然の騒音で、または（b）じわじわとした性的興奮で目覚めたのちに、自分の感情に適切な感覚質《クオリア》を割りふれるよう「現在の状況について」認知的に「分析」したり「査定したり」するのに、どのくらい時間がかかるでしょう。言いかえれば、睡眠が妨害された瞬間と（「その後の」）自分が経験しているのがはたして恍惚なのか恐怖なのかを判断する瞬間とのあいだのタイムラグは、さてどのくらいなのでしょう。

そのとおり。わたしたちにだってたいして時間はかかりません。

しかしここで強調したいのは、感情についてのこうした認知的説明が真であろうとなかろうと、この説明が異なる感情どうしの差異のある重要な部分を身体のなかに位置づけようとするトムキンズのような説明に比べて本質主義的でないわけではないということだ。『オックスフォード版入門』がどれだけ人類を「ホモ・サピエンスに進化する以前の我々の過去」から切り離そうと躍起になったところで、「未分化の生理的興奮」を差異化された興奮にくらべたとき、その根拠がより生物学的でないなどとはとても言えない。そこで含意されている生物学はしかし、別種のものだ。それはすなわちデカルト的な心身二元論がとことんまで染みこんだような生物学なのだ。じっさいのところ「未分化の生理的興奮」が示しているのは、ことさら均質でひとかたまりのかたくなな身体的本質、それも情報やフィードバックや表象にかかわる構造やプロセスによる分節化を不思議なほど受けていないような、そんな身体の特質なのだ。しかしこうした構造やプロセスはみな独立し、肉体から切り離され、そして時間的に隔離された「認知」によるものだということにされている。そのはっきりした反行動主義的な意図にもかかわらず、こうした説明は刺激と反応のあいだの行動主義的に厳密な差別化に暗黙裡に依拠しているのであり、あまつさえその概念的差別化を人文主義的な常識として広めさえしているのだ。

二〇世紀のさまざまな理論的言語はこうした試みとも合致するような、身体、思考、感情の過剰を中和するための試みなのだと考えてみても、あながち的はずれではないように思える――アナログ表象の複数的な本質主義的リスクを単一的な、オン／オフどちらかのスイッチという暗々裏の本質主義的たしかさへと還元することによる試み。こういうかたちをとる思考の重要性、生産性、そしてそのニュアンスの驚くべき繊細さともなりうるものを矮小化するつもりは、わたしたちにはない。しかしそれはなお、どんな芸術作品だろうとそれを明度のちがう二五万六〇〇〇もの灰色で再現するスキャナーとかコピー機のようなものだ。それがどれだけ微々細々たる微妙な差異化をおこなえるとしても、どうしても伝えることができない肝心な知識というのはある――赤は黄色とちがって黄色は青とはちがうという、粗野なくらい還元的な可能性に対応するようにできていなければ。

さっきも言ったとおり現代理論の反生物学主義にはこんな前提がある――どんな理論であれ、生物学的な（あるいは誤った含意によってアナログ的なとされることもある）基礎づけからの距離のみこそが「（個人どうしの、歴史的な、そして異文化間の）差異を、偶発性を、遂行的な力を、そして変革の可能性を」正当に扱う可能性を生みだしうるのだという思いこみだ。だけど色相環とか元素周期表とかの必然的にアナログなモデルが差異や偶発性、遂行的な力、変化の可能性についての理解を制限すると信じるに足るような理由なんてどこにもない。むしろわたしたちが論じてきたのは、こういうアナログなモデルはある種の重要な差異の幅にアクセスするために、他にはかえがたく不可欠なものなのだということだ。理論的モデルを評価するのに本質主義か本質主義じゃないかの選択が待ちかまえているわけじゃない。もし選択があるとすればそれはちがったやりかたで構造化された本質主義の残滓のあいだの選択なのだ。というか、なんでそもそも選択なんていうデジタルなモードに制限されなければいけないんだろう。リスクのレパートリーの数々、いろいろに異なったリスクの色相環、無限に組みあわせ直しができる情動システムの元素周期表、アナログとデジタルの複雑で何層にも重なったミルフィーユ——こういうモデルを運用したいという風にうずうずさせるのがトムキンズの著作なのだ。

もしトムキンズのいうとおり伏し目がちになること、視線を落とすこと、俯くことが恥を表す態度だとしたら、それはまた読むときの態度でもあるかもしれない——地図や雑誌、小説に漫画、そして心理学の重たい本を読むときの態度（街頭広告や交通標識はさておき）。わたしたち（読書が世界とつながるための大事な方法だったような、そしていまでもそうであるようなわたしたち）は、この態度がバリアを作りだす力を知っている。それはテクストへの混じり気のない集中が読む身体の周りに紡ぎだす、皮膚のようなバリアだ。バス停や飛行機のざわめきは意識から締めだされ、まわりで進行中の耐えがたい場面は拒絶され、そして教室に響くうんざりするようなモノローグは無視される。そしてこのうちのどれだって逃避としての読書という、どこか毒のある理解ではとらえきれない。なにからの逃避だっていうんだろう。どうやらそれは「現実世界」と呼ばれるもの、その世界で「行動・演技《アクティング》」したり「実行・実演《パフォーミング》」したりする責任、ということらしい。けれどこの読書の姿勢はそれが内向的なのとすくなくともおなじくらいには外向的だともとられうるし、私的なのとおなじくらい公的にも思える。だって読者がこの「内面生活」の経験を耳で聞こえるパフォーマンスに変換しようと思ったら、たんにそれを声に出して読みはじめればいいだけの話なのだ。いや、それすら必要じゃないかもしれない。遊びにすっかり夢中になっている子どもにわたしたちがときおり魅せられることを、フロイトは「一次ナルシシズム」に関連づけた。あたかもものごとへの持続的で強烈な没頭はそれだけで演劇的であって、トランス状態そのものがトランス状態を呼ぶとでもいうような。もう一枚の皮膚は身体＝と＝本という存在、あるいは身体＝と＝遊び、身体＝と＝作業環境をぐるぐる巻きにする収縮フィルムのようにきらきらと、その結合、その合成物の輪郭をくっきりと完全に描きだし、逃避でも無関心でもなく、集中や興味の像を作りだす。

恥という情動は理論的プロジェクトを、たとえばこのプロジェクトみたいなものを、どうやって刺激するのだろう。トムキンズの著作のなかで恥こそが理論のための典型的情動になっているというのは特筆すべきことだ。なんとなれば「理論」という概念が『情動、心象、意識』に最初に現れるのは第二巻、「いっけんして無害かつ善意に満ちた親の行動によって生みだされる情動＝恥の全結合」というセクションのあたり、「我々のヒーロー」たる「あらゆる情動を恥によって完全に縛られたものとして経験する運命にある子ども」を主役にした「小景《ヴィネット》」のなかである（2: 228）。子どもが自分の興奮、悲嘆、怒り、恐れ、嫌悪、さらには恥を表現することによって恥いらされるという、そんないたたまれない場面をトムキンズは想定する。わたしたちのヒーローは圧縮、要約、名づけ、順序づけの技術をどんどん高めながら、こうした情景を恥の理論へと変化させていく。ひとつの情動理論には認知的なものと情動的なもの（トムキンズにとってこれらのメカニズムは多種多様な相互依存的変化を含んでいる）という、ふたつの要素がある。(10)「第一にそれは、入ってくる全情報がある特定の情動——この場合では恥と軽蔑——にたいしてもつ関連性を精査することを含む。これが恥の認知的アンテナである。第二にそれは、さまざまな恥と軽蔑の事態に対処する一連の戦略、つまり可能ならば恥を回避し、回避不可能ならばその衝撃を緩和するための戦略を含む」(2: 319-20)。恥の理論が強ければ強いほど、その理論の持ち主につくコストは高くなり(「情動の理論が弱いものであるためには効果的でなければならない」)[11]、そしてそのアンテナは「どんな状況であれ恥に関連した側面を……おなじ状況の他の情動に関連した側面と競合しながらも際立ったものにする」(2: 231)――つまり理論家はますます誤って恥を認識し、想像し、見つけ、あるいは恥に飛びつくことになる。

とはいえ、なぜ恥が例になっているのだろう。なぜ「情動理論」の概念という、「より大きな情動経験のまとまりを単純化した強力な要約」として定義されるかなり一般的なこの概念が、屈辱についての章ではじめて展開されることになるのだろう(*Affect* 2: 230)。いましがた紹介した「小景」の直後につづく「恥の理論からの恥」というセクションのなかでトムキンズは、恥にかかわる可能性のあるいくつかの理論を列挙していて、それらはおなじ状況でそれぞれ悲嘆や恐怖、喜びを刺激するものだ。けれども恥の典型例としての地位は、トムキンズにとってはきっと恥だけでなく、理論までもが恥の理論から生ずるものなのではないかと思わせる。これが正しいような気がする理由のひとつは、デジタル化のあるレベルにおいて恥と理論がともに部分的にはアナログ的だからだ。ワイルデンはこう書いている――「ゲシュタルトは特定の差異をデジタル化しようとする決断、つまり図と地のあいだの区別の形成によって作りだされる。実質的に起こっているのはアナログな連続体に特定の境界線や枠を導入するという決断なのだ――その決断は中立的なものかもしれないし、意識的かもしれないし、無意識的かもしれないし、習慣的かもしれないし、習得されたものかもしれないし、あるいはまた新奇なものかもしれない」(Wilden 174)。

どんな理論であれ、それが理論であるためには――すくなくとも部分的または一時的にある領域を特定するためには――図／地という関係を必要とする、あるいは図／地の差を作りだす。これはトムキンズが理論のもつ「認知のアンテナ」と呼んだ機能だ。じつのところ情動の生得的な活性化因子についての理論のトムキンズによるグラフ表象【図1】に書きこまれたほかの六つの情動とはちがって、恥は軽蔑（「忌臭《ディスメル》」）や嫌悪とおなじくこのグラフには含まれていない。ほかの六つ――驚き、恐怖、興味、怒り、悲嘆、そして喜び――はそれぞれが「一定時間内におけるニューロン発火の頻度」というなんらかの傾斜（上昇、下降、あるいは平行）をもつ直線で表されるものによって活性化されているが、それにたいして恥は嫌悪や軽蔑と同様、境界線や防壁を引くこと、つまり「アナログな連続体に特定の境界線や枠を導入する［こと］」によって活性化される。つまり恥はある種のゲシュタルトにかかわっているのだ――興味の（あるいは喜びの）ウサギにたいするアヒルのような、多義図形的なゲシュタルト。(＊12)

　肯定的な情動がなければ、そこには恥も存在しない。喜びを与えたり興味をそそったりする場面だけが、頬を赤らませる。おなじように、楽しいかもしれない、期待を満たしてくれるかもしれないと思ったものだけが嫌悪をもよおさせる。どちらの情動も身体的知を作りだす。たとえば嫌悪はまずい食べ物を吐きだすときのように身体の内側と外側の差を、なかに入ってよいものとだめなものの差を認識する。恥は不安定な身体表面の過度の反射性として、ひとの内側を表にひっくり返す――あるいは表側をなかに裏返す。ワイルデンはこう書く――「あるシステムが環境にたいして開かれているためには……そのシステムは環境のなかのメッセージを選択できるように、みずからを環境から区別できるものとして区切りをつけることができなければならない」（174）。恥は「［システムを］区別できるものとして区切る」ためにデジタル化のメカニズムが働くような情動のひとつだ。たぶん軽蔑や嫌悪とともに、恥は複数の画像化システムを、意識を、身体を、理論を、自己を、区別して個別化するためのスイッチ・ポイントになりうる――その個別化はかならずしもアイデンティティを規定するものではなく、ある種の形状、特徴、あるいは句読点を決めるようなものなのだ。そして軽蔑や嫌悪と恥がちがうのは、恥が対象への固着を手放すことに永遠に失敗しつづけることによって特徴づけられ、そしてまた痛みを避ける必然性だけでなく快びにむかう欲望との関係によっても特徴づけられるからなのだ。

ある書き手に恋をするというのは、いったいなにを意味するのだろう。さらに言うなら——あるいはたぶん、それ以外のなにを意味しうるんだろう、と言ったほうがいいのかもしれない——自分のものじゃない理論的モーメントに似たようなかたちで固着するというのは、いったいなにを意味するんだろう。トムキンズの著作を編纂するという仕事は、わたしたちの手のなかで刻々とかたちを変えていくプロジェクトのほんの一部分を表しているにすぎない。わたしたちがやろうとしていることのなかにはごくふつうの文学批評愛好家の言説だってある。つまりわたしたちは自分たちにとっては見慣れない、ものすごく興奮する動きや色調の数々だと思えるもの、そういうものを受容するネットワークの結節点を読者のあいだに広めたいのだ。だれかに恋している人たちがそれと同時に自分たちは愛されているんだとまわりに見せつけたいと思うように、わたしたちもまたここでは手をつけることすらできなかったことをしたいと願ってきた——トムキンズがどんなに完璧にわたしたちを理解してくれているかを見せること。「抑鬱的なもの」について、閉所恐怖症について、教師の転移について、病理化することなく、また目的論的でもない省察が、きらきら輝くように散りばめられたテクストのヴェールを外してみせること——日々の生活のなかに存在している理論たちのゆたかな生についての、そしてそういう理論たちが《理論《リロン》》になってしまうことの代償についての、そんな省察に満ちたテクストのヴェールを。

自分たちがある種の説明の瞬間を遅らせたいと思ってきたことを、わたしたちははっきり意識していた。それはトムキンズを守りたいという気持ちからだけではなく、もし遅延することができたならその説明のしかたもゆたかに変わるかもしれないという感覚によるものでもあった。その遅延は具体的にいうと、なんであれいろいろな文化どうしの相違について考える視点と情動の元素周期表のようなものが存在するというトムキンズの仮説のあいだにある対立についてのものだった。九つの様相からなる、無限に組みあわせなおすことのできる、けれども九つのはっきりと区別できる還元不可能なやりかたで人間の身体に根ざした、そんな元素周期表みたいなもの。この仮説が真であると信じているのかどうか、ある意味ではここまでわたしたちも自分たちに問いただすことを強いないできた。まずはこれを現在の《理論《リロン》》の観点でとおりいっぺんに突っぱねる自動的な神経システムを観察することから学べることがたくさんあると思ったのだ。自分には過去のどんな時代ものであれ当時の(もしかしたらとくに近い過去の)思考を見下す揺るぎない権利があるのだという、今日のどんな読者ももちうるような道徳的な潔癖さ。そういう潔癖さはことさらに相手の評価を貶めるようなおきまりの疑問をふたつみっつ投げかける方法を覚えさえすれば、だれにだって手に入れることができる。それとは対照的に、次のような問いを投げかけることを可能にしてくれる道具はとても暫定的なもので、再構築するのが難しくて、ものすごく使用法が特化したものだ——たとえば過去のある時代には考えたりしたりできたのに、いまはもうできないようなことにはどんなものがあるだろう。そしてまた、どうやったら二、三〇年も離れたまるきりべつの分野のエコロジーのなかでこういう可能性を見つけ、展開し、そのなかで動き回ったり空気を吸ったり新しい声や使い方を探すことができるようになるだろう、というような問い。

トムキンズはフロイトにも似て、心理学という分野にありながらその分野にとっては法外な人物であり、異種混交的なエネルギーをもった書き手なのだとわたしたちは思う——そのもっとも非凡な洞察が自分についての無知とたがいちがいにあらわれ、矛盾に巻きこまれ、そしてその時代の推論的な科学と分かちがたく交互配置されているような、そんな書き手なのだ。だからまた彼はフロイトのように、その研究を解釈するためにはさまざまに異なり競いあう、そしてしばしば相容れない道筋を整理しなければならないような人物でもある。フロイトを読むというあの歴史は二〇世紀にとって重要な知的冒険を可能にしてきた。その歴史によって腕を磨かれてきた読者たちに、わたしたちにとって刺激的で実りゆたかなトムキンズの仕事を紹介することは、いまなお心踊ることでありつづけている。

第四章

パラノイア的読解と修復的読解、あるいは、とってもパラノイアなあなたのことだから、このエッセイも自分のことだと思ってるでしょ

4. Paranoid Reading and Reparative Reading,
or, You're So Paranoid,
You Probably Think This Essay Is About You

ＡＩＤＳが流行しだした最初の一〇年の、その半ばごろだっただろうか、わたしはアクティヴィストで学者の友人、シンディ・パットンの知恵を借りようとしていた。聞きたかったのは、ＨＩＶのありえそうな発生史とはいったいどんなものだろうということだった。ＨＩＶについての憶測がそこらじゅうで飛びかっていた当時のことだ――はたしてそのウィルスは人為的に開発されたり拡散されたりしたのか、米軍による策略ないし実験が手に負えなくなったものなのか、はたまたそれはもしかして、手に負えなくなったのではなくまさしくそれが思い描かれたとおりに機能しているのではないか。血液製剤[*1]が世界的に取り引きされる地理や経済についてパットンからいろいろ聞いているうちに、わたしはいよいよウィルスの起源についてとりざたされるこうした不吉な噂についてはどう思うのかと、鼻息もやや荒く尋ねたのだった。「ウィルスが広まった初期のどの段階についても言えるのは、偶然でも人為的でもありうるってことかな」と彼女は言った。「でもね、そういうことにはどうも関心がもてなくて。だってかりに、陰謀論のあらゆる要素について確信がもてたとするでしょ。たとえば、アメリカ政府から見たらアフリカ人やアフリカ系アメリカ人の命なんて取るに足らないものだってこと。ゲイやドラッグ・ユーザーたちは虫けらみたいに扱われてるか、さもなきゃはっきり目のかたきにされてるってこと。軍が敵とみなした非戦闘員を殺す方法をことさらせっせと研究してるってこと。権力者たちは破滅的な環境変化や人口推移が起こるかもしれないのを落ち着きはらって眺めてるってこと。こういうのぜんぶについて、これはもうぜったいまちがいないって確信をもったとするじゃない。でもそれって、わたしたちがいま知ってる以上の、なにを知ったことになるんだろう」

この会話から何年ものあいだ、パットンのこの応答についてわたしはずいぶん思いをめぐらせてきた。そこになにかを可能にしてくれるものがあるように思えたのは、その反応のどこか心地よく、そしてにべもない悲観主義のせいだけではないと思う。それはきっと彼女の応答が「懐疑の解釈学」というような名札をつけてわたしたちの多くがぶらさげて歩いている知的重荷を荷解きしてみせる可能性を――その袋のなかの独立した要素のいくつかを、それらがたがいに嵌入しあったり重層的に決定しあったりしている歴史的関係から解きほぐす可能性を――指し示しているからなのだ。パットンの言葉が示唆しているのは、たとえばだれかが巨大でまぎれもなく制度的な迫害について理知的かつ怒りに満ちた見解を抱いていたとして、それが本質的ないし必然的にそのひとをなにかしら特定の認識論的または物語的帰結に結びつけることはないということだ。HIVの発生ないし蔓延が現実的にいって国家に幇助された陰謀に起因するものだったかもしれないと知っていること――こうした知識はけっきょくのところ、AIDSにかんするアクティヴィズムをおこなう知識人や団体のエネルギーをそういうありえそうな策謀の解明や暴露に費やすことがはたして最善の策かどうかということとは、別問題なのだ。そうするのがいいのかもしれない――とはいえやっぱり、そうじゃないかもしれない。倫理的に切迫してはいるものの、その選択は自明のものではない。このどうにも抗いがたい解明・暴露のプロジェクトに着手するかしないかは戦略的で個別的な決定を表すのであって、かならずしもカント的な定言命法ではないのだ。パットンの応答はどこか固着した問い――ある特定の知識が真実なのかどうか、そしてどうしたらその真偽を確かめることができるのか――から新たな問いへと踏みだすための空間を切り開いてくれるように思える。すなわち、知識はなにをするのか――知識を追い求めたりそれを手にしたり、公開したりすること、すでに知っていることについての知識を再び受容することは、いったいなにをおこなうのか。いってみれば、いかにして知識は遂行的《パフォーマティヴ》なのか、そしてその原因と結果のあいだでひとはどのように動くのがいちばんいいのか、といった問いを。

こう言ってしまえば、いかにも月並みなひらめきのように聞こえるだろうとは思う。知識がたんに存在するだけでなくなにごとかをおこなうものなのだと発見することなんて、今となってはもうすっかりマンネリ化している。けれどこうした発見がもつほんとうの力の大部分は、そもそもまさにこういう定式化を人口に膾炙させるにいたった批評理論それ自体が習慣的に実践されることによって削がれてしまっているような気がする。とりわけ、たとえばポール・リクールが「懐疑の解釈学」(*2)という忘れがたい名を与えたものに体現される生産性の高い批評傾向そのものには――これぞまさにあまねく浸透した批評的慣習で、いまやともすれば批評そのものの代名詞ともなっているわけだけれど――思いもよらずわたしたちを骨抜きにするような副作用があったのかもしれない。それはある知識と、その知識がそれを探し求める者、知る者、語る者にとってもつ物語的／認識論的含意との局所的で偶発的な関係を、解き明かすことをより可能にしたというよりはたぶん、その可能性をせばめてきたのではないだろうか。

リクールが懐疑の解釈学というカテゴリーを導入したのは、マルクス、ニーチェ、そしてフロイトやその思想的後継者たちの立場を説明しようとした文脈でのことだったのだが、そこではまたほかの学問分野の解釈学、たとえば文献学や神学における「意味回復の解釈学」についても語られていた。リクールがこのふたつのうち懐疑の解釈学の定式化をもちだしたのは、それを規範化するためというよりはあくまで記述したり分類したりするという意図によるものだった。しかし近年のアメリカの批評理論といえば、新歴史主義、脱構築主義、フェミニズム、クィア批評、精神分析批評といった主流批評理論のそこそこじゅうぶんな系譜がマルクス、ニーチェ、そしてフロイトだけをもってして作れてしまうような場なわけだから、懐疑の解釈学を適用することはほかの多くの可能性のひとつというよりはむしろ、強制命令としてひろく了解されているように思えてしまう。いまや懐疑の解釈学はフレデリック・ジェイムソンの「つねに歴史化せよ」と同等の神聖不可侵な地位にあり、その文言とおなじように戒律の刻まれた石版のなかで新たな位置にぎこちなく収まっているのだ。つねに歴史化せよ？「つねに」なんていう居丈高で無時間的な副詞くらい、歴史化にそぐわないものもないでしょうに。これを聞くと思い出すのは、ほかの車に乗ったひとたちにむけてご丁寧にバンパーに貼ってある「権威を疑え」という車のステッカーだ。すばらしいご助言をどうも。自動車にくっついた紙切れの言うなりに動くようなひとたちにはきっと無駄なアドバイスでしょうけど！　ことほどさように命令的な枠組みは、懐疑の解釈学の調子を狂わせる。

当然といえば当然のなりゆきとして、現代の批評実践において懐疑が方法論的な中心性を占めるようになると、それにしたがってパラノイアという概念が特権化されるようになった。パラノイアを患ったあのシュレーバー医師についてフロイトが書いた論文の結びの数段落のなかには、フロイト自身がシュレーバーの組織的迫害についての妄想と自分の理論のあいだの「際だった類似」とみなすものについての議論があらわれる。はたせるかな周知のとおりフロイトはのちに、次のような一般化をすることとなる。すなわち「パラノイア患者たちの妄想と我らが哲学者たちのシステムには、受け入れがたいような外的な類似と内的な親和性がみられる」――そしてフロイトにとってその哲学者たちのなかには、自分自身も含まれているのだった（12: 79, 17: 271〔一二：一八三、一六：一五七〕）。食わせ者のフロイトとはいえ、パラノイアと理論のあいだにあるとおぼしき一致が受け入れがたいものだったというのは本心だったのかもしれないが、かりにそうだったとしてもいまやそれはもう、受け入れがたいものとは見なされていない。とにもかくにもフロイトがこうした一致を言語化することはきっと、避けがたいことではあったのだろう。たとえばリクールはこう言っている――「マルクス、ニーチェ、そしてフロイトにとって意識の基本的カテゴリーというのは、隠れたもの／表されているものの関係、あるいはこう言ったほうがよければ、偽りのもの／顕現したものの関係なのだ。……したがってマルクス、フロイト、ニーチェをはっきり特徴づけるのは、虚偽意識の作用と暗号解読の方法という両者についての一般仮説なのである。このふたつは相性がいい。懐疑心に満ちた者は奸智に溢れる者がなす偽装の作業を逆さまにおこなうのだから」（33-34〔三九〕）。

奸智に溢れる者の裏の裏をかく、懐疑心に満ちた者。パラノイアはフロイト以降の思想家たちの手によっていまや公然と、診断どころか処方箋になった。だれだろうが制度的迫害の証拠を見つけるのに妄想にさいなまれている必要なんて一切無用のこの世の中では、パラノイア的な批評姿勢以外をもって理論化しようとすることはなんだろうと世間知らず、偽善的、あるいはまたおめでたいと思われるようになった。もちろんわたしにしたって、病理化のための診断名としての「パラノイア的」という語の使用に回帰すべきだなんて思ってはいない。それでもなおパラノイア的探究がいろいろありうる認知的／情動的理論の実践のひとつではなく、批評的理論的探究そのものと完全に重なりあうようになってしまうのは、大きな損失のように思えてしまうのだ。

批評理論全体において懐疑の解釈学に今日与えられている威信はとりあえず置いておくとして、クィア・スタディーズにはとりわけパラノイア的規範ときわだった親和性をもつ歴史がある。いうまでもなくフロイトは、患者が女だろうと男だろうと、あらゆるパラノイアの症例をことさら同性愛欲望の抑圧に結びつけていた。フロイトによるこの関連づけはホモフォビックな精神分析の文脈では伝統的に、同性愛者をパラノイア的だと病理化するためか、さもなくばパラノイアを同性愛に固有の病ととらえるために利用されてきた。けれど一九七二年に出版され、一九七八年に英語に翻訳された『ホモセクシュアルな欲望』でギィー・オッカンガムは、フロイトの定式化に立ち戻りながらこの有害な論理の飛躍を断固として再生産することのないような結論を引きだした。オッカンガムはこう推論する——もしパラノイアが同性愛欲望の抑圧を映しだすものなら、そのときパラノイアが特権的な位置から照射するのはフロイト派の伝統が思い描いてきたようなホモセクシュアリティそのものではない。むしろそうして照らしだされるのは、まさにホモセクシュアリティを排そうとするホモフォビアとヘテロセクシズムの強制メカニズムのほうなのだ、と。言いかえれば、パラノイアを理解することによって照射されるのはホモセクシュアリティがどのように作用するのかではなく、どうやってホモフォビアとヘテロセクシズムが作用しているかだ——そしてもしこれらの迫害様式を組織的なものだと理解するならば、それはこの世界がどのようにして動いているのかの別名でもある。

こうして一九八〇年代半ばには、パラノイアはホモフォビアに抗う理論の特権的な対象となっていった。しかしいったいどうやってパラノイアはその地位からこの短期間にかくも広がり、他の追随を許さないほど支持される方法論になるに至ったのだろう。この変遷をたどれはしないものかと思いながらわたしは、八〇年代の自分やほかの批評家たちの書きものを読み返してきた。今でこそ一考に値する変化のように思えるものの、それはその当時、この世でもっとも自然な成りゆきのように見えていた。原因の一端はパラノイアの性質そのものにある。平たくいえばパラノイアは伝染しやすいのだ。より具体的にいうとパラノイアは対称的な関係に、とりわけ対称的な認識論に引きつけられるのであり、またそうした対称性を作りだす傾向がある。レオ・ベルサーニが書いているように「興味を呼びおこすこととは、かならずやパラノイア的な読解をされることになるのを請けあうことである——ちょうどわたしたちが自分たちが呼びおこした数々の解釈にたいして避けがたく懐疑的にならねばならないのとおなじように。パラノイアとは解釈行為における不可避的な存在の一人二役なのだ」(Bersani 188)。盗人をとらえるためには、盗人がもうひとり必要だ(そして必要とあらば、自分が盗人にならなければいけない)。それは懐疑にたいする奸智を、奸智にたいする懐疑を駆りだす。「おなじ穴の狢――ご同類じゃなきゃ、むこうの正体なんてわからないんだから」。あるパラノイアの友人はわたしには彼女の心が読めるのだと信じこんでいるのだが、彼女がそう知っているのはわたしの心を読んでいるからららしい。猜疑心にあふれる書き手でもある彼女は盗作の事件現場にいつも居あわせる――犯人としてだろうが、被害者としてだろうが、とにかくそこに居あわせる。彼女はまた訴訟好きで鳴らす同僚でもあり、自分とおなじくらいわたしが名誉毀損法にも精通していると思っているのみならず、ついにはじっさいにわたしを名誉毀損法にしっかり通じさせる。(以上の例はすべてフィクションです。)

ホモセクシュアリティをとりまくフォビアの力学とパラノイアが妙に親密な関係性をもっているように思えることからすると、ホモフォビアに抗する研究のなかでもっとも有効で実りの多いものとなった読解実践が翻ってしばしばパラノイア的なものだったのは、構造的にいって不可避だったのかもしれない。とはいえこうした発展には構造的な理由だけでなく、歴史的な理由もあるにちがいない。というのもなぜしばしばフェミニズム理論、精神分析理論、脱構築、マルクス主義批評、ないしは新歴史主義といった、クィア以外の近年の批評プロジェクトのなかでパラノイア的方法論が特権化されているのかを、構造的な条件から説明することは一筋縄ではいかないのだ。パラノイアについての最近の議論のひとつは「一九六〇年代後半に流行ったある格言」を引き合いに出す――「きみがパラノイアだからって、やつらが狙いに来ないとはかぎらない」(Adams 15)。じっさいのところ、この公理のなんらかの変型(おそらくはヘンリー・キッシンジャーの発した「パラノイアにだって本当の敵がいるかもしれない」[*3])がベビー・ブーマーの脳裏にしっかりと焼きついてしまったおかげで、自分たちは悪意の認識論については一家言あるのだという幻想をわたしたちがあいもかわらずもちつづけているというのも、ありえそうなことではある。個人的な印象ではやはり、わたしたちはこの確認的《コンスタティヴ》な定式化をあたかもそれが自明な規範的強制力をもっているかのようにして猛烈な勢いでおこないがちなのである。パラノイアの人間でさえ敵をもちうるという註記はそのとき、あたかもその絶対的な必然の帰結がこんな命令であるかのようにして振りかざされるのだ——「だから、どんなにパラノイアになってもなりすぎることはない」。

しかしじっさいのところ、そのもともとの公理の真理値は（とりあえずそれが真理だとして）パラノイア的命令を自明なものにするわけではない。「いくらきみがパラノイアだからってきみに敵がいないことにはならない」ということがわかったあるひとは、それならパラノイアであることは敵を排するための有効な策じゃないのだ、と推論するかもしれない。「どんなにパラノイアになってもなりすぎることはない」と結論づけるかわりにこのひとは、「でもそれなら、敵がいるからってパラノイアにならなきゃいけないわけじゃないんだな」と内省する方向にむかうかもしれないのだ。つまりはまたもや、こういうことになる——だれかが制度的な迫害について現実的な見解を抱いていたとしても、それが本質的ないし必然的にそのひとをなにかしら特定の認識論的または物語的帰結に結びつけることはない。パラノイア的である（そしてこの語についてはもちろんあとでもっと注意深く定義しなければならないのだが）以外のありかたで存在することやパラノイア的形式以外で知ることを実践すること自体が、悪意や迫害の事実や重みを否認することを意味するわけでないのだ。

どうしたらわたしたちは、パラノイアをさまざまな可能性をもつ数々の認識論的実践のひとつとして位置づけるようなやりかたで理解することができるのだろう。フロイトをのぞけばこの目的にいちばん役立ちそうな定式化は、メラニー・クラインのものと（パラノイアが認知の様式だけでなく情動の様式でもあるかぎりにおいては）シルヴァン・トムキンズのものだ。クラインについて言えば、わたしにはクラインのポジションという概念——分裂・妄想《スキツォイド・パラノイド》ポジション、抑鬱《ディプレッシヴ》ポジションというような(*4)——の使用が、たとえば規範的に秩序づけられた段階やら、不動の構造やら、あるいは診断的な性格類型に比べてことにしっくりくるもののように思える。『クライン派用語事典』でヒンシェルウッドが書くところによると「「ポジション」という用語は、自我がその対象にたいしてとる特徴的な態度を指す。……［クライン］がポジションという概念によって示そうとしているのは、通常ではさまざまな発達段階にある固着点への退行としてとらえられるようなものに比べて、はるかに柔軟な往復運動の過程なのだ」(Hinshelwood 394〔五四八〕)。クラインのポジション概念に潜在するこの柔軟な往復運動は、パラノイア的な、そして修復的な批評実践についてのわたしの議論にも役に立ってくれると思う。つまりこれらふたつの批評実践は理論的なイデオロギーではなく(ましてや批評家たちの不変的性格類型などではなく)、移り変わる、そして異種混淆的な関係性のスタンスとしてのものなのだ。

クライン概念の最大の強みは、彼女が妄想《パラノイド》ポジションをつねにそれとはまったく異なるポジションとのあいだで揺れ動く文脈のなかで見ているということにあるように思える。そしてそのもうひとつのポジションが、抑鬱ポジションである。クラインの幼児や大人にとって妄想・分裂ポジションは——当然ながら憎しみや妬み、そして不安によってしるしづけられてはいるのだが——危険にたいする極度の警戒態勢だ。その危険は憎しみと妬みに満ちた部分対象から発せられるものだが、その部分対象とはひとが防衛的にみずからをとりまく世界を投射したものであり、世界から彫りおこすようにして作りだしたものであり、また世界から取りこみをおこなったものでもある。それとは対照的に抑鬱ポジションとは、そんな幼児や大人がほんのときおり、そしてたいていはほんの束の間とどまることのできる、不安緩和の達成である。それはそこからひとが殺人的な部分対象をなにか全体のようなものへと組みたてること、つまり「修復」することに自分のエネルギーをむけることができるようなポジションだ。とはいえ強調しておきたいのは、その全体というのはかならずしも以前に存在していたはずのどんな全体にも似てはいないということだ。それぞれが自分仕様に組みたてたら、そこにあらわれるのは自分を重ねあわせるのにも、あるいはまた今度は逆に自分を育み癒してくれるのにもぴったりな、より満足のいく対象だ。この修復の過程にクラインが与えた名のひとつが愛である。

クラインのポジション概念に組みこまれた可変性とそれぞれのポジションがたがいを規定しあうような性質をかんがみて、わたしもまたこのプロジェクトのなかでこうした力強い修復の実践をちゃんと評価してみたいと思う。そうした修復の実践はパラノイア的であることを自負する批評プロジェクトに宿っているものだとわたしには思えるし、それはまた非パラノイア的な知や発語を可能にするためにしばしばかかせないようなパラノイア的要請のなかにも、存在しているのだと思う。たとえばＨＩＶの起源についてのパットンの落ち着いた反応は彼女自身とほかの多くの人びとの入念な研究に基づいているのだが、その研究の大部分はパラノイア的に構築されることが必須だというように。

ここで議論を進めるにあたって便宜上、過去一〇年のうちに大きな影響力をもってきたふたつの研究を例にとって批評を試みたい。そのひとつはおおまかに言って精神分析的なもの、もうひとつはおおまかに言って新歴史主義的なものだ。けれどこの二例を検討するのには、便宜上という以上の理由もある。これら二冊（ジュディス・バトラーの『ジェンダー・トラブル』とＤ・Ａ・ミラーの『小説と警察』）はともに、わたし自身の思考の発展とわたしを惹きつけてやまない批評的動向の発展に中心的な役割を果たしてきたものなのだし、そうした中心性はまさにこれらの本の卓越した影響力と規範性を証しだてるものだと言える。興味深いことにこの二冊は、それぞれクィア理論のいろいろな流れにたいしてあくまで言外の関係というか一見周縁的な関係しかもっていないように見えるのだが、振り返ってみればしかしやはりこの二冊は、そうしたさまざまな流れの源泉となりそれらの根拠となるような位置づけにあるものだ。そして最後にもうひとつ、どちらもいまやその書き手たちの最新の研究を代表するものではなくなっているという事実によって、これらの本を例にとることもゆるされるのではないかと思う――つまりはだからこそ、どちらの本の読みの実践をめぐるわたしのあれこれの考察もいわば寓話的にその著者たちの名前に接着されることは免れうるのではないかと、そう願っている。

まず断っておきたいのは、ここではパラノイアそれ自体と早発生認知症（クレペリンによる分類）や統合失調症（ブロイラーによる分類）、あるいはもっと一般的にいって妄想症や精神病というようなさまざまな名で呼ばれる状態のあいだのどんな重なりあいについても、議論の範疇外においておくということだ。ラプランシュとポンタリスが指摘するとおり、精神医学の歴史ではこの重なりのマッピングがさまざまな形で試されてきた。「クレペリンはパラノイアと早発性認知症のパラノイア的形態をはっきりと区別する。ブロイラーはパラノイアを早発性認知症の、あるいは統合失調症のグループのなかの、ひとつのサブカテゴリーとして扱う。フロイトはといえば、ある種のパラノイア的形態の早発性認知症はパラノイアの範疇に入れてもよいだろうという心づもりがある。［たとえばシュレーバーの］「パラノイア的認知症」の症例は、フロイトにとっては本質的に厳密な意味でのパラノイアそのもの［だから、統合失調症の一形態ではないの］だ」（Laplanche and Pontalis 297〔三八二〕）。いっぽう後期クラインの著作では、精神病的な精神事象は子どもだろうが大人だろうが普遍的に起こるものであり、だからこそパラノイアのような機制は認知症のような診断的カテゴリーよりも存在論的にはっきりと優位にある。前もってこういうことを範疇の外におくとあえて強調しておきたいのは、くどいようだが真理値の問題と遂行的効果の問題を仮説のうえで解きほぐしてみたいと思うからなのだ。

ここで言おうとしているのは、パラノイア的実践に疑問を投げかけるべきおもな理由はそうした懐疑が妄想的かもしれないからとか、あるいはたんにまちがっているかもしれないからという可能性のほかにあるということだ。そしてまたそれにともなって、パラノイア的戦略を実践するおもな理由もそれが真の知識にたどり着くためのただひとつの道筋を示してくれるからという可能性のほかにあるのかもしれない、とも言えるだろう。パラノイア的戦略はあくまで知識を探し求め、見つけだし、体系化するひとつの方途を、つまりはほかの数々の方途のうちのひとつを、示しているにすぎない。パラノイアはある種のことについてはよく知っているけれど、ほかのことについてはあんまりよく知らないのである。

そんなわけでわたしは、自分がこの文脈で言わんとしているパラノイアとはなんなのかについて犯人の似顔絵みたいなものを描くことに着手してみたいと思う——差異化するための診断の道具としてではなく、実践におけるさまざまな差異をもっとよく見るための道具として。おもな見出しは次のようなものになる。

パラノイアは先回りする。
パラノイアは反射的かつ擬態的である。
パラノイアは強い理論である。
パラノイアはネガティヴな情動の理論である。
パラノイアは暴露に信頼を寄せる。

パラノイアは先回りする

パラノイアが先回りするものであることはこの現象についてのどんな報告や理論からも明らかだ。パラノイアの第一命令とは悪い驚きなどけっしてあってはならないというものであって、そしてなるほどいかにもこの驚きの忌避は、パラノイアと知識それ自体の親和性（そこには知識欲も懐疑論も含まれる）の地固めをするもののようだ。D・A・ミラーは『小説と警察』のなかでこう言う。「驚き……こそまさにパラノイアを思う者が排除しようとするものだが、同時にそれは彼にとって戦々恐々とする動機となり、なんとかしてそれを避けようと読書しつづけることによって、けっきょくのところ命からがら乗り切るものでもある。つまりパラノイア的人間は、けしてじゅうぶんにパラノイア的になれない」（Miller 164〔二〇七〕）。

一方向的に未来を志向するパラノイアの警戒は逆説的に、前向きにも後ろ向きにも掘り下げて探りをいれるような時間性にたいする複雑な関係をつくりだす。パラノイアはこう要求する——悪い驚きなどあってはならないから、そして悪い驚きの可能性を知ること自体が悪い驚きなのだから、悪い報せはつねにすでに知られていなければならない。ミラーの分析も示しているとおり、パラノイアの時間的な前進と退行は原則として無限だ。おそらくは、だからこその『ジェンダー・トラブル』におけるあのバトラーの反復的で磨きものでもするかのように徹底したデモンストレーション——あらゆる存在を包括せんとするジェンダー差異という大文字の《法》の強制に先立つ瞬間などありはしないという説明——なのだ。そしてまた、だからこそのバトラーのたゆまざる警戒、つまりそうしたありえないはずの「それ以前」という時間への郷愁の跡をほかの理論家たちの書きもののなかに嗅ぎとらねばという警戒心なのだ。なにか悪いことが起こるということ、それを「もう＝知って＝いた」には、それは「もはや＝すでに＝不可避だった」には、早すぎるということはない。そしてどんな損失であれ、その機先を制して計算に入れておくのに遠すぎる未来などないのだ。

パラノイアは反射的かつ擬態的である

パラノイアが対称的な認識論を作りだそうとする伝染性の志向をもっていることはさっきも指摘したのだが、そのときわたしが依拠していたのはパラノイアの二重の性質、つまりパラノイアが反射的であると同時に擬態的であるという性質だ。パラノイアとは理解されるためには模倣されなければならず、そしてまた逆に、模倣することによってのみ理解をおこなうものであるようだ。パラノイアはわたしにふたつのことを呼びかける――お前が（わたしに）できることくらい、なんだってわたしはもっとひどくできるんだぞ、そして、お前が（わたしに）できることくらい、なんだってわたしはお前よりも先にできるんだぞ。『小説と警察』でミラーは、ひとは自分自身でパラノイア的な知を実践しないかぎりパラノイアを理解できないし、そしてパラノイアがなにがしか理解しようとするときには対象を模倣しそれになりきることを方途とするのだというこのひとつがいの命題を、フロイトよりもさらに真正面から受け止めている。パラノイアはみずからがなにかを知る方法であるか、あるいは知られるべきものであるかのどちらかでしかないことを拒む――これら両方のポジションをとるのだという断固とした志向性によって、パラノイアは特徴づけられるのだ。パラノイア研究の決定版ともいうべきミラーの本の冒頭の数ページでは、これが諧謔に富んだ筆致で劇化される。「だけどおまわりさん……」と題された序文は、つねにすでに先読み的なこんな一文ではじまる。「凡庸極まりない（または愛想のかけらもない）「学術研究」でさえ面倒に巻き込まれることは危惧する」のであり、そのなかには「とくにそいつらからの攻撃は予期しておかねばと書き手を躍起にさせる敵たち」との揉め事もある（vii〔七〕）。この本の最終段落でミラーが『デイヴィッド・コパフィールド』について述べているように、彼自身もまた「主体が規律に「抗って」自己形成をすることはそのじつ、その規律をみずからの名において」――またはたぶん、みずからの身体によってさえも（191〔二三八—三九〕）——「ひきうけることによって可能にされているということを、そこかしこでほのめかしているのだ」（220〔二七七〕）。

なるほど、それならパラノイアがひとたび診断以外の文脈にもちだされると、理解のためのほかの方法あるいはほかに理解すべきもののあらゆる意味での可能性を、過飽和状態にある溶液の結晶のごとくみるみる吸いとって大きくなっていくのにも合点がいく。パラノイアがこの意味では不可避的に「強い理論《ストロング・セオリー》」であるということの意味合いについては、またあとで話したいと思う。けれどそれよりいっそう重要かもしれないのは、パラノイアがもちうる政治的あるいは文化的闘争の媒体としての潜在力がパラノイアの模倣性によってどれだけ大幅に制限されてしまうかということだ。わたしが一九八六年に書いた論文で指摘したとおり（偶然にもそこで暗に言及していたのはのちに『小説と警察』に収録されることになった論文のひとつだったのだが）、「ここで問題なのはたんにパラノイアがひとつの愛のかたちであるということではない。だって——ある種の言語でいったなら——そもそも愛じゃないものなんてあるだろうか。問題なのはむしろ、パラノイアはあらゆる愛情のなかでもっとも禁欲的な愛、対象にたいしてもっとも要求しない愛だということだ。……フーコー主義のパラノイア人間が紡ぎだす華麗なる語り、諸々の制度の同時多発的な混沌を脱出と再捕縛が無限ループする息をのむほどみごとな連続的ダイアグラムへと書き換えるその語りは、それによってパラノイア的主体が自分と自分の認識能力の才能を差しだしているものでもあるのだが、パラノイア的主体がそうやって、それが脅したりすかしたりしながら仕掛けてくるようなものにはなんだってわたしは覚悟はできているんですよ、といっておのれを差しだしている相手というのは、その瞬間まではただ語りの可能性と身体、そして認識作用だけを欠いていた、崩壊した「ものの秩序」なのである」（*Coherence* xi）。

ひどく還元的になる危険を承知でいえば、この先読み的で模倣的なメカニズムは近年のフェミニズムやクィア・スタディーズで精神分析が使われるときのひとつのきわだった特徴を理解する助けになるのではないだろうか。精神分析に対抗しているたくさんの理論家たちほど徹底的に——なかでもバトラーのひたむきな闘志は抜きんでているが——「性的差異」と「ファルス」についての諸事実（それがいかに人工的だとしても）がどれだけ動かしえず、縮小することも避けてとおることもできず、あらゆる精神的結節点において遍在する中心性をもっているかを飽くことなく力説しようとする精神分析家など、ラカンをのぞけばほとんどいないだろう。こういうしばしば同語反復的な研究から見てとるのがおそらく難しいのは、精神分析思想の歴史——フロイト以降の、たとえばメラニー・クラインの後期の著作などもふくむ歴史——には人格や意識、情動、親子関係、社会力学、そしてセクシュアリティのいろいろな側面を考えるための多様性に富んだ異種混淆的な道具があるということであり、そしてまたそうした道具はえてして、ジェンダーの経験やクィアであることの経験に関係はあるにしても、「性的差異」を中心として体系化されているわけではないということだろう。そうしたいろいろな概念は「性的差異」より以前に存在するというわけではない。たんにそれは「性的差異」のわきにあるものとして、たとえばわずかに接していたり偶発的に関係していたり、あるいはあんまり関係がなかったりさえするものとして概念化されているのだ。

精神分析その他の近代哲学・科学に広くみられる、偏向に満ちたジェンダー物象化の枠組みの外側で人間の生の営みを考えようと心血を注ぐ理論家たちにとって、こうして蓄積されてきた思考や推論はいっけんすると大切なリソースとなるのではないかと思える。けれどむしろじっさいに起こってきたのは次のようなことだと思う。第一に、フェミニストやクィアたちはそうしたジェンダー物象化の支配力からアプリオリに影響を受けていないような精神分析思想の主題や領域など存在しないのだと、用心深い探査の作業ともいうべきものによって正しくも理解してきた。ところが第二に——そしてこれは不必要で、しばしば有害でさえあるとわたしには思えるのだが——こうした影響からのアプリオリな自由の欠如、いいかえれば精神分析の内部には偏向がないことを保証されたフェミニズム思想への糸口がどこにも存在しないということが、一部の思想家たちを先読み的で模倣的な戦略へと導いていった。それはすなわち、ある種の性的差異化の定型化した暴力が、ただひたすらその可能性が排除できないからという理由のみによってその存在を前提とされる、あるいは自明とされる——必要とあらば、押しつけられさえする——という戦略だ。（ただし「模倣的」という言葉を使うことで言おうとしているのは、こうした研究における精神分析的なジェンダー・カテゴリーの使用がもとのカテゴリーに批判的でないとか、それとおなじものだとかいうことではない。ほかのだれにもましてバトラーは、「模倣的」という概念だって使いようによってはそんなにうんざりするものでもないことをわたしたちに教えてくれた。）しかしたとえばこのポスト・ラカン派的な伝統では、そもそもファルス的な「性的差異」を中心として体系化されていない精神分析的な思考がなんだろうと理論的な使用に耐えるものになるためには、たとえどんなに歪曲化をともなう結果になるにしても、そういう思考はどうやらファルス的言語に一度変換されなければならないように思える。そこでは「性的差異」以外の枠組みで思考するという偶発的な可能性は、あるパラノイア的命令の二の次にされることになる。それはすなわち、そのようなジェンダー物象化の暴力が前もって確実に食い止められないのなら、せめてその暴力はどんな概念的な場面においても断じて驚きとして現れてはならない、という命令だ。パラノイア的な世界観においてこうした物象化が予期されずにいることは、それがおうおうにして揺るぎない立場に置かれていることよりもはるかにもっと危険なことなのである。

パラノイアは強い理論である

パラノイアがシルヴァン・トムキンズの著作のなかで「強い情動の理論」——この場合では強い屈辱の理論あるいは強い屈辱と恐怖の理論——と呼ばれるものの格好の例として扱われるのは、こんな理由からなのだ。第三章でも説明したように、トムキンズの「強い理論《ストロング・セオリー》」という用語の使いかた、というかそもそも彼の「理論《セオリー》」という用語の使いかたには、二重の意味合いがある。トムキンズはいわばパラノイアと理論のあいだにあるかもしれない共通点についてのフロイトによる考察から、さらに一歩踏みこむ。初期サイバネティックス理論に特有のフィードバック原理への関心に彩られたトムキンズの説によると、どんなひとの認識的／情動的生の営みもさまざまな情動の理論にしたがって組み立てられており、そうした数々の情動の理論はそれぞれ選択可能で、可変的で、戦略的で、そしてみずから仮説を立てるものなのだという。その結果、フロイト的存在による理論化《セオライゼーション》の行為と、いわばその分析対象であるひとによる理屈づけ《セオライゼーション》の行為の間には、そもそものはじめから存在論的な差異は存在しないということになる。トムキンズはフロイトの理論にメタレベルの省察が存在しないと言っているわけではない。そうではなく、情動、それも日常的な情動そのものが、どこまでも身体的なものでありながら同時にフィードバックの原理によってまさにそうした理論的メタレベルへのアクセスを中心として形成されてもいると示唆しているのだ。トムキンズにとっては、科学者や哲学者が情動についておこなうような重要で明示的な理論化という意味での情動の理論と、すべてのひとが自分や他人の情動を経験したりそれに向きあったりするときにほとんどの場合潜在的におこなっているような理論化・理屈づけ《セオライゼイション》という意味での情動の理論のあいだに、まったくのところ隔たりはない。

このときパラノイアを強い理論と呼ぶことは、それをおおいなる達成としてたたえること（それはたとえばハロルド・ブルーム[*5]にとってミルトンが強い詩人であるというような意味で強い理論ということになる）であると同時に、分類することでもある。つまりそれはほかにもたくさんありうる情動の理論のひとつなのであり、さらにトムキンズの説によればどんなひとの精神生活であれおそらくは、たがいに絡みあったさまざまな種類や強度をもつたくさんの情動の理論によって構成されている。なにより強調すべきはトムキンズにとって強い理論が対比されるのが弱い理論《ウィーク・セオリー》であるということなのだが、この対比においてはどんな局面でも強い理論のほうばかりが旗色がよいというわけではない。強い理論がカバーする範囲とその還元力——その概念的な効率の良さというか鮮やかさ——は、長所であるだけでなく短所でもある。トムキンズのなかで強い理論が強いとされるゆえんはけっきょくのところ、それがいかにうまくネガティヴな情動を回避したりポジティヴな情動を見いだしたりするかではなく、その理論が体系化する領域の大きさと位相によるものなのだ。「広汎な一般性をそなえた理論というのは」とトムキンズは言う——

一見たがいに遠く離れているような事象や、通常の情報源から隔たっているような広大な範囲におよぶ事象について説明をおこなうことができるものだ。これはどんな科学的な理論の説明能力が評価されるときにも使用される、一般的に受け入れられている尺度である。「近い」現象だけを説明できる理論であるかぎりにおいてその理論は弱い理論なのであって、それが説明すると主張する現象を描写しているのとたいしてかわりはない。より隔絶した事象を単一の定式のなかに組み込めば組み込むほど、その理論の力は増す。……屈辱の理論が強いのは、ひとつにはそれがさまざまな経験をどんどん屈辱的な経験の例として説明することを可能にするからであり、あるいはまたそうしたことが実際に起こる前にそのような不慮の事態を予測することをますます可能にするからである。（*Affect* 2: 433-34）

この説明が示すとおり、屈辱の理論は屈辱を排除したり和らげたりすることによって強いものになるのではなく、まさにそうすることに失敗するかぎりにおいて強さを増すのである。トムキンズの結論はすべての強い理論が効果的でないというものではなく――じっさい、強い理論はあまりにも効果的になりすぎるのかもしれない――むしろ「情動の理論が弱いものであるには、効果的でなければならない」というものだ。すなわち「限定的で弱い理論はかならずしも個人をネガティヴな情動から首尾よく守りきることはできないかもしれないが、もしネガティヴな情動から守ろうとしないのならばそれは弱い理論でありつづけることはできないということがここにきてより明確になってきただろう。逆にいえばネガティヴな情動の理論が力を増すのは、逆説的にネガティヴな情動の経験を首尾よく回避して防御をほどこすための戦略に失敗しつづけることによってなのだ。……ネガティヴな情動経験のくりかえされる、そして一見して制御不能な広がりこそが、観念＝情動的組織体の強度を増すように駆り立てるものであり、そしてそれこそがここまで強い情動の理論と呼んできたものなのだ」(2: 323-24)。

あるひとつの情動の理論というのはなにより、選択的な探査と増幅の様式のことである。だからこそどんな情動の理論であれどこか同語反復的になる危険をおかすことになるのだが、わけても強い理論はそれがカバーする広い範囲と透徹した排除性によって同語反復的になる危険性が高くなる。

独占的な屈辱の理論には過度な体系化が存在すると述べた。これが意味するのは、通常であればもっとたがいに独立したものであるはずの副次システムのあいだに過剰な統合が起こっているということだけではない。それはそれぞれの副次システムが屈辱の経験を最小化するという目的に特化しすぎているということでもある。……認知機能全体が、差し迫ったものであろうとずっと先のものであろうと、曖昧であろうと明白であろうと、さまざまな可能性にたいしてつねに警戒状態にあるのだ。

どれほど高度に組織だった探知の取り組みにもいえるように、偶然にゆだねられることはできるだけ避けられる。敵が攻撃を仕掛けてくる可能性のあるあらゆる場所に探知機のアンテナがはりめぐらされている。もしかしたら万に一つもなにか関連性のあることが探知される可能性もあるかもしれないと、あるいはまたべつべつのふたつの情報をより合わせれば敵の意図についてなんらかの兆候が示されるかもしれないと、諜報部員たちは関係のなさそうな会話でさえ傍受することだろう。……けれどなによりきわだっているのは、関連性のありそうなものは即座に抽出されて拡大され、そしてその他のものは廃棄されるという、高度に組織化された情報解釈の方法なのである。（*Affect* 2: 433）

かくして起こるのが読者にとっては同語反復的に見えてしまうようなあの説明の仕組み、つまりはじめの想定と寸分たがわずおなじものを証明することをやめられないし止められないし、それ以外のことがまったくできないというようなあの説明の仕組みが、にもかかわらずそれを実践している者にとっては真実と正当性の立証にむかう栄光に満ちた前進として経験されてしまうというような事態なのである。

けれどより日常的な場では、このドラマの役割はもっと入り混じっているか、またはもっと広範に分布している。『小説と警察』の中心的な議論、つまりこの本の強い理論がまったくもって循環的であると聞いて仰天するような読者はそう多くないだろうし、ついでにいえば著者本人だってきっとたいして驚きもしないだろう。その議論とはすなわち、あらゆるものは監房的なものの一側面として理解できるのだし、それゆえ監房的なものはいたるところにあるというものだ。だけどいったいどこのだれがこの中心議論が正しいかどうかを見極めようとして『小説と警察』を読むというのだろう。この場合、そしてまた「性的差異」の同語反復についてもしばしば言えることなのだが、その理論を強くするものである守備範囲の広さは同時に、語りの声のニュアンスやふるまい、世慣れた洞察、パラドックスの遂行的な実演、攻撃性、繊細さ、ユーモア、創意あふれる読解、傍論、そして書き手としての魅力などがふんだんに立ち現れる場を提供もする。そしてミラーの本はあらゆる機に乗じてこういうものを巧みに利用してはばからない。こうした特典があまりに局所的にあまりに頻繁に現れるものだから、それを目にした読者は、じつはこのゆるく繫がっているだけの弱い理論の大群はこの本のすべてを覆い尽くそうとする強い理論の肥大化した抱擁の庇護のもとに招き入れられているものなのだ、と言いたくなってくる。こういう強い理論と弱い理論の関係性はいろいろな意味で諸手を挙げて歓迎すべきものだ――示唆に富み、読み心地よく、そしておおいに生産的でもある。すべてのものはひとつのことを意味するのだというくどい主張は、どんなわけかそれを意味するありとあらゆる方法についての感受性を鋭敏にしてくれるのだ。とはいえまた、学生やほかの批評家たちがえんえんとおこなってきたこの本の仮借なく強い理論の二番煎じ的な書き換えのすべてに目をとおさずとも、強い理論と弱い理論のあいだのこのあやふやな関係に潜む限界を見てとることはできるだろう。強い理論として、そして反射的模倣性の場として、パラノイアの特性とはなにをおいてもまず、教えやすいということだ。強い理論の強大な守備範囲と還元力は同語反復的な思考を見分けにくくするだけでなく、それを余儀なく、そしてほとんど不可避のものにさえする。その結果として書き手と読み手はともに、はたしてじっさいに概念的な仕事がおこなわれているのかどうか、おこなわれているとすればそれはどこでなのか、そしてその仕事とはじつのところなんでありうるのかといったことを、自己破壊的に見損ねてしまうのである。

パラノイアはネガティヴな情動の理論である

トムキンズは質的に異なるたくさんの情動を区別してはいるのだが、同時にまた目的によっては情動同士をゆるくまとめてポジティヴな情動とネガティヴな情動に分けたりもしている。このような条件でいうと、パラノイアはたんに弱い理論にたいする強い理論としてだけでなく、ネガティヴな情動の強い理論としても特徴づけられる。トムキンズによると、それぞれの人間のなかではさまざまな情動の包括的目標が潜在的にたがいに対立しあいながら存在している。パラノイアがネガティヴな情動の強い理論であることが重要になるのは、こうした目標に照らしたときのことだ。というのもトムキンズはまず、ネガティヴな情動を最小化しようとするおおまかな目標とポジティヴな情動を最大化しようとするおおまかな目標とを区別している。（なおトムキンズが見出しているほかのより細かい目標にはそれぞれ、情動の抑制は最小限でなければならないというものと、これら前出の三つの目標を達成するための力を最大化しなければならないというものがある。）ほとんどの実践では――つまりほとんどの生においてはということだが――これらふたつの、あるいはすべての目標どうしのあいだで小さくて微妙な（とはいえ積み重なれば強力な）交渉がなされている。だがトムキンズによれば、ネガティヴな情動を予測するという独占的な戦略の増殖的で自己確認的な力は、ポジティヴな情動を求めようとするという潜在的に作動しているはずの目標を完全に阻害するという結果を生みかねない。「［パラノイアの人間が］ポジティヴな情動を追い求めることがまがりなりにもあるとすれば、それはただポジティヴな情動が約束する屈辱にたいする防御という意味においてだけである」とトムキンズは書く。「必要時にその恩恵に浴するというならまだしも、ポジティヴな情動を最大化するという戦略を真面目に受け取ることなどまったくの論外なのだ」（*Affect* 2: 458-59）。

おなじように一九四〇年代から五〇年代にかけてのクラインの著作では、幼児あるいは大人が妄想《パラノイド》・分裂《スキツォイド》ポジションの提供する痛みの予防措置という敗北主義的であるがゆえに自己強化的な戦略を追い求めつづけるかわりに、持続的な快の追求へとむかって進む（これは抑鬱ポジションの修復戦略によるものだが）ことは、ひとつの実質的な達成を表す。それははっきりとした、そしてしばしばリスキーなポジション替えである。クラインにおける抑鬱ポジションについての議論のなかでふつうよく強調されるのは、このポジションが倫理的な可能性を創始することだろう。その倫理的可能性は罪悪感に満ちた共感的な他者観、つまり他者とは同時に善きもの、損なわれたもの、それ自体で完全で、愛とケアを必要とし、わたしたちからそうしたものを引きだすものであるという他者観のかたちをとるものだ。けれどもこのような倫理的可能性は、フーコーが「自己への配慮《ケア》」と呼ぶものにむかって主体が進むことの上に成り立ち、そしてそれと重なりあう。その「自己への配慮」とは、自己にたいしてよろこびと慈しみを、それをとりたてて提供しようという気もなさそうな世界においてみずから施そうという、硝子細工のような憂慮なのだ。

　ここでのクラインとトムキンズの概念的戦略はそれに類似したフロイトのものよりも精緻であって、そして重要な意味で偏向がすくない。第一にフロイトは快楽の追求と痛みの回避をともに、あたかもこのふたつの動機が抜本的にちがうものである可能性などないかのように、なにやら始原的であるらしい「快楽原則」の傘下に収める。[1] 第二にフロイトのなかでは痛みを予防しようという戦略のみが、「現実原則」へ発展的達成へと（不安というかたちで）展開していく。これによって快楽の探求はつねにそこにあるとおぼしき検証不能で尽きせぬいかにも「自然」な動機の地下水脈のようなものとされ、それが提示する唯一の課題はといえば、ただどのようにしてその抑えきれない噴出をコントロールするかに尽きるということになる。けれどおそらくさらに問題なのは、このフロイト的図式が不安に満ちたパラノイア的要請を、つまり痛みと驚きを予防することの不可能性とそしてその想像上の必要性を「現実」として——真の知識の唯一で不可避なモード、動機、内容、そしてその証として——こっそり導入しているということだろう。

このときフロイトのなかにはプルースト的な認識論が存在する余地など（自己欺瞞という例を除けば）存在しないということになる。それは『失われた時を求めて』の最終篇で「人間の情熱や性格や振る舞いについてのおびただしい数の真実がわたしのなかでひしめき合っている」と感じる語り手が、「［それらを］感知することがわたしに歓びをもたらす」かぎりそうしたものを複数的な真実として認識するというような、そんな認識論だ（6: 303［一三：四九七］強調筆者）。パラノイア的なフロイト的認識論では真実が思いがけず歓びとなりうる場合さえあるという想定だってはなはだ信じがたいのに、まして歓びが真実の保証人になるなんてまったく想像を絶している。なにかを知ることのよろこびがその知識が真実たることの証拠としてとらえられるというのは、たしかにどんな観点からいっても循環的というかなんたるかではある。けれどポジティヴな情動の強い理論、プルーストの語り手が最終篇『見出された時』においてむかっていくようなそれは、たとえば第五篇『囚われの女』での彼のパラノイアに現れるようなネガティヴな情動の強い理論の同語反復性と似たり寄ったりなのだ。（というかむしろ、ポジティヴな情動の追求がひじょうに強い理論を形成する可能性はずっとすくないということを考えに入れると、同語反復の傾向はむしろ弱いということになるかもしれない）。いずれにせよ、それぞれの理論に異なった主要動機を——いっぽうには痛みの予測を、もういっぽうには快の提供を——もたせてみたとして、そのどちらにしろもうかたほうより現実的であるとは言えないのである。ふたつの理論が「現実」について異なる査定をしているというのだって、かならずしも正確ではない。つまりいっぽうは悲観的でこのグラスは半分空っぽだと見ていて、もういっぽうは楽観的でこのグラスには半分入っていると見ているというようなことではないのだ。喪失や痛み、迫害に満ちた世界では、どちらの認識論もおそらくは深い悲観主義に根ざしている。けっきょくのところクラインの説で快楽追求という修復的動機が訪れるのは、抑鬱ポジションの獲得があってこそのことなのだから。もちろんそれぞれが見つけようとしているものは――くどいようだがそれぞれがなにかを見るための動機となっているのは――おおいに異なったものにはならざるをえない。とはいえしかし、みずからの情動的な動機と力を否認してまさに真実の本質でございという顔をしてとりすますという徹底的な実践をしているのは、ふたつのうちパラノイア的知識のほうだけなのである。

パラノイアは暴露に信頼を寄せる

パラノイアがみずからの動機についてどんな説明をしていようと、じっさい問題としてパラノイアを特徴づけているのは知識それ自体の――それも暴露というかたちをとる知識の――効果に寄せる絶大なる信頼である。パラノイア的知がどうにも抗いえないほど物語的なかたちをとるのはもしかしたらそのせいなのかもしれない。施設から出たひとが街頭にたたずみ、この街のほかのすべてのひとに裏切られ罠にはめられたと嘆きながらもなお、大事な文書の詰まった手垢まみれのファイルをどうか見てくれとあなたに乞い願うのとおなじように、パラノイアはこれ見よがしの懐疑心にもかかわらず、その物語がなんとかしてついに、今度こそ真に人びとの知るところになりさえすれば、きっと自分の仕事は達成されるとでも言わんばかりに振るまう。事情に暁通した聞き手がそれでもなお無関心だったり敵意をもっていたりしうるということ、あるいは助ける手立てなどもってはいないかもしれないということは、可能性としてほとんど浮かびもしない。

懐疑の解釈学たるものが暴露の効力にはこんなにも純朴な信頼を寄せているように見えるのはなんとも奇妙なものだ。けれどニーチェ（道徳の系譜学をとおして）、マルクス（イデオロギーの理論をとおして）、そしてフロイト（理想と幻想の理論をとおして）は、リクールのことばを借りればすでに「収斂しあう脱神話化の手続き（34〔三九〕）を、そしてそれゆえまたみずからのロジックでは説明しようもないようなそうした手続きの結果への信頼らしきものを体現している。たとえば大きな影響力をもってきた『ジェンダー・トラブル』の終盤部分でバトラーは、脱神話化を「ゲイやレズビアンの実践の照準」（124〔二二〇〕）として支持するような議論をこんな主張をしながら提示している——たとえば「暗にドラァグはジェンダーそれ自体がもつ模倣的な構造をあばくのである」（137〔二四二〕）、「セックスとジェンダーがパフォーマンスによって脱自然化されていることがわかる」（138〔二四二〕）、「ジェンダー・パロディはそのもととなっているアイデンティティが……ひとつの模倣なのだということをあばく」（138〔二四三〕）、「ジェンダー・パフォーマンスはジェンダーそのもののパフォーマティヴィティを実演してみせあばく」（139〔二四四〕）、「パロディ的な反復は……不変のアイデンティティという幻想効果をあらわにする」（141〔二四八〕）、「ジェンダーのパロディ的な反復は……ジェンダー・アイデンティティという幻を白日にさらす」（146〔二五六〕）、そして「「自然なるもの」の誇張された表現は……その根源的な幻想性をあばく」（147〔二五七〕）のであり、「その根源的な不自然さをあらわにする」（149〔二六〇〕すべて強調筆者）。

わたしが思うにこうした言明のパラノイア的衝動をしるしづけているのはたぶん、その反射的模倣性の強調さえも霞ませるような暴露への信頼らしきものなのだ。そういう意味では懐疑の巨匠たる『小説と警察』の著者さえも「近代の規範規律それ自体がひとつの問題であることをあらわにするための、さらなる可視性の「フラッシュ」」（ix〔九〕）なるものを提示することを買ってでて、結果的にはもっとおもしろみに欠ける最近の多くの批評家たちのならわしを代弁することになっている。あたかもそれは、なにかを問題として可視化することがその解決までホップ・ステップ・ジャンプの三段跳びでたどり着けるような距離にあるとまでは言わないまでも、すくなくともその方向にむかうための自明の一手ではあるとでも言わんばかりだ。『小説と警察』のミラーは、すべてにおいてそうだとは言わないがすくなくともこの点では、新歴史主義者の鑑として書いている。というのも新歴史主義者の書きぶりはびっくりするくらい、あるたったひとつの支配的な語りの威光に依拠しているのだから――すなわち、近代のリベラルな主体の系譜に潜む暴力をあらわにして問題化するという語りに。

新歴史主義がまだ新しいものだったころからだいぶ月日も経って、そうしたパラノイア的暴露のプロジェクトがいろいろな意味でもっと特定の歴史に属するものなのかもしれないということが見てとりやすくなってきた。「近代のリベラルな主体」。いまとなってはそれが、歴史物語の唯一無二なる終着点として当然の選択だなどとはとうてい思えない――あるいは思えないはずである。この近代のリベラルな主体なるものたちが、いったいどこにいるというのだろう。世俗的・普遍主義的なリベラル・ヒューマニズムの根底に潜む歴史的暴力をあばきだすことにかけては名人級の大学院生に、毎日のようにわたしは出会う。けれども彼らの教師の人格形成期とはちがって、こうした学生たちは物心ついたときからずっと排外主義的レーガン―ブッシュ―クリントン―ブッシュ政権下のアメリカで育っているのであって、そこでは「リベラル」であることはむしろタブーのカテゴリーなのだし、「世俗的ヒューマニズム」なるものは社会のかたすみにいる新興宗教の一派かのように日々扱われている――圧倒的多数の人びとがいくつもの目に見えない存在たち、天使やら悪魔やら神様やらといったものたちとの直接的な交感をおこなっているのだとのたまっている、まさにそのかたわらで。

さらにいえば隠された暴力をあらわにするという解釈のプロジェクトの力は、どんなものであれ文化的な文脈によるはずだ。たとえば初期のフーコーの著作のなかで想定されているのは暴力はとがめられるべきものであり、だからこそはじめから隠されているのだというような文脈だ。しかしいついかなる瞬間をとってみても若年黒人男性の四〇パーセントが刑罰制度のなかに置かれているような国で、権力の策謀をわざわざ暴露する必要がどこにあるんだろう。アメリカ国内でも国際的にも暴露を必要とする隠された暴力というのはたくさんあるが、それと同時にそもそも超可視的なかたちの暴力があばかれるべき恥ずべき秘密ではなく典型的な見せしめとして存在するという風潮があるのだし、そういう傾向はいや増しに増している。たとえばアルゼンチンにおける拷問や失踪、ボスニアで民族浄化の手段としておこなわれている集団レイプなどをめぐる人権問題の論争が示しているのはこれまで隠されていたり自然化されたりしていた慣行をあばくことではなく、異なる可視性の枠組みどうしの闘争である。すなわち、そもそもからして戒め的で見世物的な暴力は、狙いを定めて特定のコミュニティーのメンバーにたいする公的な警告あるいはテロとして作用することを目論まれているのであって、それに対抗できるのは可視性の開口部をずらして向きを変える（もちろんただそれを拡大することも必要だが）ための努力なのだ。

こうした批評実践のもうひとつの問題はこうだ。可視化そのものが暴力の大部分を占めているような社会の枠組みについて、はたして懐疑と暴露の解釈学に語るべき言葉はあるのだろうか。南部のいくつかの州では囚人同士を鎖で繋いで就労させる行為が復活させられているが、その要諦は受刑者が重労働に処されなければならないということよりもむしろ、それが世間の目にさらされておこなわなければいけないということにある。そしてマイケル・フェイのむち打ち(*6)をめぐって声高に表明されたシンガポール式司法へのアメリカ人の熱狂は、むきだしにされた恥の烙印こそ生意気な若造に医者が煎じるべき薬なのだという気運の高まりをさらけだした。そして特筆すべき歴史的変化の指標がもうひとつここにある——かつての死刑廃止論者たちは、もし死刑がどうしても実施されなければならないというなら、これまで隠されてきた司法の暴力を公表することで国家と観衆を辱めるべく、その執行は公におこなわれなければならないと論じたものだった。いまやテレビこそ執行にふさわしい場所であると祝勝の熱狂をもって考えているのは、死刑反対論者ではなく死刑のチアリーダーたちのほうだ。自由放任のうわべに隠された抑圧と迫害の跡を可視化するという文化批評家たちが骨を折って身につけたその技に、つけるべき値札などもはやない。

さらにつけくわえるとパラノイア的な暴露への信頼が依拠しているように思えるのは、こうした公表を受け取る側の人びとの無尽蔵な素朴さである。ある社会的な徴候が人工的だとか自己矛盾に陥っているとか模倣的だとか幻想だとかさらにいえば暴力的だと知ったら、だれだってきっと驚いたり困惑したりはては奮いたったりするにちがいない——そんな想定の根拠はいったいぜんたいどこにあるのだろう。ペーター・スローターダイクが指摘するように、冷笑主義《シニシズム》あるいは「啓蒙された虚偽意識」——みずからが虚偽であることを、つまり「すでに反省によって和らげられたみずからの虚偽性」を自認した虚偽意識——は「啓蒙された人びとのあいだで広く一般に普及している、自分たちがいいカモだと思われないようとりはからうための方法」(Sloterdijk 5〔一八—一九〕)をとっくに体現している。イデオロギーが自己矛盾に陥っているとかシミュラクラにはオリジナルがないとかはたまたジェンダー表象が人工的だとか、どれだけテレビに飢えてればそんなことに仰天できるっていうんだろう。わたしが思うにたしかにまちがいなくこういう冷笑主義は流布してはいるが、それは多くの人びとの精神的な生態系《エコロジー》を形成する多種多様でたがいに競いあうたくさんの理論のなかのひとつにすぎない。暴露記事や脱神話化、証言のなかには大きな効力をもつものもある(それはえてして思ってもみなかったような力ではあるのだが)。けれどもおなじくらい真実で説得力のあるものの多くがまったく効力をもたないのが現実である以上、こうした行為の効力や方向性は知識そのものとの関係以外のところに宿るのだと認めざるをえないだろう。

一九八八年にあって——それはつまり、アメリカがレーガン政権を二期にわたってしっかり経験したあとでということだが——D・A・ミラーはフーコーに倣い、「リベラルな社会がその管理下にある一人ひとりに約束している、徹底的で途切れることのない「司牧的ケア《パストラル》」」（viii〔八〕）を脱神話化することを提案する。ご冗談を！　わたしにとってセラピストに病気扱いされることなんて、精神保健がみるみる保険適用外になっていくことに比べたら屁でもない。しかもそれだってそもそも健康保険があるというものすごい幸運があってこその話なのだ。〔一九七〇年代の〕納税者の反乱[*7]が始まって以来、合衆国政府は——そしてほかのリベラルな民主主義と呼ばれる体制の多くも——その管理下にあるものたちへのケアの責任をじつにそそくさと脱ぎ捨てようとしている。そのすきまを埋めるほかの制度などないままに。

　こんな展開はしかし、新歴史主義者の文章のどんな読者だろうとてんで予想だにしなかったものだろう。新歴史主義者は一九六〇年代と七〇年代に頂点を迎えた世俗的福祉国家の完全なる系譜を、事態がなぜ永久にますますこの傾向を強めつづけるにちがいないかについての一分の隙もない証拠とともに提示してきたのだから。一九九四年に打ちだされた共和党の「アメリカとの契約」[*8]の影響を予測することができなかったといって、八〇年代の書き手を責めることなんてだれにもできはしない。けれどもしミラーが言うように「驚き……こそまさにパラノイアを患う者が抹消しようとしているもの」だとしたら、新歴史主義はパラノイアの一形態としてものの見事に大コケしたと認めざるをえないだろう。新歴史主義の「現在でも事態はかんばしくないし、物事はますます悪くなるばかり」という全体的な趣旨はそれこそ反論を受けつけないものだが、多少なりとも具体的な予測のための有用性——そして結果として、対抗手段を講じるものとしての有用性——はといえば、ここまでのところゼロに等しい。さらにいえば変化を予測することの加速度的な失敗は、これまでにも議論してきたようにパラノイア的プロセスの性質にしっかり織りこみずみなのだ。予測もしなかった災害が起こるたびにパラノイアの勢力範囲が（新歴史主義の勢力範囲とおなじように）拡大するのは、そうした災害がますます決定的にあることを証明するからだ。なにをって？　どんなにパラノイアであってもパラノイアでありすぎることはないことを。

リチャード・ホフスタッターが一九六三年に書いた「アメリカ政治におけるパラノイア的スタイル」という絶大なる影響力を誇った論文を現在という地点から眺めることは、あるひとつの強力な言説の変化の大きさを目の当たりにすることでもある。ホフスタッターの論文は自己満足的で押し売り的なリベラリズム的総意の最たるものを体現しており、そのリベラリズムとはまさしくパラノイア的脱神話化——たとえばD・A・ミラーが読者を教導するような——を乞う類のものである。そのスタイルは機械的なまでに公明正大だ。たとえばホフスタッターは右派にも左派にも同様にパラノイアを見出す。奴隷制廃止論者にも、反フリーメイソン、反カソリック、反モルモン教の者たちにも、排外主義者やポピュリスト、それに銀行家や軍事物資製造者の陰謀を信じる者たちにも、一様にパラノイアを見出す。ジョン・F・ケネディの射殺が単独犯によるものだったことを疑うすべてのひとにも、「大衆向け左派メディアにも、現代のアメリカの右派にも、そして人種論争のどちらの側にも」(Hofstadter 9)。さてこれらのカテゴリーにはずいぶんとたくさんの人たちが含まれるように思われるのだが、それでもなおそこには仮想の「我々」なる存在が——しかしどうやら実質的にはすべてのひとのような「我々」が——残されていて、どうもその「我々」はおしなべてこうした過激派を冷静に分別をもって俯瞰的な中立の立場の高みから眺めることに同意しているらしい。そうした中立的な立場から「我々」はみな、たとえば「冷戦における……無数の決断を非難することはできない」ながらも、そうした決断は「たんに善意の人びとの間違いを」体現しているにすぎないことには賛同できるということになっている(36)。ホフスタッターはパラノイアの人びとやパラノイア的な運動が真実を知覚できると認めるのにやぶさかではない。とはいえ「ゆがんだスタイル」というのは……そこにゆがんだ判断の可能性があることを我々に警告する信号なのであり、それは芸術において醜悪なスタイルが根源的な趣味の悪さの徴であることにも似ている」(6)。

シンプルでさして物議を醸すこともなさそうな例をいくつか参照すれば「内容とスタイルの差についての議論が」すっかり明確になるかもしれない。ケネディ大統領の暗殺からまもなく、銃器の通信販売にたいする連邦政府の管理を強化するための……法案に大きな注目が集まった。その法案についての公聴会が開かれることになると、三人の男が反対証言をすべく、アリゾナ州のバグダットからワシントンへはるばる二五〇〇マイルの距離を車でやってきた。さてドッド法案にたいしては、たとえ説得力に欠けると思われるにしても、慣習的な政治的論法に基づいた反対議論がある。だがアリゾナから来た男たちのひとりがドッド法案に反対したのは、典型的にパラノイア的と呼べそうな議論によるものだった。いわくこの法案は「我々を統一世界的社会主義政府の一部に組み込もうとする反体制のさらなる試み」なのであり、それは「我々の敵」が権力を掌握する助けとなる「混沌を創出」する恐れがあるのだ、と。(5)

銃規制反対ロビー活動のパラノイア的なレトリックがただひたすらまともでなく聞こえた時代――それは「ゆがんだ判断」の「シンプルでさして物議を醸すこともなさそうな例」だったわけだから――を懐かしむひとがいるかもしれないというのを否定する気はさらさらない。それは支配的な政党による、党内ではまず異論もないような政治的立場を体現していたわけではないのだから。けれどホフスタッターの例が目をみはるほど古臭く感じられるのは、それが一九六〇年以降どれだけ政治的中心が右傾化したかということの証左だからというだけではない。それはこのようなパラノイア的思考が右も左もなく、あらゆる政治的スペクトラムのどの点を取ってみても、どれだけ標準的なものになったかのしるしでもあるのだ。おかしなことにわたしには、自分がホフスタッターよりあのパラノイアのアリゾナ州民に近いように思えてしまう。そいつときたらきっとホモフォビアの白人至上主義者で「クリスチャン・アイデンティティ」(*9)の武装集団の一味でわたしを目にしたとたん銃をぶっ放すにちがいないとも思ってはいるのだが、にもかかわらず（いやむしろそれって、だからこそかも）そのアリゾナ州民のほうが自分に近いように思えるのだ。ペーター・スローターダイクは、今やそこかしこに見られると彼のいう通俗でお利口な冷笑主義または「啓蒙された虚偽意識」が、厳密にいえばその構造においてパラノイア的であることを明言してはいない。だがその結論は不可避のように思える。こうしたスケールの小さい、日常的な、どこかちぐはぐな冷笑主義はきっと、パラノイアが強い理論ではなく弱い理論として機能しているときに見せる様相だと言えるだろう。いずれにせよ、この超・脱神話化されたパラノイア的場面に懐疑の解釈学の「ニュース」をたずさえてなんども到着しつづけるのは、そうした暴露が一九六〇年代にそうであったのとはまったくちがった行為なのだ。

境界撹乱的で脱神話的なパロディ、懐疑的な現在の考古学、隠された暴力のパターンの探知とその公開——ここまで議論してきたように、こうした無限に実行可能で教授可能な暴露の作法はカルチュラル・スタディーズにおいても歴史主義的な研究においても共通通貨として流通してきた。もし意気揚々のパラノイア的解釈学にあきらかな落とし穴があるとすれば、それはこうした方法論的前提が一世を風靡し、語りや説明や適切な歴史化とはなんなのかについてほぼ業界全体で合意がなされていているという現状がこのまま疑問に付されることのないままつづいていけば、文学・批評の視点や技術の遺伝子プールの意図せざる枯渇を招くことになるということだ。浅い遺伝子プールの問題とはもちろん、環境の（たとえば政治的な）変化に対応する能力の低下である。

けれど現在のパラノイア的総意を評するもうひとつの、たぶんもうちょっと正確に近い見かたは、パラノイア的な知が必要としていたのはほかのさまざまな知りかたに完全にとって変わることではなく、そうしたほかの知りかたをある意味で解体したり、否認したり、誤認したりすることだったのかもしれないということだ——そういう知りかたは懐疑を中心として方向づけられているわけではなく、じっさいに実践されているものであり、しかもしばしばおなじ理論家によっておなじプロジェクトの一部で実践されているようなものでもある。パラノイア的な知の独占プログラムは、すこしでも率直に修復的な動機に訴えようとすることをけして許さない。そういう動機は口に出されるや否や、即座に組織的に根絶やしにされることになる。修復的な動機がひとたび明示されるとパラノイア的理論のなかでの居場所を失うのは、ひとつには修復的動機がよろこびに関係する（「たんに美的な」）ものだからであり、また平たくいえば状況の改善に努める（「たんに改良主義的な」）ものだからでもある。(2) よろこびや改善をそんなにも「たんなる」ものにするものは、いったいなんなのだろう。それはただひとつ、脱神話化による暴露へのパラノイアの排他的信仰によるものだ。全世界革命やらジェンダー役割大爆発やらなんやらに足りないのはただ人びとが（つまりほかの人びとが）迫害や貧困や裏切りの痛々しい効果を、その痛みをじゅうぶんにこじらせて意識化して（あたかもそうでもなければ意識されないかのように）、その痛みにもう耐えられないようにすること（あたかも耐えがたい状況がすばらしい解決法を産むことで名を馳せているかのように）だというその残酷でひとを小馬鹿にした前提——それだけがよろこびや改善を「たんなる」ものにするのだ。

パラノイア的理論のほとんどはこんなおぞましい処方箋を真面目な顔で出しているわけではないが、それでも多くの現代理論は恒常的にそうしたものによってあたかも構造化されているかのようではある。すでに話したとおり『小説と警察』のアポリアとは、この本は読者を強いパラノイア的理論の容赦無く一枚岩的な構造に引き入れるのだが、それがおこなわれるのはきわめて多彩で快楽志向でさえあるような比較的小規模の、書き手からの知性に訴える誘いかけによるものだ、というものだった。こうしたアポリアはほかの優れた批評の多くにもおなじようにみられる。わたし自身、これはかなりの部分で自分の書きものにも当てはまるだろうともちろん思う。こうした批評プロジェクトがみずからを誤って評したり、あるいは読者によって誤認されたとして、はたしてそれは問題なのだろうか。わたしが言おうとしているのは、力強い書き物であればなんであれその力はみずからについての完璧な透明性にいつか到達してしかるべきだということではないし、そういう著作は書くことの叙述的なレベルにおいてみずからについてたいへん的確に申し開きができるはずだということでもない。けれど次のような見解を――それはトムキンズが提示したものに近いだけでなく、似たようなものがほかにもいろいろ出されてきた見解なのだが――真面目に受け取ってみたら、どうなるだろう。それはいわば、日々の理論は日々の知識や経験に質的に影響する、という見解だ。そしてひとが学術的な理論と日々の理論のあいだにあまり存在論的な線引きをしたくないと思っていたとしたら、どうだろう。そしてまたほかのひとたちや自分自身の知と経験についての実践の質を、深く気にかけているとしたら？　そうした場合、自分がしていることと自分がそれをする理由とのあいだに体系的で自己増殖的に広がっていく溝を深めないようにするのは、理にかなったことなのではないだろうか――もしそんな選択肢があったら、の話だけど。

　パラノイア的理論の手順は「強い理論」の独占的な構造的支配に依拠しているし、またそれを強化してもいる。けれどそれと同時に、知ることの生態系のなかで強い理論の構成概念が数々の弱い理論とふれあっているときの、多様で、ダイナミックで、歴史の文脈に左右されるような方法を模索してみることも、なんらかの役にたつかもしれない。その模索を進めるにはもちろん、弱い理論の行為にたいしても強い理論の行為にたいしても、敬意ある興味がなくてはならない。トムキンズはそうしたプロジェクトに近づくために、わたしが本書でここまで要約してきたよりはるかにたくさんのモデルを提供してくれている。けれど文学批評の歴史もまた、強い理論と弱い理論がたがいに指を絡ませあうことを可能にするようななにかべつのモデルの数々が眠っている場所として見ることができるかもしれない。「それが説明すると主張する現象を描写しているのと大差ない、弱い理論」を体現するのに、いまや値崩れしてもはや廃れかかっているニュー・クリティシズムの想像力に溢れた精読の技術ほど適したものもないんじゃないだろうか。(3) とはいえ〔ウィリアム・〕エンプソンや〔ケネス・〕バーク(*10)にとってすでに真実だったものは、現在ではまたちがった意味で真実である。つまり局所的な理論や間に合わせ《ノンス》の分類法によってしか達成できないような、現象学的で理論的な大切な仕事があるということ。そうしたものとより強い理論との関係の、潜在的には数え切れないほどあるメカニズムは、芸術と投機的思考の問題でありつづけている。

　ここまで指摘してきたとおり、パラノイアはたんに強い情動の理論であるだけでなく強いネガティヴな情動の理論である。ある理論の強さについての問いは（あるいは強い理論と弱い理論のいろいろな関係についての問いは）その理論の情動的な感覚質《クオリア》とはべつの問いなのかもしれず、そしてそれぞれの問いはべつべつの方法によって模索することができるものなのかもしれない。たとえば屈辱というネガティヴな情動を予測したり特定したり回避したりすることを中心として体系化されているわけではない理論は、たとえそれが強い理論（つまり広範囲で還元的な理論）に属するものであれ、ある部分ではパラノイアに似ていたとしてもそうでない部分もあるはずだ。たとえばこの章の前節の特徴を客観的に評するとそんな感じになるかもしれないと思う。パラノイアをネガティヴな情動の理論として特化したとしてもまださまざまなネガティヴな情動同士の区別の問題は残されているのだから、そこには情動の幅広さをじゅうぶんに表すような語彙をいろいろ試してみるさらなる機会がある。これもまたネガティヴな情動に限った話ではない。ただひとつのポジティヴな情動の統合的モデルをつねにおなじ特別な位置に置くことはそれを実体化したり、またそのじつ強要したりすることになりかねない。不安になるくらいたくさんの理論が、なにかしらたったひとつかふたつの情動を増幅することをはっきりと企図しているように思える。そうやって増幅を目論まれているのはエクスタシーかもしれないし、あるいは崇高さ、自己崩壊、享楽、懐疑、アブジェクション、訳知り顔の優越感、恐怖、残忍な満悦感、または義憤のこともある。それはまるで手あかのついたジョークみたいだ。「革命来たれば、同士よ、みなが毎日ローストビーフを食べられるのだ。」「でも同士よ、わたしはローストビーフが好かんのだ。」「革命来たれば、同士よ、きみもローストビーフが好きになるのだ。」革命来たれば、同士よ、きみもああした脱構築的なジョークに抱腹絶倒するのだ。いつなんどきでも国家機構を打ち砕いていないと憂鬱で失神してしまうようになるのだ。一日二〇回でも三〇回でもぜったいにアツいセックスをしたくなるのだ。哀悼にうち沈みそして戦闘的になるのだ。[*11] ドゥルーズとガタリに「今夜はダメよ、あなた（たち）、頭痛がするの」なんてまちがっても言いたくなくなるのだ。

パラノイアに固有の時間性との凝り固まった関係——先読み的であると同時に遡求的、そしてなによりも驚きを忌み嫌うようなそれ——を認識することは、ほかの可能性の面影をふと目にすることでもある。ここではたぶん、トムキンズよりもクラインのほうが助けになるだろう。修復的なポジションから読むということは、たとえどんなに想像もつかないものだろうといかなる恐怖も読者にとって新たなものとして訪れてはならないという訳知り顔で不安に満ちたパラノイア的決意を、諦めてあけわたすことである。修復的なポジションに置かれた読者にとって、驚きを経験することは現実的で必然的なことに思えるだろう。ひどい驚きがあるかもしれないからこそ逆に、いい驚きもあるかもしれない。希望という、その経験がしばしば破壊的でトラウマ的ですらあるものは、修復的なポジションに置かれた読者がみずからの出会う、あるいはみずからの創りだした破片たちや部分対象たちをまとめあげようとするときのエネルギーのひとつである。(4) 未来は現在とはちがうかもしれないと気づく余地があるからこそ、その読者はとてつもなく痛ましく、とてつもなくほっとする、倫理にとって欠くことのできない可能性を受け入れられるのだ――過去もまた、それがじっさいに起こったのとはちがうやりかたで起こりえたかもしれない、という可能性を。(5)

だとしたら、クィア・リーディングのさまざまなプロジェクトにとってこの議論はとりわけ、どんなことを意味するのだろう。「性的差異」と性的「同一性」の問題をことさら強調することを控え、フロイト的でホモフォビアを中心としたパラノイア理解から、かならずしもエディプス的でなくて衝動よりも情動志向の（たとえばクラインやトムキンズのような）理解の方法へと移行する可能性。それに加えて思うのは、クィアな思考とパラノイアというトピック間の相互書きこみは初期の研究（わたし自身のものももちろん含めて）が想定していたほど必然的ではなく、定義的でなく、また完全に構造的に必須なものでもないのかもしれないということだ。もっといろんなものが共生する生態系としてのパラノイア観では、フロイト的視点がゲイ・レズビアンの問題を超歴史的かつほぼ自動的に概念として特権化してきたのとおなじようなことは、けして起こらないはずだ。

もういっぽうで思うのは、そうなればクィアな経験から生まれつつもパラノイア的視野のなかで不可視化されたりあるいは判別不可能になってしまったりしているたくさんの、独特で、文化のなかで中心的な役割を果たしているような実践が――そしてその多くは修復的と呼んでもおかしくないものだ――今よりずっとよく評価できるようになるのではないかということだ。たとえばジョセフ・リトヴァクはこんなふうに書いている（一九九六年の私信より）。

クィアな読解や書き物のなかで「まちがい」がもつ重要性って……まちがいと屈辱のあいだにあるトラウマ的で一見不可避ですらあるような繋がりをゆるめることにあるんじゃないかと思う。なにが言いたいかっていうと、クィアなエネルギーの大部分、たとえば思春期あたりのエネルギーがバルトが言うところの「知的でありたいという欲望」（「どうせ惨めでなきゃならないなら、せめてほかのだれよりも頭がよくありたい」みたいな）に投入されていて、それがおもにパラノイアこそまさに頭が切れることのしるしだっていう（あんまり切れる《スマート》からこそ傷つく《スマート》んだっていう）妙な名声につながっていることの原因だとすると、その後のクィアなエネルギーの大部分が投入されるのって［……］まちがいから恐怖をとりのぞくことを目指した実践っていうか、まちがいをおかすことがセクシーで、創造的で、認識的に力強いことですらあるようにすることを目指した実践なんじゃないかな。だってクィアに読むことってほかのなによりも、まちがいは悪い驚きじゃなくてむしろ良い驚きでありうるんだって、学ぶことじゃない？

ここで表現されている洞察は定義的ないし超歴史的な発展というのではなく、あくまで偶発的な発達というのにふさわしいものだと思う。ようするにこういうのは、女を愛する女や男を愛する男の経験に一様に不可避的にそなわっているものというわけじゃないのだ。ここまで示してきたようにパラノイア的な読解実践が不可避という概念に結びつけられているのなら、クィア・リーディングには偶発性の鼓動にみごとに波長が合うようなほかの特徴もあるのだから。

昨日は今日とちがってはいけないし明日はますます今日とおなじでないといけないという、頑迷で自己防御的なパラノイアの時間についてのこわばった語りを形作っているのはけっきょくのところ、エディプス的な規則性と反復性にくっきりと彩られた世代的な語りだ――それは父さんの父さんに起こった、それは父さんに起こった、それはわたしに起こっている、それは息子にも起こるだろう、そしてそれは息子の息子にも起こるだろう、という語り。だけどわたしたちの世代的な関係性はつねにこういう足並みをそろえた行進で進んでいかなくてもいいというのが、クィアな可能性のひとつの特徴なんじゃないだろうか。それは偶発的にすぎない特徴だけどリアルでもあって、今度は逆に偶発性そのものの力を強めるような特徴なのだ。

　啓示的で、贅のかぎりを尽くすかのように修復的なあのプルーストの最終篇について考えてみよう。語り手は世間からの長い隠遁生活を経てパーティに赴き、最初はみんなが凝った衣装を身にまとって古風を装っているのだと思うのだが、そのうち彼らがみなじっさいに年老いているのだと、そして自分もまた年老いているのだと気づく――そして彼は六つほどのはっきりとした記憶のショックのなかで、書くことと時間の関係について、絶頂を迎えるがごとくよろこびを喚起する一連の「真実」の数々に襲われる。最後まで語り手がそうと言うことはないのだが、この天啓の場に彼を導き入れた時制的方向感覚の完全喪失が異性愛的な家父長にとっては――つまりその間、子どもや孫の規則的なあらわれを容赦なく「進んでいく」アイデンティティや役割というかたちで具現化してきたであろう存在には――不可能だっただろうということは、指摘しておいてもいいのではないだろうか。

　かくしてわたしは老いとはなんなのかを理解しはじめた――老い、それはたぶんすべての現実のなかでもわたしたちがもっとも長きにわたって純粋に抽象的な観念としてとっておくもののひとつで、カレンダーを眺めたり、手紙に日付を入れたり、友だちが結婚するのをみたり、そして今度は友だちの子どもが結婚するのをみたり、それでもなお、恐れからか怠惰からか、それがみななにを意味しているのかを理解することのないままでいると、ついには未知の影を目にして……その影がわたしたちはいま、新しい世界に住んでいるのだと告げる。かつての女友だちの孫に会い、わたしたちがその若い男を本能的に同年輩扱いすると、自分の祖父とおなじくらい老いたわたしたちがまるで自分をからかってでもいるかのように、彼は微笑む――そしてわたしはまた死がなにを意味するのかを、愛と魂の生の歓びが、苦しみの価値が、天職が、その他もろもろのことがなにを意味するのかを、理解しはじめた。(6: 354-55〔一四:五〇〕)

もっと最近の偶発性の例でいえば、あまりにもたくさんのクィアな生がその長さを残酷に切り詰められていくそのなかで、わたしたちの多くにとって時間性は、ひたすらその偶発的な効果をさらに強めるようにして、ルーティン化から逃れてきた。こう言いながらわたしが考えているのは、とてもクィアなみっつの友情のことだ。友だちのひとりは六〇歳、ほかのふたりはともに三〇歳で、わたしは四五歳、ちょうどその真ん中にいる。四人ともみな研究者で、興味やらエネルギーやら希望やら、共通したものがたくさんある。それからみんなそれぞれに、いろんなアクティヴィズムにたくさん力を注いでいる。もし「ふつうの」世代的な語りだったら、わたしたちがおたがいに自分を重ねあわせるのは、一五年後にはわたしはいま六〇歳の友人と似たような状況にあるんだろうなとか、あるいはいま三〇歳の友だちふたりはわたしと似たような状況にいるんだろうなとか、そういう予想に沿ったようなものになるのだと思う。

けれどわたしたちはみな現在、こうした友情の土台がたぶんそんなモデルとはちがうものなのだということに気づいている。たとえば貧困の進む市街地で、人種差別の暴力にさらされるひとたちにとって、健康保険を奪われているひとたちにとって、危険を伴う職種についているひとたちにとって、そしてほかの多くのひとたちにとって友情の土台は、そういうのとはちがっているのだ。わたしの友だちとわたしにとっても、それはちがう。具体的にいえば、進行乳癌とともに生きているわたしが年上の友だちの現在の年齢になる可能性はほとんどない。おなじように三〇代の友だちふたりも、わたしの現在である中年期を経験することはたぶん、ないだろう。ひとりは甚大な環境的外傷が原因の進行癌と生きている（端的にいえば彼は、有害廃棄物処理場の真上で育ったのだ）。もうひとりはＨＩＶと生きている。わたしたちのなかでいちばん一五年後に生きていそうなのはたぶん、とっても健康な六〇歳の友だちなのだ。

こういう関係性が、一点透視法的な線の数々が共通の消失点で交差するような風景で生きている異なった年齢のひとたちの関係性とどうちがうかというのはいわく言いがたいし、知ることさえも難しい。わたしたちの関係がもっと猛然としたものに焚きつけられているのは、まちがいないと思う。わたしたちがほかのなにを知っているにしてもひとつだけはっきりしているのは、屁理屈をこねてる暇なんてないということなんだから。でもきっと、わたしたちがおたがいに自分を重ねあうことがなにを意味するのかというのもちがっているはずだ。この場面では、年長者が年下のひとを愛するのはやがて自分がいるところにたどりつく存在としてではないし、その逆もまたしかりだ。わたしたちのだれひとりとして、いわゆる家名を次の世代に遺していくというようなことはない。自分たちの人生の語りがおたがいに重なりあうことはほとんどないという感覚がある。それと同時にわたしたちの人生の語りは、規則的な世代計画表に基づいて前進していくどんな人生より、もっと親密におたがいのかたわらにすっとすべりこむという感覚もある。わたしたちがいちばん努力して理解し、まっとうし、寄り添うことができるようにならなければいけない相手は、なんの媒介もないおたがいの存在そのもの——そこから先にその軌道がどこへも伸びていかないかもしれない生成変化《ビカミング》が、それでも現在においてそれ自体で完全なものであることとしての、おたがいの存在なのだ。

テクスト的なことでいえばこれに関連した修復的な知の実践は、あまり認識されていないし検討されることもほとんどないながらもゲイやレズビアンやクィアな相互テクスト性についてのたくさんの歴史の心部に宿っているのではないかと思う。クィア的なものの代名詞的実践でもあるキャンプはたとえば、バトラーやほかの人びとがそうしているようにパラノイア的なレンズをとおして見てしまうと、ひどく見あやまられてしまうのかもしれない。ここまでも見てきたようにキャンプというのは、支配的な文化の要素や前提をパロディ化したり脱自然化したり脱神話化したり茶化しながら暴露したりするプロジェクトのためにこのうえなく適したものとして理解されることがもっとも多い。そしてキャンプの行為が愛によって駆りたてられているとすれば、その度合いはおうおうにして迫害的な現体制との自虐的な共謀の度合いとして理解される。この説明によるなら、キャンプにおけるX線のようなパラノイア的衝動の視線は文化の肉を削ぎ落とされた骨格を透視する。こうして提示されているパラノイア的美学とはミニマリスト的な気品と概念的な無駄のなさの美学ということになる。

いっぽうの修復的衝動の欲望はといえば、足し算的で増殖的である。それが恐れているのは——現実的な恐れだが——みずからをとりまく文化がそれを育むのに不十分だったり有害だったりするかもしれないということだ。修復的衝動が求めるのはある対象を組みたてたりそれにゆたかさを施したりして、その対象が今度は逆に未発達な自己に援助を与えることができるようにすることだ。キャンプをなによりもまず、共同体による濃密な歴史をもったさまざまな修復的実践の模索の営みとしてとらえることは、典型的なキャンプのパフォーマンスを特徴づけるたくさんの要素の真価をよりよくとらえることでもあるだろう。たとえば度胆を抜くような味のあるうんちくのこれでもかというほどのひけらかし。情熱的でしばしば抱腹絶倒の懐古趣味や、新たなる歴史記述の可能性の絢爛たる創出。ばらばらにされ、わきに追いやられた廃棄物や残り物への「度を越した」愛着。ゆたかでいておおいに寸断的な情動の寄せ集め。腹話術的な実験への抑えきれない熱狂。現在と過去、ポップ・カルチャーと高尚な文化のめまいのするような併置。(6) D・A・ミラーの書きものとおなじように美しさの余剰やスタイルへのこだわりの余剰、そして脅しや軽蔑や切望のなんの説明もない噴出が糊となって強烈な部分対象たちの混合物を接着して生命を吹きこまれているのが、たとえばロナルド・ファーバンク、ジュナ・バーンズ、ジョセフ・コーネル、ケネス・アンガー、チャールズ・ラドラム、ジャック・スミス、ジョン・ウォーターズ、そしてホリー・ヒューズたちの作品なのだ。(*12)

こうして名前を列挙してみればそのなかには伝説的なまでに「パラノイア的」性格に結びつけられた名前もあるわけで、だからこのリストはやはりクラインがいうとおり、パラノイア的・修復的と分けることができるのは人びとではなくてあくまで可変的なポジション——あるいはわたしはそれを実践と呼びたいのだが——なのだということを裏づける。ときにはもっともパラノイア的な傾向をもつひとたちこそがもっともゆたかな修復的な実践を養い広めることができるし、そういう必要に駆られもするのだ。そしてもしパラノイア的ポジションや抑鬱的ポジションが個人の類型論というレベルよりもちいさな規模で作用するなら、これらのポジションはまた同時に個人よりも大きな規模でも作用する。たとえば共有されるいろいろな歴史や新たに芽吹く共同体の数々、そしてテクスト同士の対話のあや織りなどのなかで。

修復的な読者はプルーストのように、「みずからを幾度も幾度も助く」。そうした修復的な動機やポジション性に心を寄せる方法を見つけることは、重要なだけでなく可能でもある。テクストや文化にたいする読者の修復的な動機を表現する語彙はこれまでずっと感傷的だとか、美的要素に特化しているとか、防御的だとか、反知性的だとか、反動的だとかいうものだった。だからそうした動機と自分たちのつながりを記述しようとする批評家がすくないのにも不思議はない。けれどそういう禁制は現代において理論が語られるときの語彙側の問題であって、修復的な動機そのものに問題があるわけではないのだ。修復的読解のポジションはパラノイア的ポジションにくらべて不正確なわけでも、非現実的なわけでも、生存の問題にこだわっていないわけでもなければ、もっと妄想的だったり幻想的だったりその逆だったりするわけでもない。修復的読解のポジションはちがった範囲の情動や切望、リスクの数々をひきうけるのだ。わたしたちがそうした実践から学びうるいちばんのものはたぶん、さまざまな自己や共同体がある文化のいろいろな対象から生きる糧を絞りだすことに成功する、たくさんのやりかたなのだ――たとえその文化がそうした存在たちを育まないことを欲望してはばからない、そんな文化だったとしても。

5. Pedagogy of Buddhism

猫たちが傷ついた小さな動物を家《うち》にもってくるのには、いったいどんな意味があるんだろう。たいていのひとはこうやって手渡されたものを、捧げものとか贈りものとかだと思っている――それがどんなにお門ちがいだろうと、猫たちがニンゲンを喜ばせたり懐柔したりするための、そんなもの。けれど人類学者エリザベス・マーシャル・トマスのいうところによれば「飼い主の人間たちのもとに獲物をもってくるとき、猫たちは教育者の役を演じているのかもしれない……母猫は子猫たちが自分について回るようになるとすぐに教育を始める……やがて母猫は子猫たちのほうに獲物を放り投げて実地訓練をおこなうようになるのだが、それはまさに猫が遊んでいるときの動作そのものである。さらに母猫は、とりわけ獲物が子猫たちの手に負えそうな大きさなら、まだ家から出られない子猫たちが練習できるように「傷ついた」獲物を自分の巣や住処にもち帰る。だからたぶん、まだ生きている獲物をわたしたちの家に放つ猫たちは、わたしたちに練習をさせようとしているのだ――狩猟技術を磨きなさい、と」(Thomas 105)。

猫あるいは教育にかかずらう者たちにしてみれば、トマスのこの想定にはいろんな意味で胸中穏やかならぬものがあるだろう。まずはナルシシズムの傷というものがある。自分たちは猫にとって力強く、あるいは仰ぎみられるべき親のような存在にちがいないと思っていたところ、かわりになんと特別授業が必要なぶきっちょの赤ん坊の役回りをあてがわれるとは。もっと困ったことにわたしたちはこの教育からなんにも学んでいやしない。とりわけ間抜けにもほどがあるように思えるのは、あんなにも猫が入念にお膳立てをしてくれているというのにそれが教育の場面であると認識することすらできていないということだ。教えられていることに気づいているときにだけ学ぶことができるというのは、はたしてほんとうなんだろうか。なんでまたわたしたちは贈りものをすることと教えることという発話内行為を、こんなにもひどく勘ちがいしてきたのだろう。ここでのさらなる言語行為の問題には模倣がかかわっている。すなわち、猫はとうぜん自分の動きは擬態のテンプレートであって、わたしたちに譲ったりありがたく受け取られたりするためのものではないと思っている（でもどうしたらそんなことわかるっていうんだろう）。対称な反応を引きだすための身振りがかわりに補完的な反応を引きだしてしまったというわけだ。

とはいえ、まがりなりにもわたしたちが猫の企図を教育的なものだと察知したとして、傷ついてぴくぴくしている獲物を相手どって「狩猟技術を磨く」という適切な反応ができるともかぎらない。ひょっとしたら、猫が教えようとしていることなんて習いたくないと思うかもしれない。擬態をめぐるまたべつの思いちがいが、今度は情動的な意味で生じている――このヒトたちはものすごく自分と一体感をもっているから、きっともっと自分みたいに振る舞いたいはずだ（つまりはねずみの踊り食いをしたいはずだ）という、猫の思いこみ。この空振りに終わった猫の教育法は人間の教育者にとって、すでに日常茶飯事となった悪夢の数々を思わせるものだ。教師の激務を自分たちに敬意を表した卑屈な捧げものだと思っている生徒というのはいるものだ――おまけにてんで悪趣味な捧げものだと。はたまた差しだされた定式を贈り物としてうやうやしく受け取りはするが、それが作りだされた過程を真似しようなどとは夢にも思わない生徒もいる。これはまた精神分析者やセラピストにとってはよくある手詰まりを表すものでもあるにちがいない。生まれつき恵まれた学部生たちを教えていると、背筋の凍るような予感がすることがたまにある。わたしは自分のことや自分の技術や知識を学生たちが真似したいと思っているはずだと信じてやっているけれど、もしかして逆に、わたしを反面教師としてみることこそが学生たちのやる気につながってるんじゃなかろうか。もしあなた方がじゅうぶんにクールで洗練されて適応能力に富んでなかったら、学術研究の藪から企業の世界へと抜けだせずこんなありさまになってしまうかもしれませんよ、という例として。

さらにネコ科の教育者の落胆のかたわらに見いだされるのは、間抜けな人間の飼い主の輪をかけて粛然たる挫折である。たいていの場合、学生／患者の「抵抗」（ねずみを投げてよこすこと）が擬態を誘うことを意図した教育法の一種であることについにわたしたちが気がついたときには、時すでに遅しなのだ。それぞれの場合に必要とされていた教師／セラピストになるためにはどうすればよかったのか、あるいははたしてそんなことができたのかどうかと、後になってわたしたちは思いをめぐらす。もしかしたら暗に言われていたのはこんなことだったのかもしれない。こっちのやり方を試してみてよ、教えようとするんだったらさ。それとも――そっちが教えようとしてることより、もっと大事なことを教えてあげられるよ。

この章でお話しすることになるニアミスの教育法のさまざまな関係のうち、まちがいなくその根幹にあるのはアジアと欧米諸国のあいだで仏教という題目そのものをめぐって起こってきたものだ。ここ二〇年ほど、アメリカ文化内に長年にわたって存在してきた仏教的要素が爆発的に目につくようになるにつれて、太平洋を横断するこの教育法の根底にある広大で体系的な誤解や食いちがいが批評研究によって探られるようになってきた。「アメリカ人仏教徒」たる批評研究の読者であれば、自分のアジアのテクストや実践、そして理解へのアクセスが西洋へと伝わる歴史によってどれだけたくさんの致命的な、そしてほとんど目に見えない方法で損なわれてきたかを知って、忸怩たる思いにかられるかもしれない。たとえばドナルド・ロペスは彼が編集したすばらしき批評エッセイのアンソロジーを要約するにあたり、近代の西洋読者たちに入手可能になったものはあくまで「「仏教」と呼ばれる実態化された対象」であって、それは「ヨーロッパによって作りだされたものなのだからヨーロッパによってしかコントロールできない」とまで宣言している。こうした実態化のなかで現われてくる数々の歪曲には、仏教研究のなかの近代的な要素や日常にそくしたものの正当性を否定するような、衰退の物語がある――たとえばアジアの仏教表象に西洋のルーツを見いだそうという熱意、日本における排外主義的で植民地的なプロジェクトやイタリアにおけるファシズムとの共犯関係についてのさまざまな歴史、エキゾチックな東洋的心理についてのたとえばユングのように思い上がった無知な議論、そしてアジア人仏教徒たちにたいして西洋の研究者たちにとっての現地人情報提供者かつ教祖であるという両立しようもない役割を押しつけるダブル・バインドの要請。

こうしたいかにも批評的な発見がもつ力とはどんなものなのだろう。それはだれにとって、どんな意味のあることなんだろう。ごく常識的にいって、こういう発見が学術的でない意味で仏教を学ぶひとたちに与える影響はその分野の研究者にくらべると小さいはずだ。研究者じゃないひとたちにとってこういうお堅い研究(そのほとんどは大学出版局から出版されている)は手に取りにくいというだけでなく、そもそもそういうものを読むおもな目的もおそらくはちがったものだ。ざっくりいえば、仏教を学術的に研究するひとたちは職柄、どれだけ徴候的でなかろうと自分たちの主題(科目)の知識への道を目指しているのであって、その道というのはなるだけ無知や帝国主義的思いこみ、希望的観測や西洋文化におなじみの思考パターンによってねじ曲げられていないものであることが望ましい。いっぽうで一般読者が仏教についての読み物の真理値に入れこむとき、それはもっとずっと実用的な基盤に基づいていると言えるかもしれない。こういう読者にとってこれ(この説明)は正確か誤解を招くものかという問いは、はたしてこれ(この実践)は効くのか効かないのかという問いに取ってかわられるものかもしれないのだ。

この二番目の問いが投げかけられる歴史的な場とモーメントというのは、はっきりしている。それは基本的には世俗社会のなかの多元主義的で自由市場主義的な力というような見地から記述されてしかるべきものだ(〔ピーター・〕バーガー(*1)を参照のこと)。「自己啓発」とか「ニュー・エイジ」とかはたまた「セラピー的な」とか、ややもすれば嘲笑を買うような名が表すように、非アジア人消費者を対象とした大衆向けの仏教の教えは近頃では、さらにもっと聞こえのよからぬ隙間産業的な位置づけにある。この章はまさにそんな隙間から生まれたものだ――ある非専門家の教育者が、大衆向けから研究書まで、英語で書かれたさまざまな「仏教」関連の書きものに五年にわたって深くかかわってきた道のりを映しだしながら。わたしがこういう書きものにはじめて魅了された自己啓発的な動機は率直にいって救済的なもので、中年になって転移性の癌を宣告されたのがきっかけだった。けれどもこの章が示すように、死と死にゆくことについての仏教的な書きものへのわたしの興味はまた、大乗仏教の伝統のなかに染み渡る教育的情熱と矛盾の数々への共鳴と切っても切り離せないものだということもわかったのだった。

西洋における仏教思想の大衆化についての学術研究の主要なトポスであり、そしてまさにしばしば自己描写でもあるのが翻案《アダプテーション》という概念だ。称賛されるにせよ非難されるにせよそこで暗に意味されているのは、アジア的オリジナルが本質的に異なる西洋の習慣や感受性や世界観に合わせて適応する、あるいは適応させられるということだ。そしてまた翻案の実践を擁護するためによく言われるのは、歴史的にいって仏教は諸国行脚の遍歴のなかで出会ってきたさまざまな文化を変えてきたのとおなじくらい、それらによって変えられてきたのだということだ。

この章では主題としての、そしてまた関係性としての教育に注目することによって、こうした擁護とはちがったことをしてみたいと思っている。それをとおして言いたいのは、翻案は大衆化した仏教的教えと西洋の出会いの唯一のモデルではない、ということだ。翻案はオリジナルがどうやって改造され、修正され、ちがう用法のために適合させられ、おそらくはその中心をずらされさえして、ほかの惑星の引力によってそれ以前の軌道から引き離されるかを強調する。ある程度このトポスの適切さは否定のしようがない。そもそも仏教経典にだってその根拠がふんだんにある。パーリ語で書かれた仏典やさまざまなスートラ、ジャータカの物語[*2]のなかにはみな、聞き手の資質や理解の枠組みにラディカルに適合してきた教えの数々の例が――それもすごく特別視されているものが――あるのだ。

　でもこの章では、仏教の学びと教えの現象学のおおいなる宝庫のなかからもっとちがったリソースを試してみたいと思う。たとえば、もし翻案とおなじくらい王道の認識《レコグニション》／実感・成就《リアリゼーション》というトポスのほうが、翻案という一方通行的なトポスより西洋における仏教の大衆化のある種の力学をうまく表すことができるとしたらどうだろう。大衆化したものを消費する人びとの主体性と認識論的関心から見たら、まちがいなくこっちの方がずっとしっくりきそうなものだ。

　これに付随するこの章のもうひとつの目的は、いまとなってはアジアの宗教思想についての常套句となっているものの、ある種の帰結を例示することでもある。その自明の理とはすなわち、アジアの宗教思想は何世紀にもわたるたくさんのいろいろな出会いをとおしていろんなかたちで西欧思想に「到来」し、影響を及ぼしてきたというものだ。だからこそいまでは、仏教の「西洋文化」との出会いはまた、さまざまなアジア的潮流と影響が幾重にも織りなされたパリンプセストとの出会いとして理解されなければならない。たとえばアメリカ人は一般向けの書店の自己啓発《セルフ・ヘルプ》コーナーで仏教関係の本を探す。けれどももし自己啓発というマーケティング・カテゴリーにほとんど不穏なまでにアメリカ的な響きがあったとして、それはすくなくとも部分的にはエマソンの「自己信頼《セルフ・リライアンス》」とかホイットマンの「僕自身のうた《ソング・オブ・マイセルフ》」とかの一九世紀前半的な衝動に、現代における自己啓発というのが直接結びついているからじゃないだろうか——仏教やヒンズー教の教えとの直接的だったり間接的だったりするやりとりとすでに意識的にかかわっていた、あの一九世紀的衝動と。

わたしが仏教探索を始めてまず出会った本、そしてたぶんいまだにわたしの仏教という主題とのかかわりをなかば無意識に屋台骨として支えている本は、ソギャル・リンポチェによる大衆版ベストセラー『チベットの生と死の書』だ。この本はいわゆる『チベット死者の書』(*3)と呼ばれるものの拡大版註釈書として想定されながらより広範にチベット仏教の初心者への手引きを提示してくれるのだが、しかしさらにはもっと幅広く（ペーパーバックの背表紙に書いてあるとおり）「生と死のマニュアル……我らの時代における、新たなるスピリチュアルな古典の決定版」たることをうたってもいる。

禅仏教や上座部仏教の瞑想など、二〇世紀に入っておなじように非アジア系アメリカ人のあいだで幅広い人気を博したほかの仏教伝統にくらべると、チベット仏教はアジアでの発展や文化状況と切っても切り離せないように見えてしまうというきらいがある。たぶんほかの伝統ではもっと瞑想に焦点が絞られているので、透明でだれにでも近づきやすいというチベット仏教にはない幻想を抱きやすいのだろう。それに加えて地理的に比較的アクセスしやすい日本や東南アジアにくらべると、チベット仏教はもっと（西洋の目からすると）そのローカルな土地風土に、言語の不透明さや慣習や歴史や「信念」に、とどのつまりは（初期の仏教学者が言うところの）「迷信」に密接に絡みあっているように思えるのかもしれない。ダライ・ラマはつねづね、「わたしの宗教とは優しさです」と世界のいたるところで公言している。とはいえこの一見して明瞭な導入部の先へと一歩進むとたちどころに出会うのは、ほとんどほかのなにものにも還元することが不可能に思えるような——

西洋の視点からすると——奇々怪界な実践や宇宙論なのだ。

この文化の隔たりのなかで読者を失ってしまう危険を、ソギャルはどうやって切り抜けようとするのだろう。前書きの最初の段落は物語的に読者の心をぐっととらえる——

わたしはチベットに生まれ、生後六ヶ月でカム地方にあるわが師ジャムヤン・キェンツェ・チュキ・ロドゥの僧院に入った。チベットにはすでに逝去された偉大な師の生まれ変わりを探すという独特の伝統がある。こうした人びとは幼いうちに選ばれ、未来の師となるための訓練をおこなうべく特別な教育を授けられる。わたしはソギャルと名づけられた。けれども師がわたしをテルトン・ソギャル、つまりわが師の師でありダライ・ラマ一三世の師でもあったその名高い神秘家の生まれ変わりだと認識したのは、のちになってのことだった。

わが師ジャムヤン・キェンツェはチベット人にしては背が高く、人ごみのなかではいつも頭ひとつ抜きん出ているように見えた。短く切りそろえられた銀髪と、ユーモアに輝く優しい目のひとだった。その耳は仏陀さながらの長い耳だった。(xi〔一〇〕)

このおとぎ話のような出だしは方向感覚を失わせるようにして読者をなじみの薄い類似や転生のシステムのなかに押しこむ。けれど戦略的にいえば読者の視点はさらにラディカルな方向感覚の喪失にむすびつけられている——「僧院に入り」、「師」を得て、話すよりも歩くよりも前に見出される、あるいは「選ばれる」というなんともよくわからない過程を経る生後六ヶ月の子ども(しかもその両親についての記述はなし)という視点に。

前書きの残りの部分でもおなじようにして入門の儀礼がパラレルでおこなわれるという戦略が取られている。読者としてわたしたちが与えられるのは、たとえばこんな情報だ。「チベットではたんに転生をしめす名をもつだけではけしてじゅうぶんではない。いつだって学びと精神的な実践をとおして、尊敬を勝ち得なければならないのだ」(xi〔一一〕)。しかし同時に書き手の声のまたべつの側面は、混乱をきたす環境や地位をなんとか理解しようと必死の子どもを表しもする。「わたしは聞かん気の子だった……その次にわたしが逃げだして隠れると、先生は部屋に入ってきてわが師に三拝したのち、わたしをひっとらえた。部屋から引きずりだされながら、なんでこの先生は師を畏れていないように見えるのかと不思議に思ったのをいまでも覚えている」(xii〔一二〕)。この子が経験した不思議さというのは化身ラマ(*4)というまれな地位によるものでもあるし、また世界というものがそれに精通していないだれしもに――西洋の読者だろうとチベットの子どもだろうと――提示するようなもっと一般的な不可思議さ(または所与性)によるものでもある。

このときソギャル・リンポチェの前書きは、ひとりの子どもがある文化におぼつかない足取りながらも同化してゆく様子を過去形で提示しながら、同時に読者のおなじような足取りを言外に現在形で描きだしている。ソギャルの素朴な語彙や構文はこのふたつを重ねあわせている。けれどもこの二重写しになったイニシエーションはまた全体をとおして見られるほかのふたつの助けのもとでおこなわれている。ひとつはきわだって感情にうったえる調べ、優しさと混ざりあった感謝の響きである。もうひとつはこの音調が結びついているものでもあるのだが、「わが師」の途切れることない影響だ。「みんなが彼をリンポチェ、つまり「尊い人」という師だけに与えられる尊称で呼んでいた。わが師がいるときにはほかのどの教師もその名で呼ばれることはない。その存在感は眼を見張るものがあったので、たくさんのひとが彼を「原始仏」と愛情をこめて呼ぶほどだった」(xiii〔一三〕)。語り手の子ども時代のなかで、師は感覚的な存在だ。「普段わたしは師のとなり、彼の寝台の足元の小さな寝床で眠った。今なお忘れることのない音のひとつは、師がささやくように祈るときに数珠《マーラー》、つまり仏教におけるロザリオの珠が擦れる音だ。わたしが眠りにつくとき、師は座して行《ぎょう》をおこないながらそこにおられた。そして目を覚ますとすでに師はお目覚めになり座して修行をしておられ、恵みと力に満ち溢れていた。眼を開いて師の姿を見ると、わたしの胸は温かで心地よい幸せでいっぱいになったものだった。師の周りにはそんな安らぎの空気があったのだ。」（xiii〔一二―一三〕）。同様に、読者のイニシエーションの現在時にあってもその死を超えて、「ジャムヤン・キェンツェはわたしの生の土台であり、そしてこの本の霊感の源なのだ。彼はわが国で仏教の実践を変えたある師の生まれ変わりだった」（xi〔一一〕）。「自分のなさったことをわたしが継いでゆくだろうとわが師がおっしゃられていたと、聞いたことがある。そしてたしかに師はいつもわたしを自分の息子のように扱ってくださった。わたしがこれまで成し遂げたこと、わたしの声を届けることのできた人びと、それはみな師がくださった恵みが実を結んだ証なのだ」（xii〔一一〕）。そして前書きはこのようにして閉じられる。「どうかこの本が師のおおいなる叡智と慈悲をわずかなりと世界に伝え、そして願わくばそれをとおしてあなたが、どこにいようとも、師の智慧に出会い、師との生きた絆を見いだすことができますように」（xiv〔一四〕）。

前書きのなかにはチベット仏教の伝統に明るくない読者を困惑させるようなあれこれがいまだあるとはいえ、その素朴な言葉はすでに読者を複雑で情動の深く染みこんだ教育関係の連なりに巻きこんでいるはずだ。教師―生徒という位置関係の可動性は、まずソギャル自身によって体現されている。ソギャルは前書きを幼子としてはじめ、教師として終える――とはいえ「師」を頼る心にはどうやら質的な変化は見られない。なんとなればソギャルはやがて、彼の師のそのまた師であったひとの生まれ変わりであると「認識される」のだ。それではいったいこのうちのだれが読者の師となるのだろう。あきらかに彼らのあいだではある種の腹話術／

受胎のプロセスが起こっている。そのプロセスが示すのは生徒／教師であるソギャル・リンポチェと、その眩しい存在の前ではなんぴとたりとリンポチェたりえないとされる彼自身の師であるリンポチェのどちらかを選ぶ必要などないし、区別することさえできないということだ。ありていにいえば「わたしにとって彼は仏陀であったし、そこに疑問の余地などなかった。そしてほかのだれもがそう認めていたのだ」(xiii〔一三〕)。

　たしかにこの教育の場はまちがいなく、個人的な人柄と親密な感情関係のうえに成りたっている。けれど同時にそれは、個人のアイデンティティにたいする神秘的なほど強力な溶剤としても機能しているのだ。

　なるほどアイデンティティの溶解とは「仏教」にまつわる常套句ではある。とはいえじっさいにはソギャルの前書きが仏教そのものについて触れることはほとんどないし、ましてその教義にいたってはなんの言及もない。この本を読みはじめた読者がその方向感覚の喪失によって呼びこまれるのは「仏教」にというよりはむしろ、教育法そのものの豊かでありながら溶解力のある関係性になのだ。この世界ではまるで、関係性とは教育的なものでしかありえないかのようだ——そしてだからこそ、それは根底的に個人を超越するものだ。「わが師のまとわれる空気を分かちあうと、ほかの人びともわたしのなかに引き起こされたのとおなじ、あの深い感覚を味わうことができる。それではジャムヤン・キェンツェがわたしのなかに呼び覚ましたのはなんだったのだろう。それは教えにたいする揺るぎない自信であり、そして師という存在の核心的で劇的なまでの重要性の確信なのだ」(xiii〔一三―一四〕)。

たしかにこんなふうに主張するのも難しくはないだろう——密教、あるいは一九世紀ヨーロッパ風にいえば「ラマ主義」のなかで教育的な関係が中心的な位置をしめるのは、イニシエーションをおこなう教師としてのラマ／指導者《グル》が段ちがいに卓越した存在だとされているからじゃないか、と。けれども教育法という観点によって根本的に自己定義されているのは密教だけでなく、大乗仏教そのものでもある。そもそも大乗（より大きな乗り物）がなにより「大きい」のかといえば、その比較対象は声聞道や縁覚道なのだ。そうした「より小さい」乗り物の上にいる完成された存在——みずからは教えることのない声聞（〔仏陀の声の〕聞き手）や縁覚（独りで悟った者）——はあくまで生徒ないし独学者でしかなく、自分たちのためだけに涅槃に達する。

それとは真逆に大乗仏教の理想が結びついているのは菩薩、つまり「仏の境地にたどり着くことを切望し、利他的なおこない、とりわけ他者が悟りを開くことを導くようなおこないに身を捧げる者」だ（Chang 471）。その意味では声聞や縁覚とおなじく菩薩もまた生徒、そして大志を抱く者でありつづけ、「つねに万人の教え子である」べきだとされる（Sāntideva 40）。しかし菩薩にとって他者の悟りを導く教育的責務は自分自身の精神的向上よりもさらに大事なものだ。菩薩は意識をもつほかのあらゆる存在が成仏できるようになるそのときまで、みずからの成仏を遅らせるのだから。トマス・クリアリーによる菩薩という語の訳、「悟りにむかう存在《エンライトニング・ビーイング》」（Clearly 2）というのはだから、ほかの者たちを悟りにむかわせながらみずからもさらなる悟りにむかっていくという二重の意味で、この中心にある凝縮をうまく表す方法だといえるだろう。それは菩薩自身の席次を教育的な軸の上に特定するというよりも、菩薩の位置を定めるのは教育的な軸なのだとするものなのだから。さらには大乗仏教に身を捧げるものならばだれしも、菩薩の次元のなかに場をもつことになる。こうした軸によって作りだされる平面にある「菩薩道」は精神的に秀でたもののためにだけあるものではない。大乗仏教を意味づける存在である菩薩はこのとき、ほとんど単純なまでに、教育的な関係への専心が永遠の地平に達しているような存在として定義することができる。

自明なこととはいえ（あるいはだからこそ）強調しておいてもいいかもしれないのは、プラトンの対話篇にも似て、ただしそれよりももっとずっと膨大な数の仏教経典を成しているのはそのじつ、劇化された教えの場の数々以外のなにものでもないということだ。さらにいえばこうした経典に登場する数多なるかたちや段階の存在たちのだれもにとって――阿修羅、菩薩や菩薩大士、梵天、天部や天子たち、龍や乾闥婆、迦楼羅、神、居士、魔法によって生みだされたものたち、僧、不還と一来、縁覚、聖仙、帝釈天、沙門に声聞、預流、夜叉などなど――法《ダルマ》の教えを受けるよりも尊い願いなど存在しない。大乗仏教の仏典では、教えと学びの場は有益な手段であるのとおなじくらいに、それ自体が目的なのである。

一八四四年、エリザベス・パーマー・ピーボディが『ダイアル』に仏教経典の初の英語訳を掲載したとき、[*5]その直近の読者層はボストン周辺に住むトランセンデンタリストの友人たち一団だった。ウジェーヌ・ビュルヌフ[*6]による法華経の仏訳からピーボディが抜粋して訳したものは、ビュルヌフの訳とおなじく仏教の教えが究極的にはひとつのものであることを強調してはいたが、同時にピーボディの訳は小乗仏教と大乗仏教を注意深く区別してもいた。どんなに博学なひとでもヒンズー教のバラモンと仏教徒をろくに区別していなかったような時代だったことをかんがみれば、ピーボディの注意深さはむしろ読者を困惑させるものだったかもしれない。それでもピーボディはたとえば脚註で、縁覚とは「ある種自分勝手な仏陀であり、知を所持しながらそれを広めようという努力をしない」というように読者に説明する労を惜しまなかった（Peabody, "Preaching" 393)。

　けれどもこの区別はそれ自体、仏陀の教育法のわけへだてない懐深さへの賛歌に資するものでもあるのだ。「わたしが生ける者たちに法を説くときには、それぞれの傾向を認めたのちに」とピーボディの抜粋のなかで仏陀は言う――「それぞれの者とその強みに応じた言葉を使うのだ」。

迦葉よ、それはまるで雲が宙を高く昇り、宇宙のすべてを覆い、地球を丸ごと覆い隠すかのごとくなのだ……はかりしれぬ水の塊がむらなく広がり、そのわきから漏れ出る稲妻に光り輝き、地上を歓喜に湧かせる。そしてこの地から萌えいずるありとあらゆる薬草、香草、草むら、森の王たち、小さな木々に大きな木々。さまざまな種、そして緑なすあらゆるものたち。山々に、洞に、林に見出される青果のすべて。香草を、草むらを、樹木を、この雲は喜びで満たし、乾いた大地に喜びを撒き、薬草を潤す。そして香草や茂みはこの雲の一様なる水を吸い上げるのだ――それぞれにみな、おのれの力や目指すところにしたがって……雲の水をその根が、梢が、幹が、枝が、大枝が、葉が吸い上げ、おおいなる薬草たちは花を咲かせ果実を実らせる。おのおのがその力に沿って、その行き先に沿って、そして萌えいでたその芽の天性に馴染むようにして、それぞれにちがう果実を生み出しながら、それでもなおただひとつ、雲から落ちる一様なる水しか存在しない。だから迦葉よ、仏陀は宇宙を覆う雲のようにしてこの世にやってくる……そして生きとし生けるものに、真の教義を授けるのだ。("Preaching" 398-99)

こうした一節がトランセンデンタリストの読者たちの胸に響くのはおそらく「真の教義」の兆しのためではなく、それが彼らのロマン主義的な教化《ビルドゥング》への傾倒にすでに内在している難しい問題系に焦点を合わせるからだろう――教育はいかにして個々の運命を育むのと同時に、それを受け取る者たちにみな共通する必要性を育むことができるのか、という問題に。

それというのも経典の登場人物たち以上に教育法に血道を上げる集団がいたとしたら、それはトランセンデンタリストたちだったにちがいないのだ。ソローをのぞけばトランセンデンタリストたちはみなそれぞれ、自分のもっとも根源的な希求を口頭での教育法のなんらかの実践に結びつけていた。そしてその実践はどれも大学や教会による資格認定からは独立したもので、経験的な要求を重んじて権威の主張に価値を認めないものだった。そしてまた経典の世界に似て、けれども西洋ではもっとずっとまれなことに、こうした幅広い実践は――テンプル・スクールからマーガレット・フラーのカンバセーションズ、それにコンコード哲学学校まで(*7)――教育にとりわけ適した特別な段階を選びだすことなく、幼児から年配者にいたるまでいろいろな人びとを参加させていた。だから教師と生徒をアイデンティティのレベルで区別することを拒む大乗仏教の理想の側面は、トランセンデンタリストたちの理想にも合致するものだったのだ。エリザベス・ピーボディがブロンソン・オルコットのテンプル・スクールについて詳細に記した『ある学校の記録』で書いているように、大人が子どもを教えるときであっても「教師は自分の指導している精神が自分の精神よりも容量が大きいかもしれないことをゆめゆめ忘れてはならない。その感受性が自分よりもっと豊かで、柔らかで、幅広いかもしれないことを。その想像力が自分より無限倍にも素早いことを。配分や推論をおこなうその知的能力が自分より高いものかもしれないことを。そして教師は折に触れて子どもの立場でみずからを感じる謙虚さと、自分自身の（つまり教師の）影響から身を守る術を教えるだけの度量の大きさを、いつだってもち合わせなければならないのだ」(19-20)。ブロンソン・オルコットはまた、こんな指針にも従っていた。「理解を暗黙の信念から守るべく努めながら、教えること」(318)。そしてブロンソンがみずからに課したもうひとつの戒めは「生徒たちをみな一律の親しみと辛抱、そして最上級の親切心、優しさ、敬意をもって扱いながら、教えること」だった(319)。

公的なものであれ私的なものであれ、トランセンデンタリストのマニフェストのなかにじっさいのアジア的教育実践についての記述が見当たるというわけではない。アジアの仏教経典にどれだけ彼らが通じていたかといえば、それもまたおぼつかないものではあった。一八三〇年代、トランセンデンタリストたちのヒンズー教や仏教への興味は、依然としてヨーロッパのロマン主義がこうした思想に抱いていた興味によって仲介されたものだった。けれどこの時期のドイツやイギリスが抱いていたアジアにたいする学術的関心のかたちは、またべつの教育的な意味で想像されたものだった。とくにインドは哲学と宗教の両者における比較研究の手法によって、ギリシャ、キリスト教、さらにいえばすべてのヨーロッパ言語と文化の母体、あるいは「ゆりかご」とみなされるようになっていたのだ（Halbfass 61）。

だからピーボディがこう書くとき、それは家庭的な情操だけでなく東洋文献学にもむけられたものなのだ――「母性感情に根ざしていない真の教育など存在しない。そしてすべての母親は、もしその精神が心を読むことさえできれば、むしろみずからの愛情のなかにこそ精神哲学を見出すことだろう……長きにわたり支配的だった不適切な哲学が心と想像力の自然言語をさまざまにことなったやり方で損なってきたとき、ことさら必要とされるのは感情と思考の「穢れなき井戸」という言語が湧き出てきたその水で、あの激しく力強い母なる＝言葉をふたたび洗い清めることなのだ。その母なる＝言葉は生来備わった概念からなる哲学から萌えいで、そしてひとたび衰退してからは取るに足らない「土埃にまみれた慣習の轍のなかの小石」として足蹴にされ覆い隠されてきたものなのだ」（*Record* 181-82）。次のように言うときにもピーボディはまた、おなじような精神の個体発生と系統発生の二重の物語を語っている――「真の宗教の第一段階というのはおそらく、必然的に汎神論なのだ。そして乳児期は汎神論にうってつけのときだ。個性が実現するにつれてそれはやがて死に絶え、キリスト教神論にとってかわられる」（183）。

たしかにピーボディも当時の慣例のごたぶんにもれず、いまのアジアは時代遅れの「制度や偶像がその人種を人間よりも低い存在へと貶め」押しつぶしていると評しはした（*Record* 187）。けれど同時にみずからの名ばかりのものとはとうてい言いがたいキリスト教との結びつきにもかかわらず、西洋の一神論は「原初的な言語の精神」に照らせば古代東洋にあった同一化へとむかう精神的理想主義からのおおいなる転落だとしている。しかしピーボディとオルコットはともに、幸いなるかな、古典期ギリシャには古代アジア的理想を教育法において再び具現化するきわめて重要なものが現れたという。「アナクサゴラスの理論哲学は東洋の宗教哲学をギリシャにおいてふたたび主張したものだった。精神は神である――偉大なる教師、ペリクレスとソクラテスはそういった。だからこそアテネでは汝自身を知れという実践哲学が立ち上がったのだ。もしも人間存在が物質の存在に先駆ける《精神《スピリット》》によって生成されるものだとするならば（とソクラテスは論じたのだが）、みずからの法についての――つまり自分自身についての――意識は、それ以外のすべてのものをそこから見渡すことができるような視点であるはずだ。そしてなにものの存在を認めるよりもまず彼は自分自身に、そしてのちにはほかの人たちにも、偶発的なものと本当のものの区別について問いかけさせたのだ」(189)。オルコットとピーボディ、そしてのちにはフラーがテンプル・スクールで実践したキリスト教的教示《ビルドゥング》の観点は、ソクラテス的な対話のかたちというよりは東洋志向のプラトンに負うところが大きい。ピーボディの言葉でいえばそれはこんな信念だった――「潜在的にいってほかのあらゆる魂は、キリストがじっさいにそうであったものなのだ。ひとつひとつの魂は無限なるものの顕現なのである。そうした魂《ソウル》が知的に時空を超越しないかぎり、その魂が明瞭に考えることはない。その感受性があらゆる存在と釣り合わないかぎり、みずからと調和することもないのだ」(191)。

そんなわけでピーボディによる法華経の抜粋が『ダイアル』に掲載されたころには――『ある学校の記録』からほぼ一〇年が経過していたときだった――それが初めての英訳だったとはいえ、トランセンデンタリストたちは自分たちが仏教に触れるのがはじめてにはほど遠いことを自覚していた。自分たちにとって「西洋」文化の二大同一化対象である古代ギリシャ人とドイツ・ロマン派の人びとが、アジアを自分たちの知的、言語的、そして精神的な起源かもしれないとみなしアジアについておおいに筆をふるっていたことを、彼らは知っていたのだ（Halbfass 2-23, 69-138）。トランセンデンタリストたちは仏教やヒンズー教の思想について知りうる立場にはほとんどなかったとはいえ、自分たちの思想がそうした思想とは触れたことがないどころか、大部分がすでにそれによって成り立っていることはよくわかっていた。一九世紀なかごろに活躍したインド学者マックス・ミューラーとともに、こんなふうに結論すらしたかもしれない――「我々はみな東洋からやってきた――我々が大切にするものはすべて東洋からきて、そして東洋にむかってゆくのだ……それらを読むことさえできればだれしもが、自分は思い出の詰まった「心のふるさと」へ帰っていくのだと感じるはずである」（Muller 29）。

ミューラーのイメージが醸すドイツ的不気味さ《アンキャニネス》をいたずらに劇化することなく、すこし立ち止まってニューイングランドにおけるこの知的モーメントに、あるとても示唆的な解釈学的状況を認めてみたいと思う。この状況は現在でもアジア思想との出会いを求める西洋育ちの探究者たちには当てはまることなのではないかと思うのだが、この解釈学的な枠組みのなかにいるひとは、自分の全般的な無知を認識すると同時につねにすでに「西洋の」知的、精神的文化の内部にあるアジアの位置づけにも気づいているのだ。

仏教についてのオーディオテープ（ソギャル・リンポチェ、ラマ・スールヤ・ダス、瞑想用の音楽など）を普及させているアメリカのレーベルにサウンズ・トゥルーというのがある。(＊8) スピリチュアルな教えのものとしてはどうも残念な名前だなと思っていた――いぶかしげに肩をすくめて「もっともらしく聞こえる《サウンズ・トゥルー》けど、でもねぇ」なんて言っているシーンが思い浮かんでしまって。でも最近になって「ほんとっぽく聞こえる」というのはその奥ゆかしさにもかかわらず、こういう教えをうべなったりこういう教えから学んだりするときの感じをうまく表しているんじゃないかと思うようになった。それが表現しているのはおもに、認識の交換なのだ

——最良の場合には、驚くべき認識の交換。まるですでに聞き手のなかに真実のテンプレートがあって、ある教えと出会うとその輪郭がはっきりして、そして「ほんとう」だと感じられる、というように。

トランセンデンタリストたちについてもいえることだが、この解釈学的状況をどうとらえるべきかというのにはなかなか悩ましいものがある。こういう「学び」なるものはまったくもって同語反復的だとか、いかにも魅惑的な東洋のスクリーンに西洋の常識を、つまりわたしたちにとっておなじみなものを投影しただけのものだとか、そういって胡乱な目でみるのももっともなことではあるだろう。あるいはこの出会いを翻案《アダプテーション》の一場面として見ることもできるかもしれない——西洋の消費者が複雑な仏教伝統のなかから具体的な窮状に応じて答えてくれそうな要素だけを取りだして、その結果をそのものずばり「仏教」だと名づけてはばからない、というような。

もうひとつの可能性として考えられるのは、この認識の感覚が生じているのは仏教的なオリジナルと歴史的には仏教的だったが西洋思想のなかで連続的に用いられるなかでやがて自然化していった概念とが合わさったところからなのだ、というものだ。たとえばわたしには非二元的なものの強調はなんだろうと「ほんとっぽく」聞こえがちなのだが、非二元的なものへの指向性を歴史的に辿ってみようとしたのはきっとわたしだけじゃないはずだ——たとえばキリスト教のいろんな異端派やネオプラトニズム、グノーシス主義、プラトン、前ソクラテス期哲学というふうに、脱構築と近代におけるその前身を時代を、遡るにつれてどんどん仮想上のものになっていくアジアとの接触のなかに見出そうとするようにして。

とはいえこういう系譜学的な見方は二種類の無限後退に通じている。ひとつめは歴史的なものだ。トランセンデンタリストたちの時代にも現在のように、おなじ形と目標をもった仮想的再構築の伝統がすでに強固に存在していた（これはすくなくともルネサンス期にまで遡る）。だから精神史の実証的な調査として始まったものがあっというまに神秘主義や秘伝主義、フリーメイソン、神智学、オカルト、バラ十字会などといった西洋発信の伝統をふくむ、ともすれば歴史記述《ヒストリオグラフィ》そのものの荒唐無稽な歴史となりそうなものの、めくるめく乱反射にさま変わりしてしまうのだ。しかし同時に個人史の視点もそれとおなじくらいモヤモヤが残る。サウンズ・トゥルーのテープがわたしにとってほんとっぽく聞こえるとして、それってたんにそれが脱構築っぽく聞こえるからじゃないんだろうか。というかそもそも、なんで脱構築がもっともらしく聞こえるんだろう。わたしの記憶にあるかぎり（だからなんだと言われればそれまでだが）、非二元的な教えはいつだってわたしにはもっともらしく響いたのだ。

　この解釈学的状況のもうひとつの可能性。それはあるひとを惹きつける教えがほんとっぽく聞こえるのはそれがほんとうだからで、洋の東西を問わず、ある種の人びとは超歴史的で世界をまたぐ永遠の哲学《フィロソフィア・ペレニス》の地層への個人的アクセスみたいなものをもっていて、それをとおしてある教えをほんとうだと認識するのだ、というもの。

　この解釈学的状況をめぐるこうした多岐にわたる見方のひとつひとつにはそれ自体についての歴史や研究があって、それぞれが経験や思考や政治といった主観的な根拠にさまざまにうったえる。けれど共通して言えるのは、そのどれもがこの教育の場面そのものの同語反復的に見える性質には触れずにいるということだ。「ほんとうらしく聞こえる」という基準をつかうと、どうやら自分がすでに知っていることしか学べないように思える――それを知るのが自分「自身の」生まれつきの文化をとおしてだろうが、歴史的には外国由来の概念の長期にわたる文化的取りこみによるものだろうが、あるいはまた直観によるものだろうが。

　仏教の教育学はとうていこのおなじみの解釈学的堂々巡りへと分け入っていく唯一の教育学ではない。ひとはすでに知っているものの亜種しか学ぶことができない、あるいは自分がすでに探せるようになったものしか見つけられないというハイデガー的パラドックス／袋小路／スキャンダルは、理論的にも戦略的にも西洋の学究のなかで分野をまたいでよく知られたものだ。この解釈学的同語反復はいつだってほかの考えをこき下ろすための道具としては使えるように準備されているが、にもかかわらずどんな学術領域の決まりごとにも実践的にしっかりと組み込まれてはいない。だってそんなことできっこない。この問題自体を研究対象にすることが関の山なのだ。

ところが自分がすでに知っていることを学ぶというこの一見した同語反復は、仏教の教育学的思想のなかではパラドックスでも袋小路でもスキャンダルでもないように見える。いっそのことそれは、問題ですらない。なんとなればそれはむしろ意識的な実践であり、そして仏教教育を意味づけるような実践なのだ。

エリザベス・パーマー・ピーボディがある日歩きながら木に正面衝突したときのこと、当然のごとく聞かれたのは目の前に木があるのが見えなかったのか、ということだった。「見えてたわ」こう答えて彼女は有名になったのだった——「でも気づいて《リアライズ》なかったの」(Ronda 261)。このエピソードはたしかにある種のトランセンデンタリストらしい浮世離れ感を示唆するものかもしれないが、同時にそれは知ることをめぐる心理学と現象学からの仏教的抜け道にたいするピーボディの興味を示してもいる。西洋近代の常識ではなにかを学ぶことというのはとどのつまり、たんに敷居をまたぐことでしかない。一度あることを学べばそれを知っているのであって、それを忘れるまでは（あるいは抑圧しないかぎりは）いつだって知っている。このモデルではおなじことを何度も学ぶというのはおなじピザを二回配達してもらうのとおなじくらい、解せないことになる。

口語的には、そしてあくまで口語的にかぎってではあるが、英語にだって区別はある——たとえばあるアイディアとか提案にさらされて《エクスポーズド》、その意味をつかんで《ラッチ・オン》、真面目に受け止めて《テイク・イット・シリアスリー》、それが腑に落ちて《シンク・イン》、身に染みてわかる《ラップ・ユア・マインド・アラウンド》、というような。こういう区別がされているかぎりでは、もちろん同語反復の問題は消滅する。仏教思想のなかでこうした差異の空間は付帯現象的なものではなく、中心的なものなのだ。ピーボディが言うところのなにかを知る〔know〕ことから実感する〔realize〕ことへの道のりは、いろいろな段階がみっちり詰まった何年ものどころか何回もの転生をも必要としかねない勤《つと》めなのである。理解を超えた概念（たとえばすべてのものは生まれてもいないというような）を「受け容れる」ことにさえ——菩薩にとってまでも——おなじひとつのことを知るためのみっつに分かれた進化的な段階がある（Thurman, *Holy* 5）。そしてひとがかたち〔form・色《しき》〕を理解してゆく途上には、つぎのような一里塚がたくさんある——内心においてかたちのなさの概念をもつ者が外側のかたちを観ずること、かたちからの解放を身体的に実感しそれを確固たるものにできること、物質のすべての観念を超越することをとおして空間の無限へと完全に入ること、空間の無限の境地を超越して意識の無限に完全に入ること、意識の無限の境地を超越して無の無限へと完全に入ること、そして無の境地を超越して意識でも無意識でもない境地へ完全に入ること(＊9)（Thurman 153）。

仏教がこんなふうに豊かな学びの心理学を、そこにある一見した循環性をたいていの西洋思想のようにむげにせず、むしろそのどまんなかに据えるのはなぜだろう。ありえそうな理由のひとつは、認識そのものが仏教的な知の手段であるだけでなく目的でもあるから、というものだ。大乗仏教のたくさんの表れのなかで、実感／悟り〔realization〕とは実質的に——仏を、精神の本性を、師を、無を、中有《バルド》における幽体を——自分とちがうものではないと認識することを意味している。そんな認識はどう考えても、通り一遍の認知的出来事なんかではありえない。

そんなわけでトランセンデンタリストの、そしてわたしたち自身の解釈学的のなかの、もう一重の襞《ひだ》。仏教の教育的思考に惹きつけられる西洋読者はそれを文脈から切り離して誤認して、文化的差異なんか蹴散らして、しまいには西洋的な意味というより仏教的な意味での知ることにおいてそれをわかることができるように、彼女自身の心象で作り変えさえする——最近の批評研究にしてみればオリエンタリズム的悪行の極みだ——そんな危険性がもっとも高いかもしれない。しかしまたそのいっぽうで濃密な段階でもあり能動的な実践でもあるものとしての悟り／実感《リアリゼーション》を尊ぶ仏教の枠組みから見てみれば、仏教は西洋人によって知りえるか否かという問いをめぐる理論化された学術的懐疑というのは、それ自体がじつは西洋の不思議にも薄っぺらい「知ること」の現象学に依存していることを露呈しているのかもしれない。

うちの猫になにやら教育上ためになりそうなものを見せようとするたびに——たとえば満月とか、猫自身の写真とか——おきまりの振りつけがつづく。見てほしいものをわたしが指さすと、好奇心を呼びさまされた猫はその集中をわたしのぴんと伸びた人差し指に一心にむけ、そして細心の注意をもってくんくんと調査を開始するのである。

この教育法の失敗場面が上演されるたび（そしてそれはひんぱんに起こるのだ——うちの猫が指を嗅がないことを学ばないのに負けず劣らず、わたしもまた指差さないことを学ぶ能力に欠けているから）、わたしたちふたりは釈迦牟尼の昔から仏教の教師たちをとりこにしてきた教育的問題に巻きこまれている。仏教書におけるその正式名称はいかにも「指月の譬《たと》え」というもので、それは西洋の教師生徒たちがようやく二〇世紀になって興味をもつようになったような、言語と非言語的なものの両者についての幅広い問題に開かれたものなのだ。

エリザベス・ピーボディ、ブロンソン・オルコット、そして一九世紀西洋のほかのたくさんの教師たちにとってこれまで話してきたような仏教の教育学の認識《レコグニション》・実感《リアリゼーション》をめぐる側面はなによりも、肯定的な一体化を可能にする継ぎ目ない教育学にたいする自分たちの希望のイメージによって仏教を理解するという、おおいなる誤認を可能にするものだったように思える。『仏教とのアメリカの出会い――一八四四年から一九一二年まで』でトマス・ツイードが指摘するように、歴史的にみて仏教にもっとも深い興味をもっていたアメリカ人でさえ、仏教の決定的に否定的な側面のほとんどには抵抗しつづけていた。たとえばヨーロッパにおけるインド学の創始から、もっとも幸せな運命とは生まれないこと（あるいは生まれ変わらないこと）であるというヒンズー教と仏教に共通する想念については、古典期ギリシャにもおなじような傾向が数々表されているにもかかわらず、西洋の学者たちは不動の石垣をもってがんとして信じようとしなかった。ショーペンハウアーとのちにはフロイトをべつにすれば、非存在に動機を求めるというのはどういうわけか人間存在を定義する枠から零れ落ちることだと考えられてきた。トランセンデンタリストたちの一元論もやはりおなじく、仏教の否定的転回をまるきり拒んでいた。自然と精神は一なるものであるとか固体性は諸感覚の幻であるとかの直観が、無の教えに結びつくことはなかったのである。

おなじように学びとは認識の一形態であるというトランセンデンタリストの熱心な理解は、しかしどうすれば――いや、はたして――自発的な認識のないところで学びが進展するのかという、それに従って生じる問いにたくさんの仏教伝統がそうしてきたように取り組むことはなかった。けっきょくのところ菩薩の教育法の多層性と持続性は、突然の悟《エンライトメント》りをめぐる物語がそのおおいなる単純さを指し示すのとおなじくらいの明確さでその教育法の難しさを指し示している。ブロンソン・オルコットの精神的な限界の感覚がもっぱら結びついていたのはなんであれ否定的なものを考えることとの困難だった。ピーボディが記しているように、ある授業でのこと――「None〔どれも～ない〕」という言葉の語源は no と one というふたつの言葉だという指摘がなされた。オルコット氏は生徒たちに nothing at all を考えること〔なにも考えないこと〕ができたか、それとも nothing という抽象概念を理解できるよう some とか one とかについて考えなかったか、と尋ねた……オルコット氏は子どもたちに理解の限界を感じさせることでよって学ばせるのが賢いと考えている」(Peabody, *Record* 29)。

オルコットとおなじようにピーボディ自身にとっても、言語の性質そのものが教育的な問題を提起することはほとんどなかった。なんとなれば言語は、精神的な指導にたいして天の配剤かと思えるほどぴったりの媒介を提示してくれるものだった。「言語は」とピーボディは書く――「精神的でも物質的でもあるという性質をもつがゆえに、物質的なものを超えた知的生の基本領域を成す。つまりそれは形而上学的な世界を作りだす――有限な魂と無限の魂がほかの有限な魂や「無限なる者」と通じあう世界を」(*Lectures* 93)。けれどさらに問題視されていなかったのは、非言語的で直示的なメソッドに頼ることの理論的優位性だった。ありていにいうとそれは、ものを指さすというメソッドだ。オルコットの「一般根本原理」のなかの指示には、たとえば「原則的には言葉の知識ではなくものの「知識」を教えること」とか「知覚できて触知できる物体によって例示しながら教えること」(318)などがある。年月をかさねドイツ・ロマン主義の教育者フレーベルの影響がいや増しに増すなか、ピーボディは「もの」を指し示すことにもっと傾倒していった。「物体、動き、そして行動が、それを名づける言葉に先行するというのは第一原則だ……思考の法とは、まさにものの法なのである」(48)。

なにか言ったりものを指さしたりすることについて、仏教の教育学はそんなにのんびりかまえてはいない。ウォルター・シェイが簡潔にまとめるところによれば「仏陀は多くの経典で発話を方途として巧みに援用しながら語るのだが、その発話はあくまで「月をさす指」であり月そのものではないととらえられるべきだ。仏陀はこう言う――「四九年にわたる説法のなかで私はひとつたりとも言葉を教えたことはない」。経典はしばしば私たちに、単なる言葉ではなく意味に依拠せよと戒める……読者諸氏に留意してほしいのは、危険なのは言葉そのものではなく言葉への執着なのだということだ。月をさす指としての経典の大事な役割は、支持されなければならない」（in Chang 23, n.20）。指／月のイメージが含意しているのは、指さすことは話すことよりも誤解を招きにくいとはいえ、その非言語的な具体性をもってしても参照性をめぐるつかみどころのない問いを遮断することはできない、ということだ。

この問題を言いかえてみれば、執着過剰な学習者——たとえばうちの猫——は指さしがどんな種類の発話行為（たんに行為といってもいい）であるかを勘ちがいしているということなのだ。わたしにとって指さしに関連する発話内行為は「指し示すこと」なのだが、いっぽうの猫にとってそれは「差しだすこと」である。それは仏陀の四つの聖なる真理〔四諦《したい》〕を能動的で遂行的に差異化された命令（「苦悩を理解すること、その源泉となるものを手放すこと、その消滅を実感すること、そして道を拓いていくこと」の命令）ではなく、並列された命題的信念（「「生はいっさいが苦である」、「苦の原因は煩悩である」——など」）としてとらえてしまうという誤りとして、スティーヴン・バチェラーが示したものでもある（Batchelor 4-5）。

おそらく大乗仏教が「月をさす指」問題に折りあいをつけようとしてきたもっとも代表的な方法は、かくあること〔thusness〕、またはありのままであること〔suchness〕（サンスクリット語では*Tathatā*《タターター》〔真如〕）という、直示的言語をとおしてのことだろう。空海はこう書いている——「仏法は言葉を超越するが、言葉なくして啓示されることはない。真如は色を超越するが、色無くしては悟られえない。ひとはときに月をさす指を月とたがえることもあるが、人びとを導く仏陀の教えには限りがない」（in Hakeda 145-46）。仏陀が*Tathāgata*《タターガター》〔如来〕つまり「かくの如く来る者〔thus-come one〕」と呼ばれるとき、あるいは一二世紀の日本の文献がつかの間でもありふれた存在の「真如」について観想することは速やかな悟り〔頓悟〕を約束するのだと勧めるとき（Stone 199）、指し示すという身振りはすくなくともふたつのやり方で使われている。それは指し示された現象の自明性と直接性と思しきものを示唆しながらも、同時に言葉では言い表しようもなさ、つかみどころのなさ、そしてじつにものそれ自体の本性〔self-nature・自性《じしょう》〕が空《くう》であることを示してもいるのだ。W・T・ド・バリーの定式にしたがえば、「その動的な側面において」かくあること〔thusness・真如〕とは「《事実》の顕現、現象、そして領域」だ（de Bary 167）。この意味でそれは、ドゥンス・スコトゥスがラテン語でかくあること〔thusness〕をして「このもの性〔hecceity〕」と呼んだ概念[*10]に比することができるかもしれない。スコトゥスの「このもの性」はドゥルーズが混じり気のない存在、あるいは「完全なる個体性」（たとえば「ある一時間、ある一日、あるひとつの季節……あるひとつの熱の程度、あるひとつの強度」）を表すために援用した概念でもある（Deleuze and Parnet 92）。そのいっぽうでド・バリーは、仏教における「静的な側面」では「かくあること〔真如〕は「空無」、物自体《ヌーメノン》、そして「原理」の領域である」と言う（de Bary 167）。そしてこの空の意味でもまた、かくあることはドゥルーズのこのもの性に対応するかもしれない——知覚を呼び起こしながらも、そのものに内在するアイデンティティも、そして知覚者と知覚物の分裂もともなわないものとして。

　かくあること〔真如〕はこのとき、ひとつの身振り——指さすことという基本的な教育的手段へのうったえ——へと凝縮してゆくように思える。それは二重の動きなのだ。いろいろな現象のもつ、はかりしれず言葉にできないさまざまな特異性にたいして統覚的に惹かれながらも、同時にそうしたいろいろな特異性やまさにその存在そのものの存在論的な根拠と思しきものさえも空にするという、二重の動き。この共鳴しあう二重の動きのやむことのない振動は、ダライ・ラマが空《くう》のイメージとして鐘の内側を用いたときに意味していたかもしれないものに呼応する。真如《タターター》とはさらに、かたち〔色《しき》〕を空《くう》とかかわらせるだけでなく、非二元的にあらゆるかたちをほかのあらゆるものとかかわらせる。「それぞれがみな、存在するすべてのものの全体性と等しく、そしてまたほかのすべてをみずからのうちに内包しているのだ」（Stone, 201）。

　それゆえつまるところは、かくあること〔真如〕の観点では指と月のあいだの差さえも溶解し、そしてそれとともにたぶん、両者を混乱するなかれという往古からの禁止さえも溶けてゆく。ある現代の禅僧が言うように「月をさす指は月であり、そして月は指である……両者はたがいを実現《リアライズ》しているのだ」(Loori, 8)。ある公案の解釈が詳述するところによると「ある僧が「月」の意味を問うと師［法眼文益］は「指さすこと」と答えた。だれかが「指さすこと」の意味を問うと師は「月」と返した。これはいったい何故か。そのもっとも深遠なる論理はおそらく、禅師の悟りを開かれた心のなかにある。そこでは凡人が「指さすこと」と「月」と呼ぶようなもののあいだの区別が存在しないのだ。師にとってそのふたつの関係とは、海と波の関係のようなものだった」(Holstein 49)。

とはいえそれがどれだけ概念的に自由をもたらすものであろうと、「かくある」とか「そのような」にこんなにも複雑に実現《リアライズ》された意味が詰めこまれているということは、ある種の教育学的な還元できなさを物語ってもいる。それはいわば、仏教の教育学はそれよりも初歩的な理解のための手立てをこれっぽっちも与えてくないのだということを意味しているように思える。言葉にできない教えのデフォルトとしての指さすという身振りがそれ自体にすでに難解な教訓を内包しているとき、もしかしたらそれは、聞かなきゃいけないならけしてわかりはしないということなのかもしれない（とりあえず今世では、ということだが）。どんなレッスンでも消化しやすいようにできるだけひとくち大に噛み砕いて教えてしかるべきというアメリカ教育の民主的な楽観性とは対照的に、仏教伝統の知恵はそのホログラムのような構造ゆえ、生徒たちがあらかじめかなり高い認識の閾値を超えていることを前提にしなければならないのだ。

ごく基本的な実感がそもそも伝わりうるかどうかについての根底的な疑義がいろいろな宗派の仏教のなかで中心的な位置を占めているということを合衆国で説きはじめたのは、二〇世紀、とりわけ第二次世界大戦後に禅仏教を普及させた者たちだった。けっきょくのところ、禅の実践は悟り《サトリ》という学びの高い閾値を超えることを系統的に保証することはできないとしても、すくなくとも学ぶことの不可能性を系統だって劇化し、そしてたぶんその不可能性をとことんまで出し尽くすはっきりとした実践（たとえば公案と取り組むというような）を提示してくれる。さらにいえば禅の反衒学性はカウンター・カルチャーの反知性偏重主義と融合して、言語的表現の限界についての息の長い意識を作りだした。こうした探究の全盛期だった一九六〇年代はトランセンデンタリズムの全盛期以上に、学校制度への批判がほとんどあらゆるかたちのユートピア的投機の媒体になっていた時代だった。かりに仏教的探求が学生運動にとっては周辺的なものであったとして、それでもそうした探究は学生運動を可能にしていたのだし、そしてそれによって可能になってもいたのだ。

こうした否定のかたちが禅の普及家たちのあいだで注目されるようになるにつれ、それはまたアメリカ人にとって空《くう》というような概念をそれまでよりわかりやすいものにしたし、またそういう概念が形而上学的なだけでなく教育的な意味でも大事なものだということも示した。一九六五年に出版されたのち絶大な影響力をもつようになった『禅の三本の柱』という本は、実用的な詳細にも富みながら禅の教えの実践と理論の両者を幅広い読者層に紹介したのだが、たとえばこの本はこんな臨済の教えのような助言を中心に展開する——「悟る《リアライズ》べきものなどとくにない」（in Kapleau, 194）。[1] 教えることと学ぶこととはじつに（ほとんど）不可能な仕業であり、おたがいが喧嘩していなければ寂しくなってしまうような関係にあるものなのだという感覚を、戦後の読者は興奮をともなった認識で応えた。アラン・ワッツは一九五七年にこう書いている——「禅の基本姿勢は語るべきことも教えるべきこともありはしないというものだ……だから師が生徒を「助ける」などということはまるでない……むしろ逆に師は骨身を惜しまず生徒の行く道に障害やら壁やらを置きにいくのである」（Watts 163）。一九五〇年代、六〇年代の禅の実践家たちは、孤高なる魂の実存的英雄譚というエートスを頼みにした。たとえばキャプローは最初の公案に取り組みつづけるべしという山田無文の教えを引用する——「無《ム》をなにもないことだと思ったり、存在と不在の観点から考えたりしてはいけない。どんなに頑張っても吐き出すことのできない赤熱した鉄球を飲みこんだかのように〔感じる境地に達しなければならない〕」（Kapleau 76）。彼らの否定的なものへの指向性の大部分には「純粋な意志の力」の礼賛が流れている。そういう意味で禅の普及家たちが描きだした自己のかたちは、トランセンデンタリストたちの自己に負けず劣らず空や非存在とどんな関係にあるのかについては判然としないものだった。

一九八〇年以降にイギリスとアメリカで「意識的に死にむかう運動〔the conscious dying movement〕」[*11]が発達した背景のひとつに、一九六〇年代のカウンター・カルチャーの開花とそれが廃れたときの政治的な失意があった。それより時代的に近い影響源としては拡大してゆくチベット・ディアスポラ、ＡＩＤＳ危機の可視性の高まり、そしてすでにおこなわれていたホスピスや緩和ケアもあった。若くて学があって雄弁な男性たちのあいだに（ほかにもたくさんのひとたちがその病におかされるなか）ＡＩＤＳが突如として現れたことの効果のひとつは——それが進行の遅い、そしていまのところは不治の病だからこそなおさら——西洋において死にゆくものの主体観を表現するような場所がなんとか作りだされたことだった。八〇年代になって近代医療のメロドラマによってなんとも専制的に排除されるまで、この場所は早逝の可能性に直面していたほかの人びとや、そしてまた年老いた人びとにもどんどん開かれたものになっていった。おもしろいことに意識的に死にむかう運動にはある種の六〇年代政治の共同体主義的な野望はまるでなかったのだが、それでもこの運動は非自己をめぐる仏教の教育法ともっとずっと深いかかわりをもっていた。

わたしたちのなかでも現在こうした主体のあり方のなかを進んでいるものたちが、一九世紀のアメリカ人にとってとりわけ悩ましいものだった仏教の側面を探るための特別許可を受けたような気がしているのは、驚くほどのことでもないかもしれない。もちろん耳障りな声がいまだに、ことさら「東西心身医療」の名のもとに、あなたたちこそだれより不断のポジティヴ思考の投薬計画を逸脱してはいけないんですよ、と哀訴するのも聞こえはする。けれど歴史的に西洋が作りだしてきたアジア的否定性の形容辞のなかでもきわめつけのもの――悲観主義、無抵抗、減衰、消耗――が来る日も来る日も意識の流れの逃れがたい一部となっているとき、仏教思想の生き生きとした「否《ノー》」の領域をもっと探ろうとするのに、どんな罰がまだありえるっていうんだろう。

　診断から死までのあいだに広がる中有《バルド》は、(*12) ある人びとをして仏教の教えを求めさせる。けれどまたこの期間自体が多くの仏教の教えのなかではたぐいまれな教育のツールだともみなされている。不治の病の診断くらい、知識《ナレッジ》と実感《リアリゼーション》のあいだの距離を効果的に劇化するものはまたとないだろう。それはうたい文句のとおり、すばらしく精神を凝縮させる効果は抜群で（たとえそれが精神を粉々にすることによってでも）、そして死ぬと知っていることと実感することの差を、否が応でも鮮明にする。この効果をますます高めるのは、それまでわたしたちがそれぞれの一生を通じて非常事態的に発動してきた、死ぬことについての想念のあれこれだ。抑鬱、ヒステリー、心気症、ストア派的ないしは実存的ドラマの数々、そんなものによってかたち作られた、死の想念。こうした考えときわだって対照的なのは、自分自身の死が認知的な知にたいしてもつ、ほとんど絶対的なまでの不透明さだ。現実指標をひとつご紹介しよう――健康だったときにはパスカルの賭け(*13)なんて、どう考えたってずいぶん下衆なものだとしか思えなかった。

　意識的に死ぬことをめぐる書きものや実践は、さもなければどんどん生い茂るように増殖してゆくもののように思えるチベット仏教の教えに、禅風のミニマリズムみたいな美学をもちこむように思える。一九七一年に出版されたババ・ラム・ダスの『ビー・ヒア・ナウ』、その十一年後のスティーヴン・レヴィーンの『だれが死ぬのか』、そしてさらにその十一年後のソギャル・リンポチェの『チベットの生と死の書』へと、中有の教えについての記述は飛躍的に詳しくて幅広いものになっていく。それでも前に見たように、ソギャルでさえほとんどあどけないほどの修辞的素朴さでちゃんと読者の足が地につくようにしている。それはその旅がもたらす甚大な文化的かつ存在論的ずらしのなかを読者が自由に動き回れるようにするモードのひとつであるようだ。さらにいえばソギャルの本から英語で書かれたほかのほとんどすべてのチベット文献へと移行することとは――つまり死ぬことをめぐってアングロサクソン系アメリカとチベットのあいだでなされるこの特定の言説によって形作られているわけではない、ほかのたくさんの本へと移行することは――ソギャルがかろうじて仄めかしていたにすぎないような他者性の濃密さによって、ぎゃふんと言わされることでもある。

　こうした書きもののスタイルを禅風と呼ぶとき、わたしが言おうとしているのはその情動的なトーンではない。ソギャルのものも含め、こういう書きものはどれも感情表現の豊かさに溢れている。禅的な側面――道教風、と言ったほうがいいのかもしれない――が現れるのはむしろ、方法の簡潔さにものすごく高い価値が置かれていることなのだ。ブッダ自身の「巧みな方途〔skills in means・方便〕」[*14]とはいつでも教育的な方法を指すのだが、それはいろいろな経典のなかで途方もなく入り組んだかたちをとりうる。対照的に死に方についての教えや学びというこの今日的なプロジェクトでは、暗黙の行為こそが、あるいは否定的な行為さえもが熟練の証であるように思える。〔維摩経に登場する〕ヴィマラキールティ[*15]の定式化によれば、その試みとはあたうかぎり「沈黙、表現の不可能性、そして教えることの不可能性をもって」勧めることなのだという（Thurman, *Holy* 86）。死ねないひとはどこにもいない――だからせいぜいできることといえば、その邪魔だてをしないことくらいなのだ。

　そんなわけでどうやって死ぬかの教示とは、じつはどうやって死と手を取り合ってやっていくかの教示とおなじなのである。こういう状況では教えることも学ぶことも、いちばん受動的で最小限のパフォーマンスを必要とする。（だれかとか苦境とかにたいして）「開かれていること」、（痛みの場を）「開くこと」や「柔らかくすること」、聴くこと、ゆったりすること、広々した感じ、ラテン語の *pateor*——開かれたままで置かれていること——の意味でじっと待つこと《ペイシェンス》、だれかと呼吸を分かちあうこと——こうした「しないこと」の実践のなかにはほとんどニュー・エイジ的常套句以外のなにものでもないように聞こえるものもあるだろう。それでもこうした実践は消失したアイデンティティの敷居をはるかに超えて、磁力をもった現実の感覚を支えてくれるように思える。サンドラ・バトラーが書いているように「死にゆく人を、その朽ちていく肉体を、衰えていく身体に囚われた精神を、拍動する心臓を、狭い肋骨に打ちつけるいのちを世話するという境界的な経験が、ことばとことばのあいだの沈黙の必要性を、息がそこから生ずるあの休止の、つながりの音のなさを教えてくれた」（Butler 4）。そしてそれは、驚きなのだ——驚くべきではないけれど——つまり、なくなっていくというその領域のなかでは消滅の淵にある非＝行為こそが、ともにあること《コンパニオンシップ》の可能性の条件になるのだということが。

この自分を打ち消すようなミニマリズムは、教育的な美学として「東洋的な」影響と「西洋的な」影響を、いまやおなじみになった歴史的フィードバック・ループのなかで結びつける。たとえば一八三六年、トランスセンデンタリストのマーガレット・フラーがボストンの成人女性たちを相手に精神的《スピリチュアル》かつ政治的な「カンバセーションズ」を提示しようという野心を述べるとき、どうやら新奇なことを表明しようとしているらしい自分のことを文通相手がはたして理解できるかどうかすら、彼女にはさだかではなかった。「わかっているんです——［参加者たちにとって］漠然とした一般論の覆いやお仲間どうしの批判の御託、世間様のたおやかな侮蔑の眼差しを脇において、たとえ真実の太陽から差す光だろうと、その光を恐れず直視することが難しいのは。

それでもそうした惜しみない勇気なくしてはなにごともなしえない、または学びえないからこそ、わたしはたくさんの人がそういう勇気をもつことができればと願わずにはいられないのです……よくある沈黙とかひそひそ話では、わたしの心は麻痺してしまうでしょう。長広舌をふるってばっかりいたら、きっと粗暴でお門ちがいのような気がしてしまうと思います。これまでの何回かでは、三〇人のうち二五人くらいには自分の役割をちゃんと果たして、質問したり、定義したり、自分たちの意見を述べたりそれを吟味したりするのが楽なように、そして心地いいくらいにすることができました。それくらいのことができていなかったならいまごろもう、失敗だったんだと思って引き下がっていたでしょう」(in Konfeld, 98-99)。

いっぽうその次の世紀の終わりごろ、ロバート・サーマンによる『チベット仏教概論』のなかでこれとかなり似たような仏陀自身の自己滅却の教育学についての記述があらわれるとき、それはあたかもセラピー・グループや委員会のまとめ役とおなじくらいおなじみのアメリカ的文化形態に根ざしているものであるかのような印象を与える。「だから仏陀の化身とは、人びとを自分たちがもっているより高い可能性へと開くというほかに目的をもたない、憐れみの権限なのである……仏陀は我々のような中心の感覚をもたない……仏陀のエネルギーに出会うとき、それは完全に我々とともに、そして我々のためにある。我々のエネルギーに反するようにしてそれを吸い取ったり急増させたりなどということはないのだ……彼というかたちをとろうと彼女というかたちをとろうと、そうした存在は他の存在が自分たちの進化的前進への最大限の機会を見出すフィールドにおける焦点なのであり、そこで人びとは劇的に増大した理解、改善した感情、知覚、洞察を手にし、ずっと心地が良くなって、しばしば難局に対峙してももっとずっとうまくやったりよく理解したりするのだ」(Thurman 21-22)。

サーマンの著作のアメリカ的な響きが仏教をねじまげているとか我有化しているとか、そんなことが言いたいのではない。そうではなくて、そのまさに「西洋的」なあり方こそがさまざまなアジア的教えとの、そうした教えどうしのあいだの、さらにはその内部での、現在進行中でパリンプセストのように幾重にも重なった、けれどもとても活力に満ちた会話のなかにこうした書きものを位置づけているのだ。(2)

指さしている指とさされている月を究極的には切り離せないものとして見るというのは、なにを意味するんだろう。わたしはこのイメージを、手段が目的にどう関係しているかについて仏教が瞑想しつづけてきたものの一部なのだと思っている。教育に関係ないイメージ、たとえば旅そのものを目的地とみなすようなイメージによっても、手段と目的が切り離せないというのはじゅうぶんにわかる。とはいえ教育の場を思い起こさせずにはいられないこのイメージを仏教の高度に意識的で長大な解釈学的伝統に照らして見ると、どうもふだんは教育的な手段と目的の非同一性を強調することが肝心だと考えられているのであって、両者が切り離せないことを話題にするのはごくまれなことのようだ。

けれどさっきも言ったとおり、病と死にゆくことの教育法は手段と目的をおたがいにたいしていつもとはちがった関係に据えるのだし、生徒とか教師とか教えることかというラベルをぴっちり貼るのがどれだけ難しいかを劇化もする。たとえば〔維摩経の〕病に伏したヴィマラキールティは「解放〔解脱〕の技法に熟達しているまさにそのことにより」「あたかも病んでいるかのごとくみずからを表した」とされる(Thurman, *Holy* 21)。中有の教えは死そのものを「我々が〔解脱へとむかう機会を〕発見したり認識したりするのを可能にする鍵または道具」としてとらえる(Sogyal 104)。意識的に死にむかう運動の決まり文句のひとつに——でもそれは決まり文句にとどまらないのものでもある——シシリー・ソンダースの言葉でいうと「死にゆく人びとと協働するひとはみな、自分たちが与えている以上に「死にゆく人から」受け取っているということを遅かれ早かれ知るのだ」というものがある（in Sogyal 177）。じっさい、健康な人びとがほかの人たちの死に方からどう学ぶかについて書かれた『死にゆく人たちからのレッスン』とか『最後のおくりもの』というタイトルの一般向けスピリチュアル本のサブジャンルもある。なんと不治の病を抱えているふりをすることをともなう一年間におよぶ自己啓発プログラムまで存在するのだ。

そんなわけで病の床や死の床は特権的な学びの場面として作りだされつづけはするのだが、そのなかでの教育的役割の割り振りは不安定だし、手段と目的の割り振りもまたしかりだ。病や死はなにかさらなる目的の巧みな方途〔方便〕となるのか、あるいはまた（ほかの）巧みな方途によって解かれるべき問題なのか。あたかもつねに死の面前にあるかのように意識的《マインドフル》な生の営みを実践すること、それまで生きてきたのとおなじように意識と尊厳をもって死ぬことができること、ヴィマラキールティのように死への近さをとおして空について学ぶ、あるいは教えることができるようになること、死の中有を経験して望まない転生からの自由を得られるようになっていくこと――こうしたゴールはおたがいに排他的ではないが、まちがいなくべつべつのものだ。こういうもの全部のなかでどの指がどの月をさしているのかを見分けるのは、簡単ではない。

ソギャル・リンポチェの著作でもそうなのだが、意識的に死にむかう運動についての書きものには全体として、さまざまな宗教的帰属の読者、あるいは無宗教の読者をひきつけるようにと、無宗派であることへのこだわりが共通している。この運動の一貫した特徴であるのはいわば目的と方途の決定不可能な近さ、そのほとんど切り離すことのできなさの感覚だ――それは事実、この運動の方途の簡潔さのいちばん力強い表明でもある。けれどもどんなに西洋人向きに書かれたものでさえチベット仏教の教えのなかでほかのなにものにも還元不能でありつづけるのが、現実的なものとしての転生の強調と、じっさいに死ぬことの主体的経験をめぐる自信に満ちた語りだ。

健康な人たちを相手にこの運動の文脈で病の経験について話すと、わたしたちの会話はよく、輪廻転生の浅瀬でむざむざと座礁する――それ、信じてるの？　わたしの話し相手はどうしてもそんなことできないと言う。こういう対話はおたがいにとって孤立感を高め、身がまえたものになりがちだ。(3)

なにはともあれ教育的な視点から言えば、中有と転生についてのチベットの教えは抑えようもなく豊かだ。生まれ変わりという枠組みは、ひとつの人間の生涯をもっとずっと長くてすごく複雑な学びのプロジェクトの文脈に割り振る。個々の生涯はキリスト教みたいに合否で判定される、一回こっきりで出たとこ勝負の上級者クラス（あるいはその世俗版にいたっては成績すらつけてもらえない）ではなくて、学校教育の一年分、いわばほかの適度なレベルの学年に前後をはさまれた一年分みたいなものだ。しかし輪廻転成は幼稚園から高校までの教育や大学とはいくつかの決定的な意味でちがっている。毎年春になるとほとんどすべての生徒は自分がだれだったか、記憶をなくしてしまうのだ。ほとんどのひとは四月になったら、そもそも自分が学校に入学していることだって忘れている。原則的には学年水準の順序というのがあるのだが、それを折り目正しく進んでいく生徒なんてほぼ皆無だ。そのかわりいっきに五学年落とされることもあれば、幼稚園からいきなり全部卒業したり、はては四年生を数千回留年することだってありうる。（成績が悪くてもとりあえず進級させてしまうというような制度はない。とはいえ毎年恒例の健忘があるので、失敗しても恥じいったりくじけたりすることはない。）生徒たちはまたその教育の目的においてもそれぞれにみなちがっている。ただひたすらこれが永遠につづくといいなと思っているひともいる。教育なんてくそ食らえ、そんなのは学校を永遠に離れるための準備なんだ、と思うひともいる。学校の世界の外側なんて想像だにしないで、教育実習生として授業に戻るのをわくわくして待っているひともいる。そしてくだんの記憶の問題のせいで、じつはそれぞれの学年のなかでたくさんの生徒たちが、自分や自分のクラスメートたちはもう教育実習生なのにちがいない、と思いこんだままでいる。
すくなくともいまのところわたしには、こういう説明を信じることと信じないことがどういう意味をもつのかはわからない。最大限にも最小限にも言えることといえば、そういう考えに（もうちょっとどたばた喜劇みたいじゃないものもふくめて）触れることはわたしにとって、死ぬことという問題をめぐる意識の風景を、がらりと変えることだった。具体的に言うとその風景は、もっと広々したものになった。自分がよくもぞもぞと入りこんだまま出られなくなった、とても苦しい認識論的／心理的なもつれを覚えている――わたしはほんとに死が怖いんだろうか。生きることに疲れたのと、死ぬことに惹かれることの差なんて、見分けることができるんだろうか。自分の揺るぎない無神論が熱い風のなかの葉っぱみたいに萎れないなんて、どうして言えるんだろう。今でさえわたしはほんとに、ほんとに、自分が死すべきさだめの存在だって、実感してるんだろうか。

こういう疑問の収縮的で強迫的な性質はたぶん、それが一人称単数をぎゅっとつかんで離さないことにもじゅうぶん見てとれると思う――まるでその人称が気まぐれなとりあえずの埋め草なんかではなくて、不滅にされるべき標本であるかのように。しかもこういう疑問の未熟さをもっと示すのは、それにとりつかれているあいだわたし自身も、なんてうんざりするくらい退屈なんだろう、と思っていたことだ。

わたしが転生をほんとうに信じているのかというのも、そういう疑問とそんなにちがった作用はないかもしれないし、いってしまえばそれよりたいしておもしろいものでもないのかもしれない。ロバート・サーマンをはじめとする学者たちが転生を強調するのに応答して、スティーヴン・バチェラーによる一九九七年の『信念なき仏教』という本は信じるのでも信じないのでもない立場を表そうとしている。バチェラーはいっぽうでは「未来への責任」と（Batchelor 113）、もういっぽうでは「ほかの時代のさまざまなクリーシェや教義」（104）

とのあいだに折りあいをつけるための最良の方法として、理にかなった不可知論を提唱している。とはいえバチェラーは二〇世紀の経験論という、おうおうにして疑問視されずにいるものに依拠している。転生について思いをめぐらすことですら「仏陀の不可知的で実際的な態度から遠く離れ、論証も反駁も実証も反証もしえない形而上学的な視点の考察へと我々を導いてしまう」と訴えるのだ（36）。「不可知論者の仏教徒にとって仏法とは、我々がどこから来てどこへむかい、死後なにが起こるかという問いにたいする「答え」の源泉などではけしてない。そんな知識はもっと適切な領域に求められるべきものだろう――天体物理学、進化生物学、はたまた神経科学など」（18）。（ちなみにこういう学問分野が死後なにが起こるかについて研究していると知って、個人的にはびっくりだった。）そしてバチェラーの不可知論はそれがもっとも系統的でないときでさえ、慰めへの飽くなき軽蔑に彩られている。たとえば、転生についての信念は「慰めという贅沢」（43）として一笑に付される。

開かれていることや知らないことの大切さを主張しながらバチェラーの本にもやはりあの、わたしはほんとに実感しているのだろうか……の固くて苦しい心理的なもつれの感覚が、しばしば共有されている。たとえばそれはおなじように、自己を隔離して不動のものにしているのだ。バチェラーがどれだけさげすんだように慰めという言葉を使っていようと、「他者の苦悩を和らげたいと願う」というこのひとが他のひとの慰めを卑しむべきものだと考えているとは思えない（104）。慰めを欲したり求めたりしてはいけないのは、どう考えても彼自身なのだ。しかしそんなバチェラーの実存的要求がだれかにむけられると、それは無情なものになる。彼は「重大な実存的問題」について「ドグマ的でなくかつ逃避的でもない態度をとるリスクを冒す勇気を奮い起こせないこと」にたいしては、それがいかなるものだろうと軽蔑をあらわにする（38）。「不可知論は優柔不断の言い訳になど到底なりはしない」と、だれかさんはしっかり釘を刺される――「なんとなればそれはむしろ、行動への媒介なのだ」と(38)。こうして道徳的に筋骨隆々たる人物を作り上げて維持しようというのは、なかなかに高くつく仕事だ。そこで犠牲にされるもののなかには諸行無常、あるいはいっそ空の意識がある――こういうものがあればこそ、この人物だってもっと情深い扱いを求める「他者」と自分とが、恒久的に他なるものではないと気づくことができるかもしれないのだ。こういう意味では意識的に死にむかう運動のずっと循環してゆく教育法のほうがもっと柔軟で、多方向的で、それに効果的なように思える。

なんどもくりかえされる輪廻転生がそんなに心癒されるものかって、どのみちわたしにはよくわからない。はっきりしているのは、死すべき運命と折りあいをつけようとしているひとたちの世界における存在として、チベット仏教の教えがどれだけ熟達したものかということだ。自己でなくなっていくこと、自己でなくなることを学んでいくことはともに、記憶喪失とか化身とかつねに移ろいゆく関係性とかがすでに抱かれている空間では――いってみればそういうものたちがあらゆる現象の坩堝となっているような空間では――そんなに息苦しいことじゃない。

この教えとただともにあることは、それを信じたり信じなかったりすることよりも、もっとずっと効果がある。たとえば、瞑想のゲームをしてみよう(いかにも転生の教えにありそうでしょ?)――自分の人生を、いや自分の性格だっていい、今の自分とはちがうものとして思い描く、そんな瞑想のゲームだ。ものすごくたくさんの疑問が思い浮かぶ。でもそういう疑問が浮かぶのは、ひとや自分を責めるという文脈でも、意志や決意というような文脈でもない。その空間はもっとなんていうか――なんだろう、願望? どこか、すくなくとも、可能性によっても不可能性によっても、それからとりわけ、自己にあまり紐づけされてないことによっても解放されているような、そんな場所。

たとえばわたしが恥ずかしがりやだから、あるいは身体的な不快感が苦手だからこれまでやったことがなかったような、なにかいいことについて思いを馳せるとする。そのときわたしは、どうしたらこういう性質がちがうものでありえたかという来し方の奥そこ、いやそれよりさらに深くまで届くこの疑問を、驚くほど楽に思いついて、それに従って考えることができる。たくさんの内省がいまだかつてなかったくらい、その「まわりで開く」ことができるようになる——その疑問がほんとうはわたしについての、自分をはずかしめるように限定された義務論的な疑問だったときには、ありえなかったくらいに。この現在のわたしがけして知ることはない存在の、そして逆に、いかにもそんな存在らしい勇気のなかにこちらの希望の糸が紡がれているなんて露ほども思う必要のないそんな存在の、想像可能な守護神みたいなちがいのなかには、打ちとけられる余地がたっぷりある。こういう教えが現在についてのものなのか未来についてのものなのかと尋ねることには、なにか意味があるのだろうか。だっていくつもの歴史のなかですくなくともある種の人たちにとっては、仏教の教えを教育学的に考えることはずっと、そういう教えの親しみ深い方便のなかにとらえがたい目的を見いだしつづけるための道を、示しつづけてきたのだから。

原註

●序章

（1）これまでのところわたしは、「情動〔affect〕」と「感情〔emotion〕」を互換可能に使う慣習に従ってきた。けれどこれ以降この節では、トムキンズの意味での「情動」に焦点を当てたい。トムキンズにとっては、限られた数の情動（周期表の元素のようなもの）が組み合わされると通常感情と考えられているものが作り出される。感情は元素の組み合わせで作られる物質的存在のように、理論的に限りない数存在する。Tomkins, *Shame* 34-74 を参照。

（2）この文脈でトムキンズは「自由」を個人の自由意志のような意味で使っているわけではない。自由と複雑さについてのトムキンズの有用な議論については *Shame* 35-52 を参照。この議論は前に「中くらいの主体性」とわたしが称したものへのシステム理論的なアプローチのいくつかの道具を提示してくれる。

（3）刺激ではなく反応が、本源的な情動の性質をもっていることに注目すること。これは行動主義者との大事なちがいを表すのだ。トムキンズは行動主義のアイディアにはとうてい我慢がならないのだが、二一世紀の読者にとってトムキンズの文体は行動主義者のように聞こえるかもしれない。

●第一章

（1）あるいはまた、かつて自分の作品が出版された雑誌をふたたび紐解いてみたときについて。「少し前、昔のよしみで、この気の良い風刺の詩神がかりそめに腰掛けた座を「調べてみる［このカギカッコの使い方ときたら！］」機会に恵まれた。詩神たちの座というのはたとえその衣がひらりと翻り触れただけのものであれ、そしてその席を私がたまたまその訪問者に腰掛けるようその席を勧めたことによってもその聖性を一抹たりと失ったりはしないのだと、ここに公言しよう。」（*Art* 214〔二二三四〕）

（2）ここで引いた一節がさらに次のようにつづくにつれ、これが興奮を呼ぶ香りでもあるということはグロテスクに不適切な情動にかかわるものだという可能性もあるようにみえる。「猟犬と匂いを染み込ませたぼろきれを用いた逃亡奴隷のお馴染みのおぞましい追跡をもってしても、「興奮」の見地からいえばそれが最良の状態にあるときにはそれ以上その度合いを高めることなどできなかったはずだ」（*Art* 311〔三三九〕）。この一文では「興奮」（カギカッコに注意）がはたして逃亡中の奴隷の主体位置に付されたものなのか、それとも奴隷主である追跡者のそれに付されたものなのかが、吐き気を催すくらい判然としない。この文をわたしなりに読むと（見当違いである可能性もじゅうぶんあるが）それは人形劇の問題に結びつけ直せるかもしれない。つまりジェイムズが軽薄な表現で「逃亡奴隷のお馴染みのおぞましい追跡」と言っているものの表向きの指示対象は奴隷制そのものではなく、（たとえば）『アンクル・トムの小屋』をベースとしたような劇場でのメロドラマと観客の呼び込みの大衆的な形態のことなのではないかと思うのだ。ともあれこの引用の軽薄さにはジェイムズにとってふたつの永続的な恥の原因が凝縮されている。第一は南北戦争——別の序文のなかで奴隷制を「正す」ために必要だった「炎、血、そして涙の氾濫」と呼んでいるもの——に従軍しなかったこと（*Art* 215〔二三四〕）。そして第二は彼自身の高尚な芸術が大衆的メロドラマの形式や伝統をしばしば猛烈に否認しながらも、それに掛け値なく依存していたことである。

◉第二章

（1）「おおいなる拒否（Il gran rifiuto）」（the *Inferno*, III, 60）。〔ギリシャ人詩人C・P・〕カヴァフィの詩、「彼がしたこと……大いなる拒否（“Che fece . . . il gran rifiuto”）」も参照（Cavafy 12）。

（2）このエッセイをとおして使われている比喩の傾向はさておき、たとえそれが結婚の近辺であったとしても、周縁遂行的発話に注目することに本質的に反＝規範主義的なところがあるなどというつもりはさらさらない。その真逆のいい例が『高慢と偏見』におけるコリンズ氏の、とてつもなく高められた周縁遂行的意識だろう。

（3）とはいえ補足的につけくわえてもいいかもしれないのは、とりわけポスト・フーコー的理論でこういう批判の土台が可能になるのは、言われていることと言われているという事実を暫定的に区別するという、まさにオースティン的な興味によって切り開かれた空間でのことだということだ。フーコーはたとえば、セクシュアリティについてこう書いている。「中心となる問題は……ひとがセックスにたいしてイエスというのかノーというのか、禁止するのか許可するのか、その重要性を主張するのかその効果を否定するのかなどということを見定めることではなく……それが語られているという事実について説明をおこなうということなのだ……。手短にいえば問題となっているのは、全体的な「言説的事実」なのだ」(11〔二〇〕)。こういうフーコー的な論の運びはもちろん、発話の(真偽についての)確認とその遂行的効力についてのオースティンの区別と同一のものではない。イエス対ノーを重視しないことは真対偽を重視しないこととおなじではないのだから。けれども両者の論じ方は構造的に一致している。きわめておなじような解釈技術を呼び覚まし、それに報いるという意味で。オースティンとフーコーはともに、二〇世紀前半のゲシュタルト心理学で分析されたような図像と下地の反転を見抜き、それをおこなうように読者を教育しているのだと言ってもいいかもしれない。たとえばオースティンは本質的に遂行的な発話と本質的に確認的な発話とを区別する試みをうっちゃって、ついにはどんな発話にも適応可能な、知覚や注意というような観点から言い表すことができるような(「抽象する(“to abstract”)」という面白い自動詞のような)かわりの説明をもちだす。「確認的発話によって私たちは言語行為の発話内行為的な側面を抽象し、発語に集中する……遂行的発話によって私たちは発話の発話内行為の効力にできるだけ注目して、事実との対応という次元を抽象する」(145-46〔二二五―二二六〕)。

◉第三章

(1)トムキンズのオリジナル版の四巻本『情動、心象、意識(*Affect Imagery Consciousness*)』からの引用は以下*Affect*と表記する。

(2)めずらしくはっきりとした例のひとつはこれだ。

「吸っている口は泣くことができない。口がセクシュアリティと結合すると、吸うこと、噛むこと、相手の身体の一部や全部を飲み込むこと、そして相手によって吸われること、噛まれること、そして体内化されることへの口唇的興味が作り出される。こうした願望が一般的なのには疑問の余地がない……そしてこれはフロイトが示唆していたのとはちがって、かならずしも前戯に限定され、のちの成人における性的交流のモードの下位に置かれるというわけではない。普通の成人の多くは性器的相互貫入を、口唇的結合願望や最初期の包まれたいという願望を高めるための方途として用いている。これから見ていくように性交は、あらゆる種類の社会的情動の媒介となるのだ。明らかにそれは成人が他人と身体的に近づくことを再経験する主要な方途なのだ――抱きしめられ、支えられること、皮膚を刺激されること、しがみつくこと、包み込むことと包まれること、自己と他者のあいだの区別と距離が一瞬超越されるようにして一体化することを……。フロイトにとって初期の結合のモードは、基本的に幼児的なものだということになる。成人の性器性のなかにこうしたものが現れても良いのは、それが前戯に限定され、成人らしく愛の対象を独立した自己としてみる認識と気遣いがある場合だけである。フロイトの理論のなかで暗黙の了解となっているのは、初期の結合は無力で、依存的で、貪欲で、愛の対象との分離に無知であり、それゆえに発達途上で乗り越えられねばならないし、さもなければ倒錯しているという、隠された価値判断なのだ」(Tomkins, *Affect* 1: 420-21)。

(3)基づいている、とはいうものの、とうてい保証されているとは言いがたい。トムキンズ自身が関知していないところでは、彼の著作にはっきりと基づいた研究のなかでさえいともたやすく異性愛中心主義的な目的論がはばかっているのを目にすると、身がすくむような思いがする。その一例となるのはドナルド・L・ネイサンソンの『恥とプライド』というトムキンズに捧げられた本なのだが、そのなかには次の二例のようにトムキンズの著作では考えられないような一節が出てくる。

ほとんどの生命体がジェンダーによってグループ分けされうるように、成熟した個人はこうした性差によってつがいを形成する。ジェンダーを基盤として我々を互いに異なったものにするシステムのなかに内在しているものこそ、惹かれあうことを可能にする力なのだ……セックスとはすなわち、逆のもの同士が情熱的に惹かれあうこと、そして男女がつがうことによって始まり、性行によって両者をつなぎあわせ、種の再生産と維持をおこなうという能動的なプロセスなのである。(Nathanson 260)

成人のなかにはその内面生活がエドヴァルド・ムンクの叫びの顔、ピカソの『ゲルニカ』の地獄絵図、あるいはレオナルド・バーンスタインの『不安の時代』の悪夢のごとき動揺のような様相を呈する者がいる。それは苦痛の終わりを求めてホモセクシュアルの売春宿たる公衆浴場《バスハウス》へ赴きながらも、ＡＩＤＳによる悲惨な死を遂げるような悩める男たちである。(426)

(4) これについてはヴァンサン・デコンブによる、構造主義はそれが文学研究と結びついたまさにそのときとも言える瞬間に自らを定義づけるようなもっとも興味深い特徴を失ってしまった、という指摘を参照。(Descombe 85-87)

(5) この知的モーメントについての有用な研究としては、Heims, *The Cybernetics Group* がある。

(6) こうしたプロトコルに従って設計されたコンピューターは「現在の我々のコンピューターよりもはるかに興味深いものになるだろうが、しかしそれにはある種のデメリットもある。そうしたコンピューターは長期間にわたり、設計者のために計算をおこなうことができない。他のコンピューターはその間もメッセージを送信してくるのだが、こうしたコンピューターは自らの電源のあまりにも深刻な変動を恐れ、また解決不能な問題を解こうとして失敗に終われば抑鬱状態に陥り、あるいはまた傲慢かつ見せかけの自信により躁状態になる。つまり、こうしたコンピューターが表すのは補助的な頭脳の実体なき知能ではなく、そのオートマトン自身の複雑な目的に密接に結びついた機械的知能なのである」(Tomkins, *Affect* 1: 119)。

(7) たとえばベネディクト・アンダーソンは一九六五年の著作のなかで、ジャワ文化における意味の多価的なシステムから二価的なシステムへの移譲を説明している。アンダーソンは古くから民間に広く伝わるワヤン神話のなかの「バラエティに富んだ具体的なモデルの数々」が示す「さまざまに対照的な社会的類型と心理的類型の紛れもない正当化」を記述し (Anderson 26)、この有限多数 (n>2) のモデルの領域が一神制、ナショナリズム、商業的な都会の生活様式、そして競いあう映画の形式的構造などの重圧によって、二項対立の連鎖へと抽象化されがちであるメカニズムの分析をおこなっている。

現代思想における二と無限のあいだの中空についてのこの章の議論は、部分的にはセジウィックの『クローゼットの認識論』(Sedgwick, *Epistemology* 22-27〔三五〕) で示された公理一、「人びとは互いに異なっている」によって掲げられた問題を、さらに探求する試みでもある。

(8) この議論を展開するにあたり、なぜこうした理論の慣習にもっとどっぷりと浸かっているような、そしてその一般化にもっと直接的な責任を負うようなほかの理論家たちの名を（そしてもちろんそうして群をなすその名のなかにはセジウィックの名もあるはずだが）挙げるのではなく、ひとりの研究者の初めての著作を唯一の例として使うのか、と問いかける声もままあった。わたしたちがこの暴挙に固執するのにはふたつの理由がある。第一にこの章のゲシュタルト的戦略としてわたしたちは、読者を唐突な知覚の再構成と思わぬ自己認識に巻き込み――それはそもそも私的なものだ――それによってある種の批評実践が異化されるようなものを思い描いていた。多くの読者がすでになんらかの先入観を抱いているような数多くの理論家たちを名指したところで、わたしたちの戦略が成功する見込みはとうていなかっただろう。しかし第二にクヴェッコヴィッチの本を――ほかにもたくさんのいろいろな見方があるなかで――まさに博士論文をもとにした初めての著書として見ること、つまりここでわたしたちが論じている伝達性の（アカデミックな世代を通じた伝達や分野を超えた伝達の）エコノミーを劇化するような通過儀礼の慣習として見ることも、理にかなっているのだ。

（9）強調したい――歴史的過程をとおして、と。たとえばプラトンにおいて、本質的なもの、生物学的なもの、そして自然なものは、とうてい同義のものとして扱われてはいない。この点を指摘してくれたのは Timothy Gould である。これらの用語について詳説した重要な論文としては、Halley, "Sexual Orientation and the Politics of Biology" がある。

（10）「認知的な半分と動機的な半分のあいだに私たちが設けてきた区別は、変容とその特殊な類型である増幅のあいだの脆い区別だと考えられねばならない。情動と結合した認知は熱を帯び差し迫ったものになる。認知と結合した情動はより情報に通じて賢いものになる……。変容なき増幅は盲目だろうし、増幅なき変容は虚弱だろう」（Tomkins, *Affect* 4: 7）。

（11）トムキンズは、ある理論の強度を測るのはそれがいかにネガティヴな情動を避けるかあるいはポジティヴな情動を見つけるかではなく、それが組織する領域の大きさとトポロジー、そしてその領域が決定される方式なのだと示唆する。弱い理論の例としてなんども用いられるのが、恐れることなく道を横断することを多くのひとに可能にする理論である。「道路を渡る前に左右を見なさい」というフレーズに要約されるような、じっさいの恐怖経験を避けるためにあたかも恐れているかのように振る舞うことをひとに可能にする――「遠くから作動する情動」とトムキンズが呼んだものだ――そんな行動のいろいろだ（*Affect* 2: 320）。この理論のなにが弱いかといえば、それはこの理論の制限された領域、つまり恐らくそもそもは子ども時代に初めてそのルールを学んだ場である特定の道路を渡ることだけを含むものとして理解されていたのが、類比的にほかのいろいろな道路や道路に似た小道を渡ることにも拡大され、そしてやがて自転車に乗ったり車を運転したりすることに拡大されるような、そんな限定された領域である。この弱い理論が強くなる例を考えてみよう。「［たとえば一連の不幸な事故などによって］もしひとが不安を感じることなく道を渡れるようなルールを見つけることができなければ、その人の回避戦略は必然的に一段と拡散的なものになっていくだろう。このような状況下に置かれたひとは、まず往来の激しいすべての道を避け、そして交通量がすくなくなった夜遅くにしか外に出ないことを強いられるかもしれない。最終的には家にこもったままになるだろうし、もしその家が車にぶつかられでもすれば、より強固なシェルターを探さねばならなくなるだろう」(*Affect* 2: 324)。

強い理論は弱い理論より「ネガティヴな情動の経験を予防すること」――ここでは恐怖だが――に長けているわけではない。この場合ではむしろ、その真逆なのである。理論の認知的アンテナと回避の戦略の両方がここでは変化している。このひとはより多くのものを道として数えるようになっている。つまり恐怖の強い理論家は、いつでも自らの理論の領域を広げるべく境界線を引き直す準備が万端なのである。

「デジタルな区別は連続体に裂け目を導入し……そのいっぽうでアナログな差異は……連続体を埋めてゆくのだ」とワイルデンは書いているが(186)、これは弱い理論と強い理論のちがいのひとつを特定するのを助けてくれる。弱い理論の領域はそれぞれがお互いにアナログ的な関係にあり、陰影のある類比によってのみ拡大可能なたくさんの領野のポケットのようなものだと考えられるだろう。強い理論の領域はもっとデジタルなものだ。それはより高度に組織化され、ある種の性質が取り除かれた類比によって拡大することができる領域である。もし弱い理論がそれまでに足を踏み入れたことのあるどの領野にも似ても似つかない領野に出会ったなら――もしそれがこの領野を自分の領域内のひとつあるいはいくつかに著しく似ている、もしくはじゅうぶんに通じるところがあるものとして理解できなかったら――弱い理論はお手上げだと肩をすくめ、おバカなままでいる。「アナログなものは「ノー」あるいはなんだろうと「ではない」を含むことをいうために必要な構文を有していない。ひとはアナログなもののなかで拒むことや断ることはできるが、否定したり無効化したりすることはできないのだ」(Wilden 163)。強い理論はいつだって、なんについてだろうがなにかしら言い分があるのだが、それは強い理論がいつでも「ノー」と言えるからだ。

◉第四章

（1）「快楽原則」の項のなかでラプランシュとポンタリスは、フロイトがこの問題について長らく意識的だったことを示している。彼らがフロイトの言を説明するところによれば、「それでは我々は純然たる経済的定義をもって、快と不快は量の変化を質に置き換えたものだと受けいれることをよしとすべきなのだろうか。ではそのとき、この二側面の、つまり量的なものと質的なものの相互関係とは、はたして正確にはどのようなものなのだろうか。フロイトは時が経つにつれ、この問題に明快な答えを与えることのひとかたならぬ困難をおおいに強調するようになった」（323）。第三章でアダム・フランクとわたしは、こうした問題提起の仕方に応答しようとするものとして、トムキンズの情動に関する著作について書いている。

（2）レオ・ベルサーニが『救済の文化（*The Culture of Redemption*）』で「救済」という語に振りむけたかろうじて口に出されていないだけの嘲笑は、後者の使用法のひとつの好例となるかもしれない。ただしベルサーニの嫌悪感がむけられているのは、物事がよくなるかもしれないという考え自体ではかならずしもなく、むしろ「芸術」がそうした変化の権威ある担い手として具現化され、崇め奉られるということである。

（3）これを指摘してくれたタイラー・カーテンに感謝する。

（4）ここでわたしはあるディキンスンの詩についてのティモシー・グールドによる解釈を考えている（一九九四年の私信による）。その詩は「「希望」とは羽をもつもの――／魂の止まり木にその羽を休める――」（116, 第二五四番の詩）で始まるものだ。グールドは羽をばたつかせるものとしての希望という症候はむしろPTSDのようであり、ちがうのはただ、希望においてその動揺の実在しなさそうな原因は過去ではなく、未来にあるということだ、としている。

（5）わたしはここで、「それが実際に起こった」やりかたを実体化しようとしているわけではないし、またこの「実際に起こった」ことがどれほどに構築されたものかというのを否定しようとしているわけでもない――すくなくともある程度の制限の範囲においては。起こったかもしれないけれど実際にはそうでなかったことの領域はしかし、通常もっと広くてそれより制限がすくない。そしてこれらふたつがいっしょくたにされないようにすることは概念的に重要なことのように思える。そうでないと、物事がちがうやりかたで起こることの可能性のすべてが失われてしまいかねないのだから。

（6）マイケル・ムーンの『ちいさな少年とその他の人びと（*A Small Boy and Others*）』はこのクィア文化のよりゆたかな感覚を伝えてくれる一冊だ。

◉第五章

このエッセイはわたしの友人で学生のブライアン・セルスキーの思い出で満ちている。ブライアンは一九九七年のヨム・キプル〔贖罪の日〕にみずから命を絶った。

（1）仏法は根源的に伝達に抗うものだという見方は、いろいろな経典のなかでも揺るぎないものであるわけではとうていない。ピーボディは法華経を翻訳するなかでこれとはまったくちがう、ほとんど継ぎ目のないような魂の教育を見いだした。動かしがたい沈黙で知られる維摩経のなかにさえ、目をみはるほどいろいろな教育的技術が見いだせる。「さまざまな菩薩という方途によって仏の仕事を成し遂げる浄土が存在する。なかにはそれを光という方途によってなす者もある。悟りの樹という方途によってなす者もいる。如来の物質的な美と徴という方途によってなす者もある。袈裟という方途によってなす者もある。食物という方途によってなす者もある。水という方途によってなす者もある。庭という方途によってなす者もある。家という方途によってなす者もある。豪邸という方途によってなす者もある。魔法のような転生という方途によってなす者もある。空虚な空間という方途によってなす者もある。空に輝く光という方途によってなす者もある。」（in Thurman, *Holy* 86）。そして《方便》〔Skillful Means〕についての経典の菩薩は、まるで模倣のフォース・フィールドのようなものを物質的に引き延ばすことで教えているかのようである。「尊者よ、それは斯くなることであります。山々の王者、須弥山の前に佇む、生きとし生けるものはみな、同じ色をしております――金の色でございます――心に抱く思いが憎悪であろうと、平静であろうと、愛着であろうと、教義にたどり着くのを妨げるような思いであろうとも。同じように、尊者様、菩薩の前に佇む生きとし生けるものはみな、その心に抱く思いが憎悪であろうと、平静であろうと、愛着であろうと、教義にたどり着くのを妨げるような思いであろうとも、同じ様相の想念をもっているのです――それは全知の様相であります」（Tatz 45）。

（2）これはまた、ヨーロッパにおけるロマン主義的教育法のなかの主流からは外れたミニマリスト的伝統にも通ずる（Rancière

を参照）。そしてこのみっつの例のすべてが大人を対象とした教育から取られていることに注目してほしい。教育におけるミニマリスト的方途が、子どもとではなく大人との――さらに言えば、死ぬこととの――かかわりのなかでもっとも顕著に現れるというのには、うなずけるところがある。それからトランセンデンタリストたちの遺産のなかでもっとも実質的なものが成人教育だということは強調しておくべきだろう。たしかにピーボディはドイツでフレーベルに学んだのち、アメリカでひじょうに大きな成功を収めた幼稚園ムーヴメントのパイオニアとなった。けれどもよりオリジナリティがあってさらにもっと影響力があったと言っても過言ではないのは、トランセンデンタリストたちが自分たちとおなじ階級の大人たちを巻き込んでおこなった継続的で、救済を目指すものではない、魂にむけられた教育法の方だった。

（3）ブロンソン・オルコットのテンプル・スクールの顛末は、生まれ変わりをめぐる問題が西洋においてどれだけ人びとのあいだに不和を生じさせるかを物語るものかもしれない。一八三六年から一八三七年にかけてブロンソンの学校を飲み込んだ世間からの批判の嵐は、通常では「受胎や出産についての講義の噂」に起因するものだとされている（Ronda 128）。しかし批判を食い止めようとして失敗したピーボディ自身の感覚では、なにはともあれ学校での「誕生」についての議論でもっとも慎重に扱うべき問題を提示したのは、性教育ではなく転生だったという。ピーボディは、オルコットが「前＝存在や化身というような東洋的教義」を教えたことは否定しながらも、こう書いている――「オルコット氏はじっさい、誕生とは実体化に先だつ精神的な行為であり事実であると信じている……わたしはといえば、これ以外に魂の単一性を概念化する道はないと信じている。そしてワーズワスの「霊魂不滅のうた」で意味されていたのも、プラトン自身が教えようとしていたのも、前＝存在だったのだと。そしてそれはもちろん、イエス・キリストによって教えられたキリスト教の教義なのだと、そうわたしは信じている」（in Ronda 128）。一八三〇年代のボストンの人びとによるものか、はたまたのちの歴史家によるものかはともかくも、生まれ変わりをめぐるスキャンダルがセックス・スキャンダルとごっちゃにされたのは、まちがいなく特筆すべき事態だ。

訳註

※太字の後には本書の該当ページ数を（　）内に表す。

◉序章

（＊1）**トムキンズの『恥とその姉妹たち』**（p. 17）

セジウィックがアダム・フランクとともに編集したシルヴァン・トムキンズ読本、*Shame and Its Sisters: A Silvan Tomkins Reader* (Durham, NC: Duke UP, 1995) を指す。以下、本文中の括弧内引用では *Shame* と表記。この本には一九六二年から九二年にかけて出版されたトムキンズの四巻本、*Affect Imagery Consciousness* からの抜粋が収録されている（日本語未訳、以下『情動、心象、意識』と表記）。なお、フランクとの共著である本書第三章はこのトムキンズ読本の序文に加筆訂正がなされたもの。

（＊2）**そういう仕事と対照的なのが過去一〇年のあいだに『タッチング・フィーリング』と並行するように書いてきたもので、そのなかには共同執筆の編集実験のようなものがいくつか、詩集がひとつ、『愛についての対話』という二重音声的な長編俳文、癌についてのたくさんのジャーナリズム、それからだんだん増えてきたものとして、非言語的なテキスタイル・アートなどがある**（p. 18）

この時期セジウィックが共同編集によって出版したものとしては、アンドリュー・パーカーと共編の *Performativity and Performance* (London: Routledge, 1995) と先述のアダム・フランクと共編のトムキンズ読本、*Shame and Its Sisters* (Durham, NC: Duke UP, 1995)。ただしもっとも「編集実験」的な本は、セジウィックの（短期間ではあるが）学生であり友人だった Gary Fisher が一九九三年にＡＩＤＳの合併症で早逝したのち、セジウィックが Fisher の詩や短編、日記の一部などを編纂して出版した *Gary in Your Pocket: Stories and Notebooks of Gary Fisher* (Durham, NC: Duke University Press, 1996) だろう。「詩集がひとつ」が指しているのは、セジウィックが生前に出版した唯一の詩集である *Fat Art, Thin Art* (Durham, NC: Duke UP, 1994) だが、死後出版の *Bathroom Songs: Eve Kosofsky Sedgwick as a Poet* (Ed. Jonathan

Edwards, Santa Barbara: Punctum Books, 2017) もまたセジウィックの詩を多くおさめている。「癌についてのジャーナリズム」が指しているのは、セジウィックが *MAMM: Women, Cancer, and Community* という雑誌に寄稿した記事の数かずなど。これらの記事の詳細については、Lana Lin, "Object-Love in the Later Writings of Eve Kosofsky Sedgwick" in *Freud's Jaw and Other Lost Objects: Fractured Subjectivity in the Face of Cancer* (New York: Fordham University Press, 2017) を参照。『愛についての対話』は、セジウィックによる日本語未翻訳の *A Dialogue on Love* (Boston: Beacon Press, 1999) で、詩と散文と日記を混ぜ合わせながら、乳がん治療後の鬱をきっかけにはじめたセラピーについて書いたもの。セジウィックの「テキスタイル・アート」の写真はセジウィックの夫 Hal A. Sedgwick がセジウィックの生涯や仕事をまとめたウェブサイト *Eve Kosofsky Sedgwick* (https://evekosofskysedgwick.net) に多数掲載されているほか、死後出版された *The Weather in Proust* (Ed. Jonathan Goldberg, Durham, NC: Duke UP, 2011) には作品のカラー写真のみならず、みずからのテキスタイル・アートとの関係について語るセジウィックの講演 "Making Things, Practicing Emptiness" もおさめられている。

（＊3）**『語る身体のスキャンダル』**（p. 20）

本文でセジウィックが直接言及している本は Shoshana Felman, *The Literary Speech Act: Don Juan with J.L. Austin, or Seduction in Two Languages* (Trans. Catherine Porter. Ithaca, NY: Cornell University Press, 1983) で、フェルマンがフランス語で出版した *Le Scandale du corps parlant: Don Juan avec Austin, ou, la séduction en deux langues* (Paris: Éditions du Seuil, 1980) の英訳。この英題はフェルマン自身が翻訳者に指示したものだったそうだが、二〇〇二年には仏語原題をそのまま活かすかたちで英語でも *The Scandal of the Speaking Body: Don Juan with J.L. Austin, or Seduction in Two Languages* (Redwood City, CA: Stanford UP, 2002) として再刊されている。日本語訳は『語る身体のスキャンダル――ドン・ジュアンとオースティンあるいは二言語による誘惑』（立川健二訳、勁草書房、一九九一）として出版されているため、本文でもこの邦題を採用した。

（＊4）**ジョン・サールやエミール・バンヴェニスト**（p. 23）

ジョン・サール（John Searle, 1932-）はアメリカの哲学者。一九六九年の *Speech Acts*（『言語行為――言語哲学への試論』

坂本百大・土屋俊訳、勁草書房、一九八六年）などの著作においてオースティンの発語内行為（illocutionary act）概念をもとに、発語内行為の成立要件の検討や精緻な分類などをおこなった（発語内行為という概念や、サールとジャック・デリダのあいだの論争についてはそれぞれ、第二章の訳註＊2と＊3に後述）。エミール・バンヴェニスト（Émile Benveniste, 1902-1976）はフランスの言語学者。一九六六年の *Problèmes de linguistique générale*（『一般言語学の諸問題』岸本通夫ほか訳、みすず書房、一九八三年）のなかに所収された「分析哲学と言語」などで、オースティンが解体した遂行体と確認体の差異を再考している。

（＊5）**ヴィトゲンシュタイン**（p. 24）

ルートヴィヒ・ヴィトゲンシュタイン（Ludwig Wittgenstein, 1889-1951）はオーストリア生まれの哲学者。ここでセジウィックが共鳴を表しているヴィトゲンシュタインの立場については一九五三年の *Philosophische Untersuchungen*（『哲学探究』丘沢静也訳、岩波書店、二〇一三年ほか）で議論される「言語ゲーム」概念を参照。

（＊6）**マイケル・フリードが提示する演劇性と没入の対立は、「遂行性」がもつこのパラドックスにぴたりと重なりあう**（p. 25）

マイケル・フリード（Michael Fried, 1939-）はアメリカの美術評論家、美術史家。ここで言及されているのは Michael Fried, *Absorption and Theatricality: Painting and Beholder in the Age of Diderot*（『没入と演劇性——ディドロ時代の絵画と観者』伊藤亜紗訳、水声社、二〇二〇年）。

（＊7）**けれど「遂行的」の使いかたにはさらにもうひとつの領域があって、たとえばリオタールの『ポスト・モダンの条件』では効率性のようなものの極地を——つまり資本主義的効率性の形象としてのポスト・モダン表象ということなのだが——意味しているのだが、他方でポール・ド・マンや J・ヒリス・ミラーの（またしても）脱構築的な「遂行的」はまさにシニフィアンと世界のあいだに原因と結果を関係づけないことによって特徴づけられている**（p. 26）

ジャン＝フランソワ・リオタール（Jean-François Lyotard, 1924-1998）はフランスの哲学者、批評家。一九七九年に出版された *La condition postmoderne*（『ポスト・モダンの条件——知・社会・言語ゲーム』小林康夫訳、水声社、一九八九年）では、科学的な知を正当化する近代的な大きな物語が衰退した結果、市場システムが知そのものにまで広げられ、知（インプット）とそれによって生み出されるもの（アウトプット）の比率という「遂行性・パフォーマンスの高さ」によってはかられる状況が生じたと論じている。ポール・ド・マン（Paul de Man, 1919-1983）はベルギー出身のアメリカの文学者、批評家。J・ヒリス・ミラー（Joseph Hillis Miller, 1928-2021）はアメリカの文学者、批評家。ふたりはともにイェール大学で教鞭をとり、ハロルド・ブルームらとともに一九七〇年代に脱構築を批評理論として確立した「イェール学派」を立ち上げた（ちなみにセジウィックは当時イェール大学の大学院に在学し、ヒリス・ミラーはセジウィックの博士論文の主査だった）。言語はつねに修辞的な側面をもち、けして現実世界の指示対象と無媒介につながることはないというド・マンの *Allegories of Reading*（『読むことのアレゴリー』土田知則訳、岩波書店、二〇一二年）は、確認的・遂行的の対立を崩す。セジウィックが文献表に引いている唯一のミラーの著作は文学とは遂行的な寓話であるとした *Tropes, Parables, and Performatives* (1991) だが、ミラーは *Speech Acts in Literature* (2002) などの著書でも言語行為と文学の関係を模索している。

（＊8）**フーコーの『性の歴史』第一巻**（p. 29）

ミシェル・フーコー（Michel Foucault, 1926-1984）はフランスの哲学者、思想史家。遺作となった『性の歴史（*L'Histoire de la sexualité*）』は当初全六巻の予定だったが、生前には第一巻『知への意志』（一九七六）、第二巻『快楽の活用』（一九八四）、第三巻『自己への配慮』（一九八四）の三冊のみが出版された（未完の遺稿となる第四巻『肉の告白』は死後出版された）。セジウィックが言及しているのは第一巻である *La volonté de savoir*（『性の歴史1――知への意志』渡辺守章訳、一九八六年）の冒頭で提示される「抑圧仮説」と呼ばれる概念で、一九世紀においてセクシュアリティは禁止や抑圧の対象であったという一般的な「仮説」にたいし、むしろセクシュアリティはこの時期、知の対象および生権力の管理対象として言説的に構築されたと論じるもの。

（＊9）**グラムシ・フーコー的なものの感染が「覇権的な」という概念**（p. 34）

アントニオ・グラムシ（Antonio Gramsci, 1891-1937）はマルクス主義哲学者。ここで「覇権的」と訳した語は hegemonic で「ヘゲモニー的」とも訳される。グラムシは「文化的ヘゲモニー」という概念によって、支配層に利益をもたらすイデオロギーが文化的な規範として流通し支持されることによって、内側から支配構造が強化されることを示した。

（＊10）**ジェイムズ・J・ギブソンが一九九六年に出版した『生態学的知覚システム』という本で「アフォーダンス」と呼んでいる本来的に備わった相互作用する性質**（p. 36）

ジェイムズ・J・ギブソン（James J Gibson, 1904-1979）はアメリカの知覚心理学者。ここで言及されている著書は *The Senses Considered as Perceptual System*（『生態学的知覚システム——感性をとらえなおす』佐々木正人・古山宣洋・三嶋博之訳、東京大学出版会、二〇一一年）で、翻訳には邦題を採用した。与える・提供する・可能にするという意味の動詞 “afford” を元にしたギブソンの造語である「アフォーダンス」は、ある物体や環境が潜在的に動物に提供したり可能にしたりする行為を表す概念。サイバネティックスおよびシステム論については第三章（訳註＊3）を参照。

（＊11）**ウィリアム・モリス**（p. 40）

ウィリアム・モリス（William Morris, 1834-1896）はアーツ・アンド・クラフツ運動を率いたイギリスの思想家、文筆家、デザイナー。言及されている作品は一八九〇年に出版された空想的社会主義ロマンスの *News from Nowhere*（『ユートピアだより』川端康雄訳、岩波文庫、二〇一三年ほか）で、翻訳にはこの邦題を採用した。

（＊12）**ジャック・ベニーばりの乾いたユーモア**（p.40）

ジャック・ベニー（Jack Benny, 1894-1974）はアメリカのボードヴィル・コメディアン。絶妙なタイミングで放たれる皮肉のきいたユーモアで二〇世紀中盤に人気を博した。

◉幕間劇

（＊1）**ランダル・ジャレル**（p. 54）

ランダル・ジャレル（Randall Jarrell, 1914-1965）はアメリカの批評家、詩人、文筆家。このエピグラフは死の直前となる一九六五年に発表された詩からの抜粋。晩年になって童話も出版したジャレルには、本作のように子どもや少年時代をモチーフとした作品も多い。

（＊2）**「ブラック・レズビアンとゲイの臨時特別連合」の組織のもとにアクト・アップのトライアングル支部も加わったそのデモ**（p. 55）

アクト・アップ（ACT UP, AIDS Coalition to Unleash Power）はＡＩＤＳパンデミックの終焉を目指すアクティヴィズム組織で、一九八七年にニューヨークで結成されたのちにアメリカ全土に広がり、国際的にも活動をおこなってきた。本エッセイにも登場する「Silence=Death（沈黙＝死）」のモットーと、ナチスによって同性愛者に与えられたピンクの三角形を逆転させたロゴで知られ、ＡＩＤＳ患者を黙殺する政府や製薬会社への抗議活動やＡＩＤＳにかんする教育活動をとおして、ＡＩＤＳ治療薬の普及や研究を推進した。「トライアングル」はセジウィックが当時教鞭をとっていたデューク大学をはじめ多くの研究機関を擁する「リサーチ・トライアングル」と呼ばれる、ダラム・チャペルヒル・ラリーの三都市に囲まれたノースカロライナ州にある地域。デモを組織した「ブラック・レズビアンとゲイの臨時特別連合（Ad Hoc Coalition of Black Lesbians and Gays）」はダラムのユニタリアン系の教会で『タンズ・アンタイド』の上映を二度おこない、それぞれ五〇〇人以上の観客を集めた。

（＊3）**マーロン・リッグスの『タンズ・アンタイド』**（p. 55）

マーロン・リッグス（Marlon Riggs, 1957-1994）はアメリカの映像作家、アクティヴィスト、文筆家。サンフランシスコ・ベイエリアを拠点にカリフォルニア大学バークレイ校大学院でジャーナリズムを教えながら数々のドキュメンタリー作品の制作にかかわっていたリッグスは、不可視化されていた黒人ゲイ男性の生、コミュニティ、ＨＩＶの問題を描いた *Tongues Untied*（「拘束を解かれた舌たち」を意味するが、『タンズ・アンタイド』として日本でも上映されたため、カタカナ表記を踏襲した）を一九八九年に作成。もともとはアメリカの公共放送サービスＰＢＳ（Public Broadcasting Service）のＰＶＯシリーズで放映されたこの作品だが、一九九二年にノースカロライナ州の上院議員ジェシー・ヘルムズらによるこの作品やＰＶＯシリーズの制作支援をおこなった全米芸術基金およびＰＢＳへのホモフォビックな攻撃によって、多くの放送局によって放映が中止された。

（＊4）**市民的不服従《シビル・ディスオビディエンス》**（p. 55）

「市民的不服従（civil disobedience）」とは、みずからの良心に基づいて不正とみなした法や国家の命令に非暴力をもって公然と違反することで批判・抵抗することであり、このエッセイで描かれているように権力の不正を前景化するためにあえて逮捕されることをそのプロテストの実践の一部とする場合も多い。このエッセイにもその名が登場するアメリカの哲学者ヘンリー・デイヴィッド・ソロー（Henry David Thoreau, 1817-1862）が一八四九年に出版したエッセイが、ソローの死後の一八六六年に“Civil Disobedience”のタイトルで再刊行されて以来、アメリカではこの用語が普及した。

（＊5）**共有草地《タウン・グリーン》**（p. 56）

「共有草地（town green）」および、すこし先に出てくる「タウン・コモンズ（town commons）」は、共同体のなかに存在する私有することのできない共有地。一七世紀から一八世紀のイギリス植民地時代のアメリカ（とくにニューイングランド地方）では共同体自治のための討議などの会合がもたれる集会所がこうした共有地に存在していたため、現在でも民主主義の象徴とされている。

（＊6）**権利章典《ビル・オブ・ライツ》**（p. 56）

アメリカ合衆国憲法のなかの修正第一条から第一〇条（一七九一年成立）までを「権利章典（Bill of Rights）」と呼ぶ。信教・言論・出版・集会の自由を保証する修正第一条や武器保有権についての修正第二条、不合理な捜索・押収・抑留を禁じる修正第四条、適切な法手続き・財産権などを保証する修正第五条など、市民の基本的人権を規定するもの。

（＊7）**「ここにいるんだ、クィアはいるんだ、今年の寄付はお預けだ」とか、さらには「スナップ！　スナップ！　スナップ！　クソ喰らえレイシズム！」とか**（p. 58）

原文はそれぞれ、“We're here, we're queer, and we won't pledge this year”と“Snap! Snap! Snap! What is this racist crap?”。英語圏におけるプロテストで用いられる「チャンツ・唄（chants）」はたいていの場合韻を踏んでいて（最初の例でいうとqueer, here, year のように）弱強格や強弱格でリズムよく繰り出されるのだが、訳出はそうはいかなかった。最初のチャンツは一九九〇年に結成されたＬＧＢＴＱアクティヴィスト・グループ、クィア・ネイションの有名な“We're here, we're queer, get used to it!”（「ここにいるんだ、クィアはいるんだ、いいかげん慣れろ！」）をもじったもの。ふたつめの“snap!”が指しているのは、八〇年代に黒人ゲイコミュニティのキャンプ・カルチャーではじまったと言われる、snappingと言われる指を鳴らすジェスチャー。文脈によってさまざまな意味が付与される身振りだが、相手の驕りや虚勢、欺瞞をさらして鼻をくじく、批判と侮辱のテクニックのひとつとしてよく使われる。前述のマーロン・リッグスの『タンズ・アンタイド』にもさまざまなスナップの使い方講座があり、リッグスはまた“Black Macho Revisited:

Reflections of a SNAP! Queen" (*Freedom in this Village: Twenty-Five Years of Black Gay Men's Writing, 1979 to the Present*. Ed. E. Lynn Harris. New York: Avalon Publishing Group, Inc., 2005. 151-157) においてもこの身振りについて考察している。

（＊8）**マイケル・リンチ**（p. 63）

マイケル・リンチ（Michael Lynch, 1944-91）はアメリカ生まれの批評家、アクティヴィスト、教育者。一九七一年にカナダに移住してからはカナダにおけるゲイ・スタディーズを促進し、トロントを拠点として多くのＡＩＤＳアクティヴィズム・グループの基礎を作った。セジウィックとはとても親しく、リンチのＡＩＤＳによる死が近づくなか書かれた"White Glasses"は、リンチに捧げられたセジウィックの著作 *Tendencies* (Durham, NC: Duke UP, 1993) の数えきれない名エッセイのなかでも白眉のひとつ。

（＊9）**アリス・ウォーカーのヒロイン、メリディアン**（p. 63）

アリス・ウォーカー（Alice Walker, 1944-）はアメリカの小説家、詩人、アクティヴィスト。黒人女性たちの母系文化にもとづく女たちの共同体や絆を力強く描く作品を多く執筆し、一九八二年に出版された小説 *Color Purple*（『カラーパープル』柳沢由実子訳、集英社文庫、一九八六年）で黒人女性では初となるピューリッツァー賞を受賞している。ここで言及されている作品は一九七六年に出版された *Meridian*（『メリディアン』高橋茅香子訳、ちくま文庫、一九八九年）で、ヒロインであるメリディアン・ヒルの生を黒人公民権運動とそのなかで不可視化されるセクシズムとの関係を中心として描く作品。

◉第一章

（＊1）**自作の『ニューヨーク版』（それまで発表したなかで自身がもっとも重要な小説・短編だと考えた作品を改訂し、新たな序文をつけた堂々二四巻に及ぶ作品集）**（p. 70）

ヘンリー・ジェイムズ（Henry James, 1843-1916）はアメリカ生まれの作家（死の直前にイギリスの市民権を付与された）。一九〇七年から一九〇九年のあいだに出版された『ニューヨーク版（*the New York Edition*）』に付せられた序文の数々は、ジェイムズの死後の一九三四年にまとめて *The Art of the Novel* として出版された。日本語訳としては『小説の技法』（高村勝治訳、研究社英米文芸論双書8、一九七〇）と『ニューヨーク版序文集』（多田利男訳、関西大学出版部、一九九〇）があるが、訳文の作成時には後者のみしか参照できなかったため、引用後の括弧内の漢数字は多田訳の該当ページを指す。なお、ジェイムズの「主要期（major phase）」は批評家F・O・マシーセンによる命名で、一九〇二年の *The Wings of the Dove*（『鳩の翼』）、一九〇三年の *The Ambassadors*（『使者たち』）、一九〇四年の *The Golden Bowl*（『黄金の盃』）の三作を指す。

（＊2）**ジョセフ・リトヴァクが『舞台／現場《アクト》をとり押さえられて』で論じているように**（p. 72）

ジョセフ・リトヴァク（Joseph Litvak, 1954-）はアメリカの文学研究者でセジウィックの友人（第四章でも私信が引用されている）。言及されているのは *Caught in the Act: Theatricality in the Nineteenth-Century English Novel* (Oakland: U of California P, 1992)。

（＊3）**ディケンズにおけるスマイクやジェニー・レンといった勘当されたり虐待されたりした子どもたち**（p. 77）

チャールズ・ディケンズ（Charles Dickens, 1812-1870）はイギリスの小説家。スマイクは一八三九年の *The Life and Adventure of Nicholas Nickleby*（『ニコラス・ニクルビー』上下巻、田辺洋子訳、こびあん書房、二〇〇一年ほか）に登場する少年で、寄宿舎で酷く虐待されているところを主人公ニコラスに救い出されるが、最終的には結核で亡くなる。ジェニー・レンは一八六五年の *Our Mutual Friend*（『我らが共通の友』上下巻、間二郎訳、ちくま文庫、一九九一年、ほか）の登場人物で、背中に障がいをもちながらも呑んだくれの父親の世話をする。

（＊4）**「包み隠さぬ」の禁止についての軽いジョーク**（p. 78）

「子守りは包み隠さず手出しすべからず！」と訳出したジェイムズの原文は "Hands off altogether on the nurse's part!"。ここに出てくる altogether は、フランス生まれのイギリス人風刺漫画家ジョルジュ・デュ・モーリエ（George du Maurier, 1834-96）によるベストセラー小説 *Trilby*（1895）によって広められた「すっ裸」を意味する "in the altogether" というフレーズへのジェイムズによる言及なのだと、セジウィックは示唆している。

（＊5）**ヘンドリック・アンダーソン、ジョスリン・パース、ヒュー・ウォルポール**（p. 78）

ヘンリー・ジェイムズが彼らに宛てて書いた手紙は、*Dearly Beloved Friends: Henry James's Letters to Younger Men* (Eds.

Susan E. Gunter and Steven H. Jobe, Ann Arbor: U of Michigan P, 2004）にまとめられている。

（＊6）**グレイの美しきオード**（p. 79）

ここで言及されているのはイギリスの詩人トマス・グレイ（Thomas Gray, 1716-1771）の“Ode on a Distant Prospect of Eton College”で、グレイ自身の母校でもあるイートン・カレッジの少年たちがテムズ川で泳ぐ情景がメランコリックに描かれている。

（＊7）**ジェイムズについて以前書いたエッセイ、「クローゼットの野獣」の脚註**（p. 85）

一九九〇年に出版されたセジウィック *Epistemology of the Closet*（『クローゼットの認識論――セクシュアリティの二〇世紀』外岡尚美訳、青土社、二〇一八年）に収録された“The Beast in the Closet: James and the Writing of Homosexual Panic”の脚註33（208〔三〇八〕）を指す。

（＊8）**「父は五尋海の底」**（p. 87）

原文は“Full fathom five thy father lies”で、ウィリアム・シェイクスピアの *The Tempest*（『テンペスト』松岡和子訳、ちくま文庫、二〇〇〇年、ほか）第一幕第二場の「エアリエルの唄」として知られる部分から。該当箇所は“Full fathom five thy father lies; / Of his bones are coral made; / Those are pearls that were his eyes: / Nothing of him that doth fade, / But doth suffer a sea-change / Into something rich and strange”で、妖精エアリエルがナポリ王子ファーディナンドに彼の父の死について唄い聞かせる場面。ちなみにセジウィックもこの段落の最後で使っている「大転換」を意味する英語のフレーズ“sea change”はここから来ているため、訳出にもテンペストの文脈を加えた。

（＊9）**アレグザンダー・ポウプの『愚物物語』**（p. 87）

アレグザンダー・ポウプ（Alexander Pope, 1688-1744）はイギリスの詩人で、言及されている *The Dunciad*（『愚物物語』中川忠訳、あぽろん社、一九八九年、ほか）は商業化に走る当時の芸術家や批評家たちを痛烈に風刺した擬似英雄詩。

（＊10）**ウィリアム・ジェイムズ**（p. 88）

ウィリアム・ジェイムズ（William James, 1842-1910）は「アメリカ心理学の父」としても知られるアメリカの心理学者、哲学者。ジェイムズ家の長男。

（＊11）**側面《アスペクツ》という空間性**（p. 91）

セジウィックはどうやら“aspects”という語に響くアス（“ass”尻の意味）という音に反応しているようす。同様の例はあとに出てくる“assist”など。

（＊12）**リリー・トムリン**（p. 112）

リリー・トムリン（Lily Tomlin, 1939-）はアメリカの女優でありコメディアン。七〇年代からレズビアンであることを公にしている。

（＊13）**たとえばブッチのアブジェクション、フェミテュード、レザー文化、プライド、SM、ドラァグ、音楽的才能、フィスティング、ふてぶてしい態度、ZINE《ジーン》と呼ばれる同人誌たち、芝居くささ、禁欲主義、指を鳴らすスナッピング文化、ディーバ崇拝、頬を紅潮させた信心深さ——一言でいえば、燃えるようなクィアさ**（p. 113）

原文は“butch abjection, femmitude, leather, pride, SM, drag, musicality, fisting, attitude, zines, historionicism, asceticism, Snap! Culture, diva worship, florid religiosity; in a word, *flaming*.”(63-64)。恥の意識のつくりだすクィア・カルチャーについてのセジウィックのこのリストには正直言ってつかみどころのないところもあるのだが、わかりにくそうなところをいくつか無理矢理説明してみると、“musicality”が言及しているのはゲイ・コミュニティに見られるオペラやミュージカルなどの音楽文化への熱狂のようなもので、“Is he musical?”はストーンウォール以前にクィア・コミュニティで使われていただれかがゲイかどうかを確かめるためのコードワードでもあった。“zine”は自作・自費出版雑誌の総称で（magazine の zine から来ている）で、ＬＧＢＴＱ（およびフェミニスト）コミュニティではアクティヴィズムやサブカルチャーの育成に大きな役割を果たしてきた。“attitude”は直訳すると態度だが、とくにクィア主体の規範や権威にたいする自信満々に挑戦的な態度を指す。“femmitude”もこれに準ずるもので、「女性」的なジェンダー表現の「フェム」のレズビアンがとくにその女性性を転覆的に表す態度。“butch abjection”が指すのは、「男性」的なジェンダー表現の「ブッチ」レズビアンがスティグマや孤独と向き合うときの情動。“flaming”は字義的には「燃えるような」だが一般的には強調表現として使われ、差別用語としての homosexual, faggot などに付されることが多かったが、クィアな再意味づけのひとつとして再領有された語。（“Snap!”については幕間劇の訳註＊7を参照）

◉第二章

（＊1）**『言語と行為――いかにして言葉でものごとを行うか』**（p. 116）

J・L・オースティン（J. L. Austin, 1911-1960）はイギリスの言語哲学者。*How to Do Things with Words*（『言語と行為――いかにして言葉でものごとを行うか』飯野勝己訳、講談社、二〇一九、ほか）は、一九五五年にハーヴァード大学でおこなわれた連続講義のノートをJ・L・アームソンが編集し、オースティンが早逝したのちの一九六二年に出版したもの。本文中の引用の訳出に際しては上記の飯野訳を参照したが、日本語訳では副題とされている英語原題をベースにセジウィックが冗談を言う場面もあるので、本文中で本書の題名が言及されている場合はフルタイトルを記していることもある。

（＊2）**発語内行為の発語媒介行為にたいする関係についてのもの**（p. 118）

オースティンの用語である発語内行為（illocution）とは、ある文を発話すること、つまり発語行為（locution）によっておこなわれる行為を指し、発語媒介行為（perlocution）はその結果として起こることを指す。オースティンが例として挙げているものは、たとえばAがBにたいして「そんなことしちゃだめだ」と言うという発語行為は、「Bの行動への抗議」という発語内行為をおこなっている。その結果として起こる「Bを引き止める」「Bを正気に戻す」「Bをいらつかせる」などの行為が発語媒介行為にあたる（102,〔一五九〕）。

（＊3）**意図の誤謬も記述的な誤謬も**（p. 118）

記述的な誤謬（descriptive fallacy）はオースティンの用語で、すべての言明は真偽の判定のできるなんらかの事態を記述しているという想定。第一講義の冒頭で示される概念で、オースティンの言語行為論はこの誤謬にたいして言語はなにかを記述するだけではなくてものごとをおこなうこともあるのだ、という立脚点から始まる。意図の誤謬（intentional fallacy）は、通例、概念としては批評理論のニュー・クリティシズムによって提唱されたもので、芸術作品の意味を芸術家の意図から知ることができるという想定を指す。しかしここでセジウィックが言及しているのは、アルジェリア生まれのフランス人哲学者ジャック・デリダ（一九三〇―二〇〇四）の一九七二年のエッセイ、“Signature,

Événement, Contexte"（"Signature, Event, Context"として一九七七年に英語に翻訳、邦題は「署名・出来事・コンテクスト」）における議論。オースティンの話し言葉の重視（それに伴う書き言葉の議論からの除外）および、発語の意味をコンテクストや話者の意図に紐づけする議論の前提に対する批判。このエッセイおよび、オースティンの後継者を自認するジョン・サール（序章の訳註4を参照）がこれに応答したエッセイ"Reiterating the Differences: A Reply to Derrida"（「差異ふたたび——デリダへの反論」）の要約、そしてサールにたいするデリダの再応答である"Limited Inc abc..."（『有限責任会社 abc...』）はどれも、一九八八年に出版された *Limited Inc* に収録されている（邦訳は『有限責任会社』高橋哲哉・増田一夫・宮崎裕助訳、法政大学出版局、二〇〇二年）。

（＊4）**アルチュセール的な呼びかけ概念**（p. 118）

ルイ・アルチュセール（Louis Althusser, 1918-1990）はフランスの哲学者。「呼びかけ（interpellation）」とは、主体がイデオロギーとの関係性のなかで形成される過程を説明する概念。たとえば警官が「おいお前」と「呼びかける」のにひとが振りむくとき、そのときひとは権力によって認識されるというかたちで世界に存在する「主体」として作り上げられる（ルイ・アルチュセール『再生産について——イデオロギーと国家のイデオロギー諸装置』（西川長夫ほか訳、平凡社、二〇〇五）所収の、副題にもなっている論文を参照）。この概念はアメリカの哲学者、ジュディス・バトラー（Judith Butler, 1956-）のパフォーマティビティと主体形成についての議論にも大きな影響を及ぼしている。とくに一九九三年に出版された *Bodies That Matter*（『問題＝物質《マター》となる身体』佐藤嘉幸ほか訳、以文社、二〇二一年）の第四章「ジェンダーは燃えている——我有化と転覆の問い」を参照。なお、ジェンダーのパフォーマティヴィティについてはこれに先行する一九九〇年の *Gender Trouble*（『ジェンダー・トラブル』、竹村和子訳、青土社、一九九九年）でも論じられているが、そこではまだパフォーマティヴィティ概念は明示的なかたちでオースティンに結びつけられてはいなかった。バトラーはさらに一九九七年の *Excitable Speech*（『触発する言葉——言語・権力・行為体』竹村和子訳、岩波書店、二〇〇四年）などでも言語行為論への考察を深めている。

（＊5）**舞台のある種の第四の壁として、あるいは不可視の〔舞台と客席をわかつ〕プロセニアム・アーチとして**（p. 124）

第四の壁（the fourth wall）は、舞台の三方を囲む実際の壁に加えて、舞台（虚構世界）と客席（現実世界）を分ける想像上の見えない壁があり、観客はこの壁を透かして劇世界を覗き見るが登場人物たちは第四の壁を超えて客席を見ることができないという、演劇的決まりごとを指す。プロセニアム・アーチ（proscenium arch）とはこの第四の壁にあたる位置に存在する舞台を額縁のようにふちどる構造物で、舞台最前部の上にアーチ状のかたちをとることが多い。

（＊6）**〔「地獄とは他人のことだ」と言ったサルトルに倣えば〕まさしく結婚とは他人のことだ**（p. 124）

原文は "le marriage, c'est les autres" で、フランスの哲学者ジャン・ポール・サルトル（Jean-Paul Sartre, 1905-1980）による一九四五年の劇 *Huis Clos*（『出口なし』）に出てくる有名なフレーズ、"L'enfer, c'est les autres"（「地獄とは他人のことだ」）のもじり。

（＊7）**人形劇のパンチとジュディ**（p. 124）

パンチとジュディ（Punch and Judy）は一七世紀イタリアからイギリスに輸入されて以来、三〇〇年以上にわたって演じられつづけてきた人形劇の主人公夫婦で、夫パンチは妻ジュディを棍棒で殴打し、やってくる警官や死刑執行人や悪魔をも追い払おうとする。

（＊8）**『破戒僧《ザ・マンク》』や『フランケンシュタイン』**（p. 127）

『破戒僧』（*The Monk*）はイギリスの小説家マシュー・グレゴリー・ルイス（Matthew Gregory Lewis, 1775-1818）による一七九六年のゴシック小説（『マンク』井上一夫訳、国書刊行会、二〇一二年ほか）。『フランケンシュタイン』（*Frankenstein, or the Modern Prometheus*）はイギリスの小説家メアリー・シェリー（Mary Shelly, 1797-1851）による一八一八年のゴシック小説（『フランケンシュタイン』小林章夫訳、光文社古典新訳文庫、二〇一〇年ほか）。

（＊9）**周縁遂行体はワーズワス風に、あるいは〔スタンリー・〕カヴェル風の理解でいえば「日常言語」である。**（p. 129）

ウィリアム・ワーズワス（William Wordsworth, 1770-1850）はイギリスの詩人。友人で詩人のサミュエル・テイラー・コウルリッジとともに出版した *Lyrical Ballads*（『抒情民謡集』）の序文ではふつうの人びとが毎日の生活で使うような日常言語による詩作の重要性を説いている。スタンリー・カヴェル（Stanley Cavell, 1926-2018）はアメリカの哲学者。大学院生として『言語と行為』のもとになったオースティンのハーヴァード講義に参加していたカヴェルはオースティンの影響を強く受け、オースティンやヴィトゲンシュタインに連なる日常言語哲学（ordinary language philosophy）と呼ばれる分野での仕事を多く残した。

（＊10）（ニール・ハーツが言うところの）「不確かな行為主体の情念」（p. 131）

ニール・ハーツ（Neil Hertz, 1932-）はアメリカの英文学者。「不確かな行為主体の情念（the pathos of uncertain agency）」というフレーズがあらわれるのは、Neil Hertz, "Lurid Figures," in *Reading de Man Reading*, Eds Linda Waters and Wlad Godzich, Minneapolis: University of Minnesota Press, 1989, p.100。

（＊11）ジョサイア・ウェッジウッドのだれもが知る一七八七年のカメオ、「私だって同じ人間、兄弟ではないのか」に描かれていた奴隷とされ鎖に繋がれた男性の像（p. 136）

ジョサイア・ウェッジウッド（Josiah Wedgewood, 1730-1795）はイギリスの陶芸家で、陶器メーカー「ウェッジウッド」の創設者であり、奴隷解放論者でもあった。一七八七年ウェッジウッドはこの奴隷男性像のうえに「私だって同じ人間、兄弟ではないのか（"Am I Not a Man and a Brother?"）」という言葉を刻印したメダリオンを奴隷貿易廃止協会のため作成した。

（＊12）ハイラム・パワーズの彫刻、「ギリシャ人奴隷」（p. 136）

ハイラム・パワーズ（1805-1873）はアメリカの彫刻家。「ギリシャ人奴隷」（一八四三）はパワーズの代表作で、一八四七年にこの作品がアメリカを巡ったさいには総勢一〇万人以上の観客を集めたといわれ、のちにイギリスにも渡り注目を集めた。

（＊13）『ニューカム家の人びと』（p. 138）

ウィリアム・サッカレー（William Thackeray, 1811-1863）はカルカッタ出身のイギリス人作家。*The Newcomes: Memoirs of a Most Respectable Family*（『ニューカム家の人びと』）は一九世紀中盤のイギリス中産階級の一家の生を社会変化のダイナミズムのなかで描いた長編小説で、家族を捨てて駆け落ちするクララ・ニューカムの姿に逃亡奴隷のイメージが重ね合わせられる。

（＊14）カーライルが「黒人問題に関する時論」の表題の「黒人《ニグロ》」を「黒ンボ《ニガー》」に変えて再出版したような時期（p. 138）

トマス・カーライル（Thomas Carlyle, 1795-1881）はスコットランドの評論家、歴史家。「黒人問題に関する時論」

（"Occasional Discourse on the Negro Question"）はカーライルが一八四九年に発表したパンフレットで、もともとは匿名で虚構の語り手の声を使って奴隷廃止運動の偽善性を批判として書かれた論考だったが、そのなかでは黒人の知性の生物学的劣性をめぐる議論などが展開された。一八五三年にはこのエッセイを"Occasional Discourse on the Nigger Question"としてみずからの名で再版している。

（＊15）**ハリエット・ジェイコブスのような物語**（p. 149）

ハリエット・ジェイコブズ（Harriet Jacobs, 1813-1897）はアメリカ人作家、奴隷解放運動家。奴隷として生まれ、一八五二年に解放されたのち、半生を自伝的に描いた*Incidents in the Life of a Slave Girl*（『ある奴隷少女に起こった出来事』）をLinda Brentの筆名で一八六一年に出版した。奴隷解放運動に従事し、解放奴隷のための学校などを創設した。

（＊16）**一八五〇年の逃亡奴隷法**（p. 150）

一八五〇年に制定された逃亡奴隷法（Fugitive Slave Act）は、奴隷所有を合法とする南部諸州から自由州である北部へと逃亡し解放された奴隷であっても、捕らえられれば元の所有者のもとへ奴隷として戻らねばならないことを規定したアメリカの連邦法。一七九三年に施行された同名の法律が北部自由州による自由法の設定によって無効化されていったことへの南部諸州の抵抗からうまれたこの法律は、奴隷主および連邦保安官には逃亡者を追跡、逮捕する権限を与え、逃亡を援助した者には重い処罰を課したが、これによりいよいよ南北の対立を深めることとなった。南北戦争中の一八六四年に撤廃。

（＊17）**あなたの、ではもうない、ジョン・S・ジェイコブス**（p. 151）

「あなたの、ではもうない、ジョン・S・ジェイコブズ（No longer yours, John S. Jacobs）」は、英語の手紙のむすびに現在でも使われる慣用表現「あなたの、（Yours,）」の周縁遂行的もじり。ハリエット同様、ジョン・S・ジェイコブズ（John S. Jacobs, 1815-73）も解放後は奴隷解放運動に従事した。なお、引用箇所は一九八七年に出版されたHarvard University Press版の編者Jean Fagan Yellinによる第二六章、"Important Era in My Brother's Life"への脚註から。ただし現在唯一入手可能な本書の翻訳である、新潮社版（二〇一七年）では、この註のつけられた第二六章（「運命の輪」と改題されている）でジェイコブズの弟が自由への道を選ぶことを決めた経緯を知らせる部分をはじめとして、さまざまな部分が大幅に削除されている。

◉第三章

（＊1）「忌臭〔"dissmell"〕」（p. 162）

「忌臭」と訳したのはトムキンズの造語である"dissmell"という概念で、不快な臭いにたいする拒否反応。これが怒りと合わさると軽蔑になるとトムキンズは言う。不快な味にたいする拒否反応の嫌悪感（disgust）とともに忌臭は衝動を補助するメカニズムであると考えられているが、それでもこれが情動として数えられるのは、実際の味や臭い以外（想念や他人など）にも同様の身体反応が起こり、対象にたいする拒絶感情が生じうるから（この概念の定義については*Affect* 3: 22を参照）。

（＊2）トムキンズは、教育テストサービス（ETS）のためにパーソナリティ・テストの開発に従事するとともに、主題統覚テスト（TAT）の解析をおこなう本を執筆した（p. 165）

ETS（Educational Testing Service）とはTOEFL、TOEIC、SATなどのテストプログラムを開発する、プリンストンを拠点とするアメリカの非営利団体。パーソナリティ・テストは性格検査とも訳されるもので、さまざまな教育プログラムへ職種の適性をはかるものとしてとくに二〇世紀中盤にさかんに開発された。一九三〇年代に開発された主題統覚テスト（Thematic Apperception Test）は性格検査のなかでも多くの研究がなされたもので、複数のランダムで抽象的な画像を見せられた被験者がそこからどのようなナラティヴを作り出すかによって被験者の性格を見るもの。

（＊3）サイバネティックスやシステム理論（p. 165）

サイバネティックス（cybernetics）はアメリカの数学者ノーバート・ウィーナー（Norbert Wiener, 1894-1964）が一九四八年に提唱した科学理論で、情報伝達やコントロールをめぐる生物の行動と機械の動作のあいだに類似を見出し、通信工学や神経性理学、社会学など学問分野をまたいで情報がどのように伝達、処理、制御されるかの問題を総合的に考える、有機体をモデルにした機械論。ちなみにサイバネティックスとは船のかじを語源とする言葉で、「サイバー」や「サイボーグ」などの語もサイバネティックスから取られている。システム理論（systems theory）は、ひとつの全体を関係しあうさまざまな要素のまとまり（システム）としてとらえ、構成要素間同士や外部にあるほかのシステムの要素との相互作用などから全体性の働きを有機的に考える多彩な学際的な学問。二〇世紀半ば以降のシステム理論の発展の土台となったのはオーストリアの生物学者ルートヴィッヒ・フォン・ベルタランフィが提唱した一般システム理論（General System Theory）で、サイバネティックスの発展とも連動している。

（＊4）**ポール・グッドマンやグレゴリー・ベイトソン**（p. 165）

ポール・グッドマン（Paul Goodman, 1911-1972）はアメリカの知識人で、文化批評家。幅広い分野を横断して社会批評をおこなった。とくに自己疎外に悩む若者の生について書いた一九六〇年の*Growing Up Absurd*は大ベストセラーとなり、グッドマンを左派カウンターカルチャーの旗手とした。グレゴリー・ベイトソン（Gregory Bateson, 1904-1980）はイギリスに生まれアメリカに渡った人類学者、社会科学者。システム理論とサイバネティックスの発展に寄与した。一九七二年に出版された論文集、*Steps to an Ecology of Mind*（『精神の生態学』佐藤良明訳、思索社、一九九〇年／改訂版 新思索社、二〇〇〇年）はサイバネティックスを人類学に応用する思考を展開した。

（＊5）**ドナルド・ヘッブが一九四九年に提示した脳内のニューロン発火のモデル**（p. 169）

ドナルド・ヘッブ（Donald Hebb, 1904-1985）はカナダの心理学者。ニューラルネットワーク研究の先駆者で、神経心理学の父とも称される。言及されている一九四九年の著作は*The Organization of Behavior*（『行動の機構――脳メカニズムから心理学へ（上・下）』、鹿取廣人ほか訳、岩波書店、二〇一一年）で、ヘッブ則（Hebbian Theory）と呼ばれるニューロン発火と神経伝達と学習についての理論を提示した。

（＊6）**アンソニー・ワイルデン**（p. 169）

アンソニー・ワイルデン（Anthony Wilden, 1935-2019）はイギリスの社会理論家。領域横断的なさまざまな著作を残しているが、システム理論やサイバネティックスはその思考の基盤になっている。

（＊7）**行動主義者**（p. 172）

行動主義（behaviorism）は心理学のアプローチのひとつで、意識などの内面ではなく、人間や動物の行動を客観的観察の対象とすることで心的過程を理解しようとする学派。一九一三年にアメリカの心理学者ジョン・ワトソン（John Watson, 1878-1958）によって唱えられた初期の行動主義（古典的行動主義）は、生理学をベースにして条件反射を誘発するような刺激を重視し、特定の行動は特定の刺激への反応として生じるとするという立場だった。古典的行動主義の刺激―反応のあまりにも一対一的な関係への着目への批判から、一九三〇年代以降の新行動主義と呼ばれる動きが起こった。

（＊8）**サイバネティックスの襞《フォルド》**（p. 174）

章題にもなっている「襞（fold）」は、まだ現実化されていないがゆえに、やがて実現しうるものとして思い描かれるさまざまな可能性が（折りたたまれるようにして）内包された状態を指している。この未分化かつ無限に差異化されうる潜在性という意味での襞は（はっきりと言及されていないが）、フランスの哲学者ジル・ドゥルーズの「襞（pli）」という概念から来ている。ドゥルーズの襞概念は一九八六年の『フーコー』をはじめとするさまざまな著作で展開されているのだが、この概念を中心にまとまった一冊としては、一九八八年の『襞――ライプニッツとバロック』（宇野邦一、河出書房新社、二〇一五年）がある。

（＊9）**「豊かさのスクリプト」や「知覚的貪欲」（とトムキンズが呼ぶもの）**（p. 176）

「豊かさのスクリプト（"affluence scripts"）」はトムキンズが「スクリプト理論」と呼ぶ、ある場面を解釈・判断・予想してどのような情動が起動されるかを決定するメカニズムのひとつで、とくに興奮や喜びなどポジティヴな情動を最適化するもの（*Shame*, 194-95 を参照）。「知覚的貪欲（"perceptual greed"）」はトムキンズが怒りについて書いた章で怒りやすいひとがもちがちなさまざまな貪欲さのひとつとしてあげたもので、さらに強烈な感覚的・知覚的刺激を求めようとする傾向（*Shame*, 205 を参照）。

（＊10）**フランク・ローゼンブラットのパーセプトロン**（p. 177）

フランク・ローゼンブラット（Frank Rosenblatt 1928-1971）はアメリカの心理学者、計算機科学者。パーセプトロンはローゼンブラットが一九五八年に発表したアルゴリズム。コンピューターに経験をとおしてみずから修正・学習をおこなわせる、機械学習（machine learning）と呼ばれるメカニズムの初期モデルのひとつ。

（＊11）**『入り混る思い――フェミニズム、大衆文化、そしてヴィクトリア時代のセンセーショナリズム』**（p. 179）

Ann Cvetkovitch, *Mixed Feelings: Feminism, Mass Culture, and Victorian Sensationalism* (New Brunswick: Rutgers UP, 1992)。アン・クベッコヴィッチ（1957-）はカナダとアメリカで活動をおこなう文学者、ジェンダー・セクシュアリティ研究者。第一作である *Mixed Feelings* のあとにも情動研究の領域で重要な著作（*An Archive of Feeling* (2003), *Depression: A Public Feelings* (2012)）を出版している。

（＊12）**興味の（あるいは喜びの）ウサギにたいするアヒルのような、多義図形的なゲシュタルト**（p. 191）

ゲシュタルト（Gestalt）はドイツ語でかたちや形態を意味する言葉だが、とくにゲシュタルト心理学と呼ばれる学派では人間が対象を個々の諸要素の集まりとしてではなくひとつのまとまりとして認識するときの、全体性をもった構造を指す。この全体性が失われたときに起こるのがいわゆるゲシュタルト崩壊。セジウィックがここで言及しているのは、見方によってうさぎとしてもアヒルとしても見える「ジャストロウ錯視」とも呼ばれる図形。

◉第四章

（＊1）**血液製剤**（p. 196）

血液製剤（blood products）は人間の血液を原料に用いて製造される医薬品の総称だが、ここではとくに血友病患者の緊急止血に用いられる血液凝固因子製剤を指している。一九七〇年代後半から一九八〇年代前半にかけて、ＨＩＶウィルスが混入した血液製剤によって多くの血友病患者がＨＩＶに感染した。血液製剤がＨＩＶ感染の原因になりうることが明らかになり、ウィルスを不活性化させる処理をおこなわれた加熱製剤が認可されたのちも、アメリカのバイエル（Bayer）薬品傘下のカッター・ラボラトリーズをはじめとする製薬会社は残った在庫をさばくために、危険を認識しながらアジアや中南米諸国に非加熱製剤を輸出しつづけた。日本でも、厚生省認可のもとおおくの製薬会社によってアメリカから輸入された非加熱製剤によって二〇〇〇人近くの血友病患者がＨＩＶに感染し、ＡＩＤＳを発症して死に至る人も多くあった。「薬害エイズ事件」として知られる。

（＊2）**ポール・リクールが「懐疑の解釈学」という忘れがたい名を与えたものに体現される生産性の高い批評傾向**（p. 198）

ポール・リクール（Paul Ricœur, 1913-2005）はフランスの哲学者。「懐疑の解釈学（仏：herméneutique du soupçon、英：hermeneutics of suspicion）」はリクールが一九六五年に *De l'interprétation : Essai sur Freud*（『フロイトを読む――解釈学試論』久米博訳、新曜社、二〇〇五年）で提示した概念。フロイト、マルクス、ニーチェをして、意識をすべからく虚偽意識としてみなす「懐疑学派」を率いる懐疑の三大巨匠と称した。

（＊3）**おそらくはヘンリー・キッシンジャーの発した「パラノイアにだって本当の敵がいるかもしれない」**（p. 202）

ヘンリー・キッシンジャー（Henry Kissinger, 1923-）はアメリカの政治学者、政治家。冷戦下、リチャード・ニクソン政権（一九六九―七四）およびフォード政権下（一九七四―七七）で、アメリカの国益と勢力均衡を重視する「リアリズム」を奉ずる外交を取り仕切った。「パラノイアにだって本当の敵がいるかもしれない（"Even a paranoid can have enemies."）」が実際にキッシンジャーの言葉だったかどうかは一説あるが、通説ではこれはホワイトハウスでの会話を全部録音するなどパラノイア的であったことでよく知られる（そして民主党全国委員会本部への不法侵入と盗聴をおこなった「ウォーターゲート事件」で辞任に追い込まれた）ニクソンについてキッシンジャーが言ったことになっている。

（＊4）**分裂・妄想《スキツォイド・パラノイド》ポジション、抑鬱《ディプレッシヴ》ポジションというような**（p. 204）

両者ともにオーストリア・イギリスの精神分析家メラニー・クライン（Melanie Klein, 1882-1960）が展開した対象関係理論のなかの鍵概念で、セジウィックの原文では "the schizoid/paranoid position and depressive position" とされているが、一般的には "paranoid-schizoid position"（妄想―分裂ポジション）と "depressive position"（抑鬱ポジション）と表記される。本文中でも強調されているようにクラインのポジション概念は発達段階ではなく、移行と逆行を繰り返す「態勢」であり、乳幼児に顕著に確認されるものだが大人にもあらわれる。妄想―分裂ポジションは、不安状態の緩和のために対象や自己を「良い部分」と「悪い部分」に分裂させて、みずからをおびやかすものとして思い描かれる「悪い部分」を攻撃しようとする態勢。抑鬱ポジションは妄想―分裂ポジションで対象を分裂させ憎み傷つけてしまったことへの後悔や罪悪感から、清濁をあわせ呑むようにして対象がひとつの存在であることや対象が失われてしまったことを受け入れる態勢。なお、深刻な影響をもつパーソナリティ障がいや精神障がいを表す「パラノイア」という語をある種の批評的体制の比喩として使うことにたいしては異論もあって当然だし、訳語としてももっと一般的で広範な「妄想的」などを用いることも考えたが、ここではパラノイアを特殊な病状としてではなく、誰にでも見られる心理態勢としてみなすクラインの理論に従い、「パラノイア的」を採用した。

(＊5) **ハロルド・ブルーム** (p. 214)

ハロルド・ブルーム (Harold Bloom, 1930-2019) はアメリカの文学研究者、批評家。いわゆるキャノン (「正典」) と呼ばれる伝統的西洋古典文学の擁護者でもある。セジウィックはイェール大学の大学院に在学中、前述 (序章の訳註7を参照) のヒリス・ミラーやポール・ド・マンとともに「イェール学派」を立ち上げたブルームにも学んだが、イェールでの就学環境はセジウィックにとってあまりあたたかいものではなかったようだと言われる (https://evekosofskysedgwick.net/biography/biography.html を参照)。

(＊6) **マイケル・フェイのむち打ち** (p. 224)

一九九四年、当時一八歳だったアメリカ人のマイケル・フェイ (Michael Fay, 1975-) は、居住していたシンガポールで窃盗と器物破損の罪でむち打ちの刑に処された。日本語ではむち打ちとされるこの刑罰は実際には長い杖で臀部を強打されるもので、シンガポールでは一般的なものであったが、アメリカ市民にたいして課されるのは初めてであったため大きな話題となり論争を呼んだ。

(＊7) **納税者の反乱** (p. 226)

ここで言及されている納税者の反乱 (the tax revolt) のきっかけとなったのは、一九六〇年代から一九七〇年代にかけてカリフォルニア州で起こった、財産税軽減を求める反税運動。一九七八年に住民投票により「プロポジション一三」が可決され、財産税の大幅減税がなされた。

(＊8) **「アメリカとの契約」** (p. 226)

「アメリカとの契約 (Contract with America)」は一九九四年、民主党クリントン政権下で共和党議員たちによって提示された小さい政府と市場原理の支持をうたった政策公約。共和党はこの直後におこなわれた中間選挙で大勝利をおさめた。

（＊9）**「クリスチャン・アイデンティティ」**（p. 229）

「クリスチャン・アイデンティティ（Christian Identity）」は、反ユダヤ主義・白人至上主義を教条とするヘイトグループで、アングロサクソン系およびノルディック系の白人以外は魂をもたず殲滅されるか奴隷とされなければならないとする。なお、セジウィックはユダヤ系である。

（＊10）**ウィリアム・エンプソンやケネス・バーク**（p. 232）

ニュー・クリティシズム（New Criticism・新批評）は一九四〇年代にアメリカで生まれ冷戦期に栄えた文学批評理論で、文学作品を歴史・社会・伝記的文脈や作者の意図から切り離して自律的なものとして扱い、作品の形式・構造と意味のつながりを精読によって分析しようとする。ウィリアム・エンプソン（William Empson, 1906-1984）はイギリスの文学研究者。精緻な詩の読解で知られる一九三〇年の代表作、*Seven Types of Ambiguity*（『曖昧の七つの型〈上・下〉』岩崎宗治訳、岩波文庫、二〇〇六年）はニュー・クリティシズムの発展に大きな影響を及ぼした。ケネス・バーク（Kenneth Burke, 1897-1993）はアメリカの文学研究者で作家。バークがもっともよく知られるのは象徴のもつ政治・社会的力を考察したレトリック分析。なかでもセジウィックがおそらくここで言及しているのは、バークのレトリック分析の方法論のなかで「ドラマティスティック五要素（dramatistic pentad）」と呼ばれる構造分析の要。エンプソンの「七つの型」も「五要素」もある種のセジウィックの愛した「間に合わせ《ノンス》の分類法」のひとつのようだ。

（＊11）**哀悼にうち沈みそして戦闘的になるのだ**（p. 233）

原文は“You'll be mournful and militant”で、ここで言及されているのはアメリカの美術批評家でＡＩＤＳアクティヴィストのダグラス・クリンプ（Douglass Crimp, 1944-2019）によるエッセイ、“Mourning and Militancy”（*October* 51 (1989), pp.3-18）。

（＊12）**ロナルド・ファーバンク、ジュナ・バーンズ、ジョセフ・コーネル、ケネス・アンガー、チャールズ・ラドラム、ジャック・スミス、ジョン・ウォーターズ、そしてホリー・ヒューズ**（p. 240）

ロナルド・ファーバンク（Ronald Firbank, 1886-1926）はイギリスの小説家で、その作風はスーザン・ソンタグをして「キャンプの正典」のひとつに数えさせるほど。ジュナ・バーンズ（Djuna Barnes, 1892-1982）はアメリカの作家でアーティスト。クィアな作品をたくさん残しているが、なかでも*Nightwood*（1936）はモダニスト・レズビアン・フィクションの古典的名作。ジョセフ・コーネル（Joseph Cornell, 1903-1972）はアメリカのアーティスト。宝箱のように箱庭的で幻想的なコラージュの数々によってよく知られている。ケネス・アンガー（Kenneth Anger, 1927-）はアメリカの映像作家。アメリカではゲイであることを公けにして男性同士のエロティシズムを公然と扱った作品を作った最初の映像作家のひとりで、シュールリアリスティックな作風で知られる。チャールズ・ラドラム（Charles Ludlam, 1943-1987）はアメリカの俳優で劇作家。ゲイであることを早くから公言し、喜劇的作風で知られるみずからの作品では女性登場人物を演じることも多かった。ジャック・スミス（Jack Smith, 1932-1989）はアメリカの映像作家、俳優。六〇年代のニューヨークのアンダーグラウンド・アートシーンで活躍し、実験的でクィアで、キッチュでキャンプでカラフルな作品をたくさん残した。ジョン・ウォーターズ（John Waters, 1946-）はアメリカの映像作家。クィア映画の巨匠でカルト的人気を誇る作品を数え切れないほど製作しているが、とくにドラァグ・クイーンのディヴァインをフィーチャーした*Pink Flamingos*（1972）とブロードウェイ・ミュージカルにもなった*Hairspray*（1988）は言わずと知れた古典。ホリー・ヒューズ（Holly Hughes, 1955-）はアメリカのパフォーマンス・アーティスト、劇作家。レズビアンの日常をベースにしたキャンプであけすけで風刺のきいた作風で知られる。

◉第五章

（＊1）**ピーター・バーガー**（p. 248）

ピーター・バーガー（Peter Berger, 1929-2017）はオーストリア出身のアメリカの社会学者・神学者。言及されている著作は一九六九年に出版された*The Sacred Canopy: Elements of a Sociological Theory of Religion*（『聖なる天蓋——神聖世界の社会学』薗田稔訳、新曜社、一九七九年）で、社会に意味と秩序を与えるものとして構築されたものとしての宗教を論じる。

（＊2）**パーリ語で書かれた仏典やスートラ、ジャータカの物語**（p. 249）

パーリ仏典（Pali canon）は、前二世紀ごろから釈迦の言葉をパーリ語という古代インド西北地方の言語で書き写した最初期の仏典のひとつ。スートラ（sutras）は仏典の三分類のうちのひとつで釈迦の説いた教え（法）をまとめたもの。漢字表記では経、経典とされるものだが、日本語では経や経典は広く仏典一般をさす語としても用いられるので、ここではスートラと表記した。ジャータカ（Jartaka stories）は本生譚とも呼ばれるもので、釈迦（や弟子たちなど）の前世の因縁物語。

（＊3）**『チベット死者の書』**（p. 250）

『チベット死者の書（*The Tibetan Book of the Dead*）』はチベット仏教に伝わる埋蔵教法（terma）と呼ばれる聖典のひとつからの抜粋を、アメリカの人類学者ウォルター・エヴァンズ＝ヴェンツ（Walter Evans-Wentz, 1878-1965）が一九二七年に英訳、出版して広まったもの。チベット語でバルド・トゥ・ドル（英語表記はBardo Thodol）と呼ばれるこの仏典は、臨終のときから四九日間死者の耳元で読み上げられるもので、死と来世のあいだの中有《バルド》にある死者を解脱へと導くことを目指すもの。

（＊4）**化身ラマ**（p. 252）

化身ラマ（tulku）は転生ラマとも訳されるチベット仏教の概念。ラマはチベット仏教において師たる僧侶をさす敬称のひとつ（サンスクリット語のグルにあたる）で、化身ラマは如来や菩薩や偉大な修行者たちが、すべての衆生を涅槃に導くためにこの世に生まれ変わった姿とされる。

（＊5）**エリザベス・パーマー・ピーボディが『ザ・ダイアル』に仏教経典の初の英語訳を掲載したとき**（p. 256）

エリザベス・パーマー・ピーボディ（Elizabeth Palmer Peabody, 1804-1894）はアメリカの教育者、思想家、社会活動家。一八三〇年代から一八六〇年代ごろまでニューイングランドを中心として栄えたトランセンデンタリズム（Transcendentalism, 超絶主義とも訳される）という哲学運動の中心的人物のひとり。ピーボディはトランセンデンタリストたちの機関誌『ダイアル（*The Dial*）』の編集と運営に携わり、自身の著作や翻訳も出版した。個人の自己信頼や自発性を奉じて自己の内なる聖性と無限の可能性を直観によって把握しようとするトランセンデンタリズムの思想は、子どもの潜在能力の開花を助ける早期教育へのピーボディへの強い興味とも共鳴し、のちにピーボディはドイツへ渡って教育者フリードリヒ・フレーベルの児童教育を学び、幼稚園をアメリカで初めて開き、普及させた。

（＊6）**ウジェーヌ・ビュルヌフ**（p. 256）

ウジェーヌ・ビュルヌフ（Eugène Burnouf, 1801-1852）はフランスの東洋学者。仏教とゾロアスター教の研究で知られる。ビュルヌフの法華経のサンスクリット語からフランス語への翻訳自体が完了したのは一八四一年だったということだが、大部の「イントロダクション」の執筆（一八四四年に『インド仏教史序説』として出版）を経て、正式に法華経のフランス語訳が本として出版されたのは没後まもない一八五二年。なお、ビュルヌフの法華経の仏訳のピーボディによる英訳が『ダイアル』に出版されたのは一八四四年。

（＊7）**テンプル・スクールからマーガレット・フラーのカンバセーションズ、それにコンコード哲学学校まで**（p. 258）

テンプル・スクール（the Temple School）はアメリカのトランセンデンタリストで教育者（そして『若草物語』の著者、ルイーザ・メイ・オルコットの父）、エイモス・ブロンソン・オルコット（Amos Bronson Alcott, 1799-1888）が一八三四年に設立した学校。対話を基盤とした実験的教育をおこなったが、多くの論争を巻き起こして一八四一年には閉鎖された。エリザベス・ピーボディはテンプル・スクールの設立当初から助手として雇われ教育に従事するのみならず、オルコットの教育原理や実際の教育現場の様子を記録した *A Record of a School*（一八三五）を発表したが、やがてオルコットの教育方針と対立し、袂を分かった。マーガレット・フラー（Margaret Fuller, 1810-1850）はアメリカの思想家、社会活動家。トランセンデンタリズムの中心的人物のひとりで、『ダイアル』創刊に際しては編集長もつとめ、アメリカのフェミニスト思想の源流のひとつとも言われる *Woman in the Nineteenth Century* を一八四五年に出版。ピーボディとも親交が深くテンプル・スクールでも教鞭をとったが、なによりもピーボディとフラーのフェミニストとしての共闘を表すのが、ピーボディが（女性の）教育の場としてボストンに開いた書店・貸出図書館、ウェスト・ストリート・ブックストアでフラーがおこなった、「カンバセーションズ（the Conversations）」という女性のための談話会（これについては本文に後述されている）。コンコード哲学学校（the Concord School of Philosophy）はブロンソン・オルコットの発案により一八七九年に開校された夏季限定の社会教育を目指す学校。往年のトランセンデンタリストをはじめとする多くの知識人による講義と聴講生も参加した議論がおこなわれ、一八八八年にオルコットの死を悼む最後の集会がおこなわれるまで、二〇〇〇人以上の参加者を集めた。

（＊8）仏教についてのオーディオテープ（ソギャル・リンポチェ、ラマ・スールヤ・ダス、瞑想用の音楽など）を普及させているアメリカのレーベルに、サウンズ・トゥルーというのがある（p. 261）

ラマ・スールヤ・ダス（Lama Surya Das, 1950-）はアメリカ人の宗教家であり作家で、九〇年代以降アメリカでチベット仏教の大衆化をおこなってきた。サウンズ・トゥルー（Sounds True）は一九八五年に創設されたアメリカのマルチ・メディア出版企業。

（＊9）内心においてかたちのなさの概念をもつ者が外側のかたちを観ずること、かたちからの解放を身体的に実感しそれを確固たるものにできること、物質のすべての観念を超越することをとおして空間の無限へと完全に入ること、空間の無限の境地を超越して意識の無限に完全に入ること、意識の無限の境地を超越して無の無限へと完全に入ること、そして無の境地を超越して意識でも無意識でもない境地へ完全に入ること（p. 265）

ここで「かたち」と訳出している“form”は日本語の仏教用語でいうと「色《しき》」つまり、認識の対象となる物質的存在の総称。ここで描かれている過程は「八解脱」と呼ばれている、苦悩や煩悩から離れて精神的自由と安らぎを得る状態へと至る段階。

（＊10）ドゥンス・スコトゥスがラテン語でかくあること（thusness）をして「このもの性（hecceity）」と呼んだ概念（p. 270）

ここで「このもの性」と訳出した本文での表記はhecceityで、スコットランド生まれの哲学者・神学者であるドゥンス・スコトゥス（Duns Scotus, 1266-1308）が提示した概念、“haecceity”（ラテン語の*haecceitas*から）の別表記。日本語では「是性」「此性」などとも訳されることもあるこの概念は、ある存在をほかのなにかではなくまさにその個別的存在にするもの、いわば「個体原理」を指す。セジウィックはここでこの概念を“thusness”と呼んでいるが、英語では“thisness”とされることが多い。セジウィックがこの段落で言及するようにこの概念はドゥルーズにとっても重要なものだった。本文中に引用されている箇所の他に、フェリックス・ガタリとの共著『千のプラトー——資本主義と分裂症（上・中・下）』（宇野邦一ほか訳、河出文庫、二〇一〇年）のとくに中巻、二〇七－一八頁を参照（なお『千のプラトー』の日本語訳では*Hecceité*に「此性」の訳語があてられているが、本文中では統一性を重視して「このもの性」とした）。

（＊11）**「意識的に死にむかう運動〔the conscious dying movement〕」**（p. 273）

「意識的に死にむかう運動（the conscious dying movement）」は、一九八〇年代にアメリカのカリフォルニアやニューメキシコなどから広がった、近づきつつある死の苦しみや恐怖と向かい合い、穏やかに死に移行するための運動。アメリカの心理学者・スピリチュアル運動指導者のババ・ラム・ダス（Baba Ram Dass, 1931-2019）、アメリカの思想家スティーヴン・レヴィーン（Stephen Levine, 1937-2016）、スイスに生まれアメリカに渡った精神科医エリザベス・クーブラー・ロス（Elizabeth Kübler-Ross, 1926-2004）などが一九六〇年代終盤からおこなってきた、終末期ケアにおけるスピリチュアルな教えやヨーガ、瞑想の導入、ホスピス・ムーヴメントなどに連なる動き。

（＊12）**中有《バルド》**（p. 274）

中有《ちゅうう》（本文ではチベット語音声の英語表記で bardo）は日本語では中陰とも表記される仏教概念（この概念を認めない宗派もある）。死の瞬間から来世の生を受けるまでの中間の境界的な期間で、その長さは七日と言われることも四九日と言われることもある。ただしここでセジウィックは、癌の診断によって近づきつつあるものとしての死を意識してから死ぬまでの「中間状態」を中有と呼んでいる。

（＊13）**パスカルの賭け**（p. 274）

「パスカルの賭け（Pascal's wager）」はフランスの哲学者・物理学者・神学者ブレイズ・パスカル（Blaise Pascal, 1623-1662）の死後、一六七〇年に出版された著作 *Pensées*『パンセ』（前田陽一・由木康訳、中公文庫プレミアム、二〇一八年、ほか）のなかで提示される議論。神の実在は証明できないとしても、かりに神が実在していたときに神を信じて生きたことによって得られうる利益（神に報いられること）は無限大であり、神が実在していなかったときに神を信じないで生きたことのもたらす利益（欲望のままに生きること）よりつねに大きいため、神を信じて生きることに「賭けて」生きるべきだという考え方。

（＊14）**「巧みな方途〔skills in means・方便〕」**（p. 275）

ここで「方法の巧みさ」と訳出したフレーズの本文での英語表記は "skills in means" で、「方便（サンスクリットではウパーヤ）」という仏教概念である。ウパーヤは目的に到達するための道筋を表す語だが、仏教術語として用いられるときは、仏や菩薩が衆生を仏法へと教え導き、救うためにもちいる「巧みな手だて」を意味する。とはいえ「方便」と訳してしまうとmeans（方途）とend（目的）の関係についての原文の意味が伝わりにくくなってしまうので、ここでは「方法の巧みさ」や「巧みな方途」などと訳出した。

（＊15）**ヴィマラキールティ**（p. 275）

ヴァイマラキールティ（Vimalakīrti）は大乗仏教の初期経典のひとつである「維摩経」の中心人物で、日本語では維摩詰とも表記される。維摩経では病に伏した長者で在家信徒のヴィマラキールティが彼を見舞おうとする仏弟子や文殊菩薩と問答をおこない、仏法を深める様子が描かれる。

引用文献

（複数ある既訳のすべてを参照できなかった場合には、参照できたものに※印をつけた）

Adams, James Eli. *Dandies and Desert Saints: Styles of Victorian Manhood*. Ithaca, N.Y.: Cor- nell University Press, 1995.

Alcott, A. Bronson. *How Like an Angel Came I Down: Conversations with Children on the Gospels*. Ed. Alice O. Howell. Hudson, NY: Lindisfarne Press, 1991. Reprint of *Conversations with Children on the Gospel*s, Boston: James Munroe and Co., 1836. 2 vols.

Anderson, Benedict R. O'G. *Mythology and the Tolerance of the Javanese*. Ithaca, NY: Modern Indonesia Project Monograph Series, 1965; rpt. 1969.

Austin, J. L. *How to Do Things with Words*. Ed. J. O. Urmson. New York: Oxford University Press, 1970.（※J・L・オースティン『言語と行為――いかにして言葉でものごとを行うか』飯野勝己訳、講談社、二〇一九年／J・L・オースティン著『言語と行為』坂本百大訳、大修館書店、一九七八年）

Basch, Michael Franz. "The Concept of Affect: A Re-Examination." *Journal of the American Psychoanalytic Association* 24 (1976):759–77.

Batchelor, Stephen. *Buddhism without Beliefs: A Contemporary Guide to Awakening*. New York: Riverhead Books, 1997.（スティーブン・バチェラー『ダルマの実践――現代人のための目覚めと自由への指針』藤田一照訳、四季社、二〇〇二年）

Benjamin, Walter. *Charles Baudelaire: A Lyric Poet in the Era of High Capitalism*. Trans. Harry Zohn. London: Verso, 1983.（※ヴァルター・ベンヤミン『ボードレール　他五篇――ベンヤミンの仕事2』野村修編訳、岩波書店、二〇二〇年／ヴァルター・ベンヤミン『パリ論／ボードレール論集成』浅井健二郎・久保哲司・土合文夫訳、筑摩書房、二〇一五年／ヴァルター・ベンヤミン『ヴァルター・ベンヤミン著作集6――ボードレール』川村二郎・野村修訳、晶文社、一九七五年）

Benveniste, Emile. *Problems in General Linguistics*. Trans. Mary Elizabeth Meek. Miami: University of Miami Press, 1971.（エミール・バンヴェニスト『一般言語学の諸問題』岸本通夫監訳、河村正夫他訳、みすず書房、一九八三年）

Berger, Peter. *Sacred Canopy: Elements of a Sociological Theory of Religion*. Garden City, NJ: Doubleday, 1966.（ピーター・L・バーガー『聖なる天蓋――神聖世界の社会学』薗田稔訳、筑摩書房、二〇一八年）

Bersani, Leo. *The Culture of Redemption*. Cambridge, MA: Harvard University Press, 1990.

Bishop, Elizabeth. *The Complete Poems 1927–1979*. New York: Farrar, Straus and Giroux, 1979.

Bora, Renu. "Outing Texture." In *Novel Gazing: Queer Readings in Fiction*, ed. Eve Kosofsky Sedgwick. Durham, NC: Duke University Press, 1997.

Broucek, Francis J. "Shame and Its Relationship to Early Narcissistic Developments." *International Journal of Psychoanalysis* 63 (1982): 369–78.

Butler, Judith. *Gender Trouble: Feminism and the Subversion of Identity*. New York: Rout- ledge, 1990.（ジュディス・バトラー『ジェンダー・トラブル――フェミニズムとアイデンティティの攪乱』竹村和子訳、青土社、一九九九年）

---. "Performative Acts and Gender Constitution: An Essay in Phenomenology and Feminist Theory." In *Performing Feminisms: Feminist Critical Theory and Theatre*, ed. Sue- Ellen Case. Baltimore: Johns Hopkins University Press, 1990.

Butler, Sandra. "A Writer Returns to Silence." *Women's Cancer Resource Center Newsletter* 9.5 (fall 2001):4.

Cavafy, C. P. *Collected Poems*. Ed. George Savidis. Edmund Keeley and Philip Sherrard. Revised ed. Princeton, NJ: Princeton University Press, 1992.（C・P・カヴァフィス『カヴァフィス全詩』池澤夏樹訳、書肆山田、二〇一八年）

Chang, Garma C. C., general ed. *A Treasury of Mahāyāna Sūtras: Selections from the Mahāratnakūta Sūtra*. Translated from the Chinese by the Buddhist Association of the United States. University Park: Pennsylvania State University Press, 1983.

Cleary, Thomas, trans. *Entry into the Realm of Reality: The Text. A Translation of the Gandavyuha, the Final Book of The Avatamsaka Sutra*. Boston: Shambhala, 1989.

Cvetkovich, Ann. *Mixed Feelings: Feminism, Mass Culture, and Victorian Sensationalism*. New Brunswick, NJ: Rutgers University Press, 1992.

Dalai Lama, H.H. *Oral teaching on dependent origination*. Chuang-Yen Monastery, New York, 25–27 May 1997.

de Bary, William Theodore, ed. *The Buddhist Tradition in India, China, and Japan*. Rpt. New York: Vintage, 1969. New York: Random House,

1972.
Deleuze, Gilles, and Claire Parnet. *Dialogues*. Trans. Hugh Tomlinson and Barbara Habberjam. New York: Columbia University Press, 1977.（ジル・ドゥルーズ、クレール・パルネ『ディアローグ――ドゥルーズの思想』江川隆男・増田靖彦訳、河出書房新社、二〇一一年／ジル・ドゥルーズ、クレール・パルネ『ドゥルーズの思想』田村毅訳、大修館書店、一九八〇年）
de Man, Paul. *Allegories of Reading: Figural Language in Rousseau, Nietzsche, Rilke, and Proust*. New Haven: Yale University Press, 1979.（ポール・ド・マン『読むことのアレゴリー――ルソー、ニーチェ、リルケ、プルーストにおける比喩的言語』土田知則訳、岩波書店、二〇一二年）
Derrida, Jacques. "Signature Event Context." In *Margins of Philosophy*. Trans. Alan Bass. Chicago: University of Chicago Press, 1982.（ジャック・デリダ『有限責任会社』高橋哲哉・増田一夫・宮崎裕助訳、法政大学出版局、二〇〇二年に所収）
Descombes, Vincent. *Modern French Philosophy*. Trans. L. Scott-Fox and J. M. Harding. Cambridge, England: Cambridge University Press, 1980.
Dickens, Charles. *American Notes*. 1842. London: Penguin, 2001.（※チャールズ・ディケンズ『アメリカ紀行（上・下）』伊藤弘之・下笠徳次・隈元貞広訳、岩波書店、二〇〇五年）
---. *Dombey and Son*. Oxford: 1848. Oxford University Press, 2001.（※チャールズ・ディケンズ『ドンビー父子（上・下）』田辺洋子訳、こびあん書房、二〇〇〇年、ほか）
Dickinson, Emily. *Complete Poems of Emily Dickinson*. Boston: Little, Brown, 1960.
Eliot, George. *Daniel Deronda*. 1876. London: Penguin, 1967.
---. *Middlemarch*. 1871–72. London: Penguin, 1966.（※ジョージ・エリオット『ジョージ・エリオット全集八――ダニエル・デロンダ（上・下）』藤田繁訳、彩流社、二〇二一年／ジョージ・エリオット『ダニエル・デロンダ（一・二・三）』淀川郁子訳、松籟社、一九九三年、ほか）
Felman, Shoshana. *The Literary Speech Act: Don Juan with J. L. Austin, or Seduction in Two Languages*. Trans. Catherine Porter. Ithaca, NY: Cornell University Press, 1983.（S・フェルマン『語る身体のスキャンダル――ドン・ジュアンとオースティンあるいは二言

語による誘惑』立川健二訳、勁草書房、一九九一年）
Foucault, Michel. *The History of Sexuality. Vol. 1, An Introduction*. Trans. Robert Hurley. New York: Pantheon, 1978.（ミシェル・フーコー『性の歴史 一——知への意志』渡辺守章訳、新潮社、一九八六年）
Freud, Sigmund. *The Standard Edition of the Complete Psychological Works of Sigmund Freud*. Ed. James Strachey. Trans. James Strachey et al. London: Hogarth Press, 1953–1975. 24 vols.（フロイト『フロイト全集』新宮一成ほか訳、岩波書店、二〇〇六年—二〇一一年、全二十一巻に別巻）
Fried, Michael. *Absorption and Theatricality: Painting and Beholder in the Age of Diderot*. Rpt., Chicago: University of Chicago Press, 1988.（マイケル・フリード『没入と演劇性——ディドロの時代の絵画と観者』伊藤亜紗訳、水声社、二〇二〇年）
Gibson, J. J. *The Senses Considered as Perceptual Systems*. Boston: Houghton Mifflin, 1966.（J・J・ギブソン『生態学的知覚システム——感性をとらえなおす』佐々木正人・古山宣洋・三嶋博之監訳、東京大学出版会、二〇一一年）
Gramsci, Antonio. *Prison Notebooks*. Ed. Joseph A. Buttigieg. New York: Columbia University Press, 1996.（アントニオ・グラムシ『獄中ノート』石堂清倫訳、三一書房、一九七八年、ほか）
Gregory, Richard L., ed., with O. L. Zangwill. *The Oxford Companion to the Mind*. Oxford: Oxford University Press, 1987.
Hakeda, Yoshito S. *Kukai: Major Works Translated with an Account of His Life and a Study of His Thought*. New York: Columbia University Press, 1972.（羽毛田義人『空海密教』阿部龍一訳、春秋社、一九九六年）
Halbfass, Wilhelm. *India and Europe: An Essay in Understanding*. Albany: State University of New York Press, 1988.
Halley, Janet. "Sexual Orientation and the Politics of Biology: A Critique of the Argument from Immutability." *Stanford Law Review* 46.3 (February 1994): 503–68.
Hebb, D. O. *Organization of Behavior*. New York: John Wiley and Sons, 1949.（D・O・ヘッブ『行動の機構——脳メカニズムから心理学へ（上・下）』鹿取廣人・金城辰夫・鈴木光太郎・鳥居修晃・渡邊正孝訳、岩波書店、二〇一一年／『行動の機構』白井常訳、岩波書店、一九五七年）
Heims, Steve J. *Cybernetics Group*. Cambridge, MA: MIT Press, 1991.（スティーヴ・J・ハイムズ『サイバネティクス学者たち——ア

メリカ戦後科学の出発』忠平美幸訳、朝日新聞社、二〇〇〇年）

Hertz, Neil. *The End of the Line*. New York: Columbia University Press, 1985.

Hinshelwood, R. D. *A Dictionary of Kleinian Thought*. 2d ed. Northvale, NJ: Aronson, 1991.（R・D・ヒンシェルウッド『クライン派用語事典』衣笠隆幸 総監訳・福本修・奥寺崇・木部則雄・小川豊昭・小野泉監訳、誠信書房、二〇一四年）

Hocquenghem, Guy. *Homosexual Desire*. Trans. Daniella Dangoor. Durham, NC: Duke University Press, 1993.（ギィー・オッカンガム『ホモセクシュアルな欲望』関修訳、学陽書房、一九九三年）

Hofstadter, Richard. *The Paranoid Style in American Politics and Other Essays*. New York: Knopf, 1965.

Holstein, Alexander, trans. *Pointing at the Moon: One Hundred Zen Koans from Chinese Masters*. Rutland, VT: Charles E. Tuttle, 1993.

Jacobs, Harriet A. *Incidents in the Life of a Slave Girl. Written by Herself*. Ed. Jean Fagan Yellin. Cambridge, MA: Harvard University Press, 1987.（ハリエット・ジェイコブズ『ハリエット・ジェイコブズ自伝――女・奴隷制・アメリカ』小林憲二編訳、明石書店、二〇〇一年／ハリエット・アン・ジェイコブズ『ある奴隷少女に起こった出来事』堀越ゆき訳、新潮社、二〇一七年）

James, Henry. *The Art of the Novel*. Rpt. Boston: Northeastern University Press, 1984.（※ヘンリー・ジェイムズ『ヘンリー・ジェイムズ『ニューヨーク版』序文集』多田利男訳、関西大学出版部、一九九〇年／ヘンリー・ジェイムズ『小説の技法』高村勝治訳註、研究社出版、一九七〇年）

---. *The Golden Bowl*. Harmondsworth, England: Penguin, 1980.（※ヘンリー・ジェイムズ『黄金の盃』工藤好美訳、国書刊行会、一九八三年／ヘンリー・ジェイムズ『金色の盃（上・下）』青木次生訳、講談社、二〇〇一年、ほか）

---. *Notebooks of Henry James*. Ed. F. O. Matthiessen and Kenneth B. Murdock. New York: Oxford University Press, 1947.

James, William. *The Correspondence of William James. Vol. 1, William and Henry: 1861–1884*. Ed. Ignas K. Skrupskelis and Elizabeth M. Berkeley. Charlottesville: University Press of Virginia, 1992.

Jarrell, Randall. *The Complete Poems*. New York: Farrar, Straus and Giroux, 1969.

Kapleau, Roshi Philip. *The Three Pillars of Zen*. 25th anniversary ed. New York: Doubleday Anchor, 1989.

Kornfeld, Eve. *Margaret Fuller: A Brief Biography with Documents*. Boston: Bedford Books, 1997.

Laplanche, J., and J.-B. Pontalis. *The Language of Psycho-Analysis*. Trans. Donald Nicholson- Smith. New York: Norton, 1973.（J・ラプランシュ、J・B・ポンタリス『精神分析用語辞典』村上仁監訳、みすず書房、一九七七年）

Levine, Stephen. *Who Dies? An Investigation of Conscious Living and Conscious Dying*. New York: Doubleday Anchor, 1982.（スティーヴン・レヴァイン『めざめて生き、めざめて死ぬ』菅靖彦・飯塚和恵訳、春秋社、一九九九年）

---. *A Year to Live: How to Live This Year As If It Were Your Last*. New York: Bell Tower, 1997.（スティーヴン・レヴァイン『余命一年…だとしたら――残された時間があと一年、と思って生きてみると』ヒューイ陽子訳、ヴォイス、二〇〇一年）

Litvak, Joseph. *Caught in the Act: Theatricality in the Nineteenth Century English Novel*. Berkeley: University of California Press, 1991.

Loori, Abbot John Daido, M.R.O. "Transmission of the Light." Talk given during the Soto School's Tokubetsu Sesshin. Zen Mountain Monastery. www.zen-mtn.org/zmm/ talks/teisho2.htm, 1995.

Lopez, Donald S. *Curators of the Buddha: The Study of Buddhism under Colonialism*. Chicago: University of Chicago Press, 1995.

Luger, George F., and William A. Stubblefield. *Artificial Intelligence: Structures and Strategies for Complex Problem Solving*. Redwood City, CA: Benjamin/Cummings Publishing, 1993.

Lyotard, Jean-François. *The Postmodern Condition: A Report on Knowledge*. Trans. Geoff Bennington and Brian Massumi. Minneapolis: University of Minnesota Press, 1984.（ジャン＝フランソワ・リオタール『ポスト・モダンの条件――知・社会・言語ゲーム』小林康夫訳、水声社、一九八九年）

MacGregor, John M. *Metamorphosis: The Fiber Art of Judith Scott. The Outsider Artist and the Experience of Down's Syndrome*. Oakland, CA: Creative Growth Art Center, 1999.

Miller, D. A. *The Novel and the Police*. Berkeley: University of California Press, 1988.（デイヴィッド・A・ミラー『小説と警察』村山敏勝訳、国文社、一九九六年）

Miller, J. Hillis. *Tropes, Parables, Performatives: Essays on Twentieth-Century Literature*. Durham, NC: Duke University Press, 1991.

Moon, Michael. *A Small Boy and Others: Imitation and Initiation in American Culture from Henry James to Andy Warhol*. Durham, NC: Duke University Press, 1998.

Morris, William. *News from Nowhere and Other Writings*. 1890. London: Penguin, 1994.（※ウィリアム・モリス『ユートピアだより』川端康雄訳、岩波書店、二〇一三年／ウィリアム・モリス『ユートピアだより――もしくはやすらぎの一時代、ユートピアン・ロマンスからの幾章』川端康雄訳、晶文社、二〇〇三年、ほか）

Müller, F. M. *India: What Can It Teach Us?* London: Longman, Green, 1883.

Nathanson, Donald L. *Shame and Pride: Affect, Sex, and the Birth of the Self*. New York: Norton, 1992.

Newton, Esther. *Mother Camp: Female Impersonators in America*. With a new preface. Chicago: University of Chicago Press, 1979.

Peabody, Elizabeth Palmer. *Lectures in the Training School for Kindergartners*. Boston: D. C. Heath, 1888.

---. *Record of a School: Exemplifying the General Principles of Spiritual Culture*. Boston: J. Munroe, 1835.

---. trans. "The Preaching of Buddha" *The Dial: A Magazine for Literature, Philosophy,* and Religion 4.3 (January 1844): 391–401. (Published anonymously; long attributed to Thoreau)

Pope, Alexander. *The Poems of Alexander Pope*. Ed. John Butt. New Haven: Yale University Press, 1963.（アレグザンダー・ポウプ『愚物物語』中川忠訳、あぽろん社、一九八九年）

Proust, Marcel. *In Search of Lost Time*. 6 vols. Ed. D. J. Enright. Trans. Andreas Mayor and Terence Kilmartin. New York: Modern Library, 1992.（※マルセル・プルースト著『失われた時を求めて（全十四巻）』吉川一義訳、岩波書店、二〇一〇―二〇一九年／マルセル・プルースト『失われた時を求めて（全十三巻）』鈴木道彦訳、集英社、一九九六―二〇〇一年、ほか）

Ram Dass, Baba. *Be Here Now*. San Cristobal, NM: Lama Foundation, 1971.（ラム・ダス、ラマ・ファウンデーション『ビー・ヒア・ナウ――心の扉をひらく本』吉福伸逸・上野圭一・プラブッダ訳、平河出版社、一九八七年）

Rancière, Jacques. *The Ignorant Schoolmaster: Five Lessons in Intellectual Emancipation*. Trans. Kristin Ross. Stanford: Stanford University Press, 1991.（ジャック・ランシエール『無知な教師――知性の解放について』梶田裕・堀容子訳、法政大学出版局、二〇一九年）

Ricoeur, Paul. *Freud and Philosophy: An Essay on Interpretation*. Trans. Denis Savage. New Haven: Yale University Press, 1970.（ポール・リクール『フロイトを読む――解釈学試論』久米博訳、新潮社、一九八二年）

Roach, Joseph R. "Slave Spectacles and Tragic Octoroons: A Cultural Genealogy of Antebellum Performance." *Theatre Survey* 33 (November

1992): 167–87.

Ronda, Bruce A. *Elizabeth Palmer Peabody: A Reformer on Her Own Terms*. Cambridge, MA: Harvard University Press, 1999.

Sāntideva. 1995. *The Bodhicaryāvatāra*. Trans. Kate Crosby and Andrew Skilton. Introduction by Paul Williams. Oxford: Oxford University Press, 1995.

Searle, John R. *Speech Acts*. Cambridge, England: Cambridge University Press, 1969.（J・R・サール『言語行為――言語哲学への試論』坂本百大・土屋俊訳、勁草書房、一九八六年）

Sedgwick, Eve Kosofsky. *Between Men: English Literature and Male Homosocial Desire*. New York: Columbia University Press, 1985.（イヴ・K・セジウィック『男同士の絆――イギリス文学とホモソーシャルな欲望』上原早苗・亀澤美由紀訳、名古屋大学出版会、二〇〇一年）

---. *The Coherence of Gothic Conventions*. New York: Methuen, 1986.

---. *A Dialogue on Love*. Boston: Beacon, 1999.

---. *Epistemology of the Closet*. Berkeley: University of California Press, 1991.（イヴ・コゾフスキー・セジウィック『クローゼットの認識論――セクシュアリティの二〇世紀』外岡尚美訳、青土社、一九九九年）

---. *Tendencies*. Durham, NC: Duke University Press, 1993.

Silverman, Kaja. "Too Early/Too Late: Subjectivity and the Primal Scene in Henry James." *Novel* 21.2–3 (1988): 57–74.

Sloterdijk, Peter. *Critique of Cynical Reason*. Trans. Michael Eldred. Minneapolis: University of Minnesota Press, 1987.（ペーター・スローターダイク『シニカル理性批判』高田珠樹訳、ミネルヴァ書房、一九九六年）

Smith, Barbara Lee. "Judith Scott: Finding a Voice." *Fiberarts* (summer 2001): 36–39.

Sogyal Rinpoche. *The Tibetan Book of Living and Dying*. Ed. Patrick Gaffney and Andrew Harvey. San Francisco: Harper, 1993.（ソギャル・リンポチェ『チベットの生と死の書』大迫正弘・三浦順子訳、講談社、一九九五年）

Stone, Jacqueline I. "The Contemplation of Suchness." In *Religions of Japan in Practice*, ed. George J. Tanabe. Princeton, NJ: Princeton University Press, 1999.

Tatz, Mark, trans. *The Skill in Means Sutra (Upayakausalya)*. Delhi: Motilal Banarsidass Publishers, 1994.

Thomas, Deborah A. *Thackeray and Slavery*. Athens: Ohio University Press, 1993.

Thomas, Elizabeth Marshall. *The Tribe of Tiger: Cats and Their Culture*. New York: Simon and Schuster, 1994.

Thurman, Robert A. F. *Essential Tibetan Buddhism*. New York: HarperCollins, 1995.

---, trans. *The Holy Teaching of Vimalakirti: A Mahayana Scripture*. University Park: Pennsylvania State University Press, 1976.

Tomkins, Silvan S. *Affect Imagery Consciousness*. 4 vols. New York: Springer, 1962–1992.

---. "The Quest for Primary Motives: Biography and Autobiography of an Idea." *Journal of Personality and Social Psychology* 41.2 (1981): 306–29.

---. *Shame and Its Sisters: A Silvan Tomkins Reader*. Ed. Eve Kosofsky Sedgwick and Adam Frank. Durham, NC: Duke University Press, 1995.

Walker, Alice. *Meridian*. New York: Harcourt Brace, 1976.（アリス・ウォーカー『メリディアン』高橋茅香子訳、筑摩書房、一九八九年）

Watts, Alan. *The Way of Zen*. New York: Pantheon, 1957. Rpt. New York: Vintage, 1989.

Wilden, Anthony. *System and Structure: Essays in Communication and Exchange*. London: Tavistock, 1972.

Wittgenstein, Ludwig. *Philosophical Investigations*. Trans. G. E. M. Anscombe. 3d ed. New York: Prentice Hall, 1999.（ルートウィッヒ・ヴィトゲンシュタイン『哲学探究』鬼界彰夫訳、講談社、二〇二〇年／ルートヴィヒ・ヴィトゲンシュタイン『哲学探究』丘沢静也訳、岩波書店、二〇一三年、ほか）

月をさす指——『タッチング・フィーリング』訳者解説

本書はEve Kosofsky Sedgwick, *Touching Feeling: Affect, Pedagogy, Performativity* (Durham: Duke University Press, 2003) の全訳である。著者であるイヴ・コソフスキー・セジウィックは、一九八五年の *Between Men*〔『男同士の絆』〕と一九九〇年の *Epistemology of the Closet*〔『クローゼットの認識論』〕によって、クィア・スタディーズというセクシュアリティのなりたちを問い直す学問分野をたちあげるのにおおきな役割を果たした理論家・文学研究者だ。[1] しかし単著の研究書としては五作目となるこの本は、[2] セジウィック自身がややはにかみながら認めるように「性についてあまり語るところがない」(三五)。かわりに本書で前景化されるのは表題となる「触れること (touching)」と「感じること (feeling)」、そしてその両者がわかちがたくよりあわさった「感動・心の琴線に触れること (touching feeling)」という情動的な体験だ。本書の副題にも現れる「情動 (affect)」とは、いわば意識や言語をすり抜けて諸身体に呼びかけるような、そしてときには激しい身体反応によって応えられるような「気分」、「雰囲気」、「感覚」、「思い」に与えられた名である。この情動という名状しがたい「触・感」を表す概念への注目によって本書は、心身の二項対立や伝統的な自律的主体を揺るがしながら、情動的な知の理論——心と身体で「知る」というのはどんな感じかをめぐる理論——を模索し、二〇〇〇年代以降の人文思想において「情動的転回《アフェクティヴ・ターン》」や「ポストクリティーク」という、批評《クリティーク》の枠組み自体を問い直すようなおおきな批評ムーヴメントを広めるきっかけにもなった。

——というのがきっと、いわゆる「理論書」の翻訳解説をはじめるときの定番ではあるのだが、こういう紹介のしかたはこの本を前にするとどうも、いまひとつすわりがわるい。というのも、『タッチング・フィーリング』はたしかに重厚な批評書ではあるのだけれど、そういう本にありがちな堅苦しさがあまりないのだ。それはたぶん、セジウィックの語り口のせいでもあるのだと思う。自分でも言っているとおりセジウィックはがんこで（「なにを隠そうわたしは牡牛座なのです」（一七））、これでもかというくらい自分の論点をごり押ししてくることもけっこうある。そうやってほとんど子どものようにして対象や議論に没入してゆくさまはセジウィック自身が恥についてのふたつの章で論じているように演劇的でさえあって、読み手をひきつける（ディケンズが好きすぎてほとんど分析をおこなわないままに何段落も引用してしまうところなどはその好例）。しかしどんなに複雑な概念やアイディアについて前のめりで語っているときでも、しばらくするとセジウィックはそこからすっと身を引いて、ときには自虐ネタを放り込んできたり読者をからかったり、あるいは猫のように虚空を見つめてみたりする。そしてこちらがはっとするくらい心を開けっぱなしにして、こんなことを言ったりするのだ——「わたしはほんとに死が怖いんだろうか。生きることに疲れたのと、死ぬことに惹かれることの差なんて、見分けることができるんだろうか。自分の揺るぎない無神論が熱い風のなかの葉っぱみたいに萎れないなんて、どうして言えるんだろう。今でさえわたしはほんとに、ほんとに、自分が死すべきさだめの存在だって、実感してるんだろうか」（二八一）。

　ひとことで言えばこの本は、生きていたひとの書いた本だ。あたりまえのように聞こえるかもしれないけれど、理論の本を読んでいるときにわたしたちはそのことを忘れがちだったりする。息をして、食べて、排泄して、ちいさなことにどきどきしていらいらして、泣いたり笑ったりほかの書き手への嫉妬に身を焦がしたり、自分の冗談が受けるか不安に思ったり開き直ったりするひとが、どんな理論の裏側にだってたぶんいる。そしてもうひとつ忘れがちなのは、その本が「古典」として読み継がれて、その理論や理論家の名前が一人歩きするようになっても、それを書いたひとは永遠に生きつづけるわけではないし、ときには自分の死の淵を歩き回るようにしてそういう理論を作り上げたりもするということだ。

『タッチング・フィーリング』はそうやって書かれた本だ。セジウィックは一九九一年に乳癌と診断され、一九九六年には癌が脊椎に転移していたことが発見された。夫のハル・セジウィックがその経緯をこまやかに記録し、つづっているように、はじめて癌が見つかってから二〇〇九年に五八歳で没するまでの一八年、セジウィックは治療しながら最期まで執筆と授業をつづけた。(3)『タッチング・フィーリング』に所収されたものの初出としては「幕間劇、教育的な」が一九九二年でもっともはやく、序章と最終章の「仏教の教育学」はこの本が出版されたすこし前に書かれている。二〇〇三年に出版されて一冊の本としては生前最後の作品となった『タッチング・フィーリング』はだから、セジウィックという理論家が癌と生きていた時間を、そして友人バーバラ・ハーンスティーン・スミスが「老年性崇高《シーナイル・サブライム》」(五二)と呼んだという地平へのはたしがたい希求を、記録するものでもある。

ゆるめの技法

そこにはリズムがある。ぎゅっと集中して濃密な議論を展開したと思うと、ふっと力をぬいてこちらが拍子ぬけするくらい手のうちを明かすようなことを言う——そのむすんでひらいてのリズムがこの本を風とおしのいいものにしていて、理論とか批評とかを読むときのかちこちにこわばりがちな背中をとんとんと叩き、わたしたちの理論武装を、情動的武装を解除する。真実を把握しようとむすばれた拳がほどかれて、その手のひらが、指さきが、思いもよらないものに触れてしまう。そういう出会いを可能にするものをセジウィックは、「ゆるめの技法」と呼んでいる。

> エリザベス・ビショップの有名な詩、「ある技法《ワン・アート》〔One Art〕」でくりかえされるリフレインは「うしなう《ルージング》技法を身につけるのは難しいことじゃない〔The art of losing isn't hard to master〕」というものだ。ビショップ作品のなかでもこの詩だけはどうも、下剤みたいな浄化の美学へのこだわりが強すぎて好きになれずにいた。なんというか、ダイエット中のひとが冷蔵庫のドアを開けないように貼っているマグネットにでも書いてありそうで。わたしにとってもっとしっくりくるのは、ゆるめの技法〔the art of *loosing*〕を呼び起こすことだ。それもひとつじゃなくて、たがいに関係しあっているたくさんの技法の一群。理想としては人生とか愛とかアイディアとかが開いた手のひらの上でしばらく一緒に気兼ねなく共存していられるような、そんな技法。（一九）

理論武装をゆるめる、「ゆるめ」の技法。さきどりしていってしまうとこの本は全体をとおしてそれを実践して見せてくれているようなところがあるのだけれど、でもなんだってそもそもそんなゆるめの技法を身につける必要があるのだろう。そういう批評的こわばりからの脱却について書かれたこの本の第四章は『タッチング・フィーリング』のなかでももっともよく読まれてきた章でもあるので、まずはこの章のセジウィックの議論をちょっと追ってみたい。

七〇年代以降のおもな批評理論（新歴史主義、脱構築、ファミニズム、クィア・スタディーズ、精神分析、そしてセジウィックは挙げていないけれどポストコロニアル批評や批評的人種理論など）はみな、自由と解放を謳うリベラルな社会がおおいかくしている構造的な搾取と排除の暴力をあばかなければという批評的責務に貫かれている、とセジウィックは言う。わたしたちが「自然」だと教えられてきたことは——性別やジェンダーの差とか、セクシュアリティとか、家族とか、人種とか、国家とか、主体性とか——じつはみんな社会的に構築されたフィクションで、そういう虚構に乗っかって自由放任に見える資本主義社会をうまく回していくようにわたしたちは知らぬ間に訓練されてきたのだと、こういう批評理論は「すっぱ抜く」。あらゆる超越的《メタ》な視点を可能なかぎり内面化して、こちらをコントロールしようとする見えない「あいつ」(それはおおきなシステムかもしれないし、あんがい身内の研究者の姿をとっているのかもしれない)に足元をすくわれないように爛々と目を光らせるこの批評的態度のことをセジウィックは「パラノイア的読解」と呼んで、そうした態度への固着からの転換を目指す第四章に「パラノイア的読解と修復的読解、あるいは、とってもパラノイアなあなたのことだから、このエッセイも自分のことだと思っているでしょ」という、ちょっと人を食ったようなタイトルまでつけた[4]。

とはいえこの副題にドキッとしたり皮肉な笑みを浮かべたり、ラッキーな場合にはほかのだれかを思い浮かべてクスッとしたりしないでいられる読者は、そもそもたぶんこの本を手に取ってないんじゃないかと思う(なにしろよくいわれるようにいまはソーシャル・メディアの流通で国民総批評家時代なのだし)。たぶんおおくのひとが批評理論にひかれはじめるきっかけのひとつは、それが身の回りの出来事に、歴史に、どうしてそんなことが当然のようにして起こっている(いた)のか、それなのにどうしてそれを変えようともそれが嫌だとさえ思えなかったのかの説明を与えてくれるからなんじゃないかと思う。じゅうぶんに賢くさえあれば、じゅうぶんに意識的でさえあれば、見えない権力の隠微な支配にからめとられることなくあの痛みを(自分のものであれ他人のものであれ)回避できたんじゃないかと願う心が理論武装の内側にあるのなら、それがやがて自動化されて、どれだけとがった一四〇文字で相手の欺瞞に満ちた政治的無意識を掘り起こせるか、どれだけ華麗に意表をつく読みで読者からマウントをとれるかのゲームへと転化しているとわかっていたとしても、その甲冑のひもをゆるめるのは簡単じゃない。抑圧構造とその欺瞞に満ちた犠牲の隠蔽工作をいちはやく見いだしてその全貌を暴いて「知る」ことは、新たな打撃を受けたときにすぐにそのダメージに名前を与えて「そんなのわかってたし」とつぶやいて平気を装うことも、似たようなことがまた自分やまわりにふりかからないように身構えたり警告したりすることも可能にしてくれるように思える。そういう意味ではパラノイアは、この不条理に破壊的な世界を生き延びる術だ。

　セジウィック自身だってそれは、例外ではない。というより、そもそもセジウィックがパラノイア的読解とその隠された抑圧構造の暴露という手法の限界についてここまで痛烈な批判をおこなうのは、セジウィック本人がほかのだれにもましてその方法論を洗練させてきたからでもある（セジウィック自身が言うとおり、「お前が（わたしに）できることくらい、なんだってわたしはもっとひどくできるんだぞ」はパラノイアのお家芸である（二〇〇九））。思えばパラノイアは、セジウィックがはじめてはっきりとセクシュアリティを主題にして書いた『男同士の絆』ですでに前景化され、そして『クローゼットの認識論』でさらにするどく理論化された中心的な主題だった。三角関係ではひとりの女性を競いあうふたりの男性のあいだの強烈な情動にこそ焦点があるというルネ・ジラールの議論を読み直し、セジウィックはそうやって強化されるいっけんして異性愛的なホモソーシャルな絆（セジウィックはいまや「ホモソ」として知られるこの概念の第一人者である）に、同性愛欲望との連続性とそれにたいする同性愛恐怖《ホモフォビック》／嫌悪な禁忌を読み込んだ。男同士のアツい連帯を要求しながらもそれが「行き過ぎる」ことを、なにが「行き過ぎ」かを明示しないままに禁止するホモソーシャルのダブル・バインドは、もし自分がそうだったらどうしようという漠とした絶え間ない不安を植えつける。だからこそホモソーシャリティのなかで同性愛欲望は徹底的に芽を摘まれ、ほかのだれかにパラノイア的に投影される――「おれがあいつ《オトコ》を好きなんじゃない、あいつがおれ《オトコ》を好きなんだ」と。こうしてホモソーシャルな集団に属する男性に異性愛以外の自分の欲望にたいして無知であることを要請し、その欲望を隔離して投棄する場として「クローゼット」とその住人を作り出すホモフォビックな投射こそ、セジウィックが「クローゼットの認識論」と呼んだものの中心にあるものだった。

　こうしたセジウィックの仕事は、近代的自我の内奥にある最大の「秘密」として設定された同性愛欲望をめぐる暴露と隠蔽のドラマがいかに西洋文化を構造化してきたかを「さらしだし」、ストレートに見えるテクスト群のなかに隠された同性愛欲望を「あばく」という、初期クィア・リーディングのひとつの定型を可能にするものだった。第四章でも（それこそしつこいほど）検討されているとおり、おなじく九〇年代にクィア・スタディーズの屋台骨となったジュディス・バトラーの初期著作にも異性愛とファルスを中心に構造化された世界の不正と人工性を「あばく」という批評エネルギーは帯電しているのであって、その意味ではたしかにクィア・スタディーズは、見えない巨悪と闘うパラノイア的読解のエネルギーによって駆動された分野だった。

　でもけして忘れてはならないのは、この本でもたびたび触れられているようにクィア・スタディーズが生まれた背景には八〇年代からのＡＩＤＳアクティヴィズムがあったということ、そしてそこではじっさいに隠微な暴力がＡＩＤＳを「ゲイの疫病」と片づけ選択的無知によって制度的に無視し、たくさんのＡＩＤＳ患者を文字どおり黙殺していたのだということだ。認識することさえ拒まれた生と死にクィアという名前をつけてそれを存在せしめるというそれこそ命がけの言語行為がそこにあったことを思えば、セジウィックが九〇年代のクィア批評を「パラノイア的」と呼ぶとき、その自戒に響く痛切さを思い起こすことなく「パラノイア的読解」を乗り捨てしようとすることは、どうしようもなくまちがっている。

それでもセジウィックがパラノイア的読解から距離をとろうとするのは、うたぐり深いパラノイア批評の奇妙なまでに従順な「暴露への信頼」が隠された真実を暴くこと自体を自己目的化してしまうとき、それが知的な、そして政治的な袋小路に陥ってしまうからだ。暴露に暴露を重ねることに知的エネルギーのすべてを費やして構造的暴力にさらなる証拠を与えたとしたって――セジウィックの友人、シンディ・パットンの言葉を借りれば――「わたしたちがいま知ってる以上の、なにを知ったことになるんだろう」(一九九七)。HIVの拡大がゲイの殲滅を目指した人為的なものだった可能性はあるかというセジウィックの典型的にパラノイア的で陰謀説的な(そしておそろしく蓋然性のある)問いに、パットンがこう受け答えてから四〇年が経とうとしている。荒唐無稽な陰謀論と陰謀論のような現実が肩を並べるいま、このことばはいっそう重たく感じられる。

はたから見てどんなに奇想天外だろうと、破滅的に思える出来事の裏に具体的な悪の権化を想像することはたいてい、生の不条理と折り合いをつけるための必死の合理化の試みだ。アメーバのようにまとわりつくこの苦しみの源がひとや組織のかたちをしていたら、それから身を守ることが、それをやっつけることができるかもしれない――そういうパラノイア的ファンタジーはひとたび共有されるとそれ自体の生命をもちはじめ、どんどん肥大化してそのひと(たち)のリアルをかたちづくっていく。そればかりかときにそうした陰謀論はじっさいに人びとを行動に駆り立てて、現実より強い現実効果を生み出していく。たとえば選挙がのっとられたと信じる暴徒たちによって議事堂が襲撃されて、あろうことかそれが当時の大統領によって計画的に扇動されたものだったらしいという薄っぺらい犯罪小説みたいな事態だって、それが事実だったらしいというエビデンスがどれだけ積み重ねられたところで、そうした実証がなにも実を結ばなかった例をなんども目にした心には、それを意味のある現実として受け入れることすらできなくなってゆく。

そんなふうにパラノイア的陰謀論がパラノイア的批評とぶつかり合って現実を侵食していくポスト・トゥルースとも呼ばれる時代のなかで、古式ゆかしい「真理と虚構」の差はどんどん有効な意味を失ってゆく。民主主義の理念も手続きも公然と踏み散らし少数者への迫害を国是のためと言ってはばからない政権がそれでも選挙によって選ばれつづけ、どれだけ力を込めてその暗幕を破ろうとしてもはなから隠蔽しようという気もなさそうなその暖簾のような薄っぺらさにただ自分だけが勢い込んで床に倒れこむという状況が世界中でつづくなか、このエッセイのもとになった論考が早くも一九九六年に書かれていたことを思うと、セジウィックの慧眼には驚かざるをえない。それでも急いでつけくわえておきたいのは、どれだけそうやって徒労感がつのったとしてもやっぱり構造的な抑圧や迫害をあきらかにするプロジェクトを放棄することはできないし、セジウィックだってそうするべきだと言っているわけではまるでないということだ。セジウィックがペーター・スローターダイクを引いていうところの「お利口な冷笑主義」（二二九）で身をかためた「そんなの知ってたし」だって、八分四六秒のビデオを見れば自分が構造的人種差別について「知ってた」ことのうすっぺらさを突きつけられて街頭に出ずにはいられなくなるのだし、そうした粉砕的な知の瞬間がなければ社会変化はきっと望めない。けれど同時にそうして木っ端みじんに壊れてしまったような世界を前にして叫び疲れてがれきのなかで立ち尽くすとき、わたしたちはその次にどう動けばいいかを学んでこなかったことを思い知る。

だからセジウィックはがらくたを拾い集めてつなぎ合わせるような知り方に「修復的読解」という名前をつけて、その可能性を模索する――ばらばらになってしまったたくさんのリアルを寄せ集めて「なにか全体のようなものへと組み立てる」方法。とはいえ「その全体というのはかならずしも以前に存在していたはずのどんな全体にも似ていない」（二〇四）。ハンプティ・ダンプティをもとに戻すことはできない。そもそも前に全体があったかどうかもおぼつかないし、あったとしてもその首尾一貫した全体性はきっと、なにかやだれかが存在しないことにして成立していたものだったのだ。だからもしかしたらそうやって修復作業で出来上がるのはフランケンシュタインのような哀しい化け物かもしれないし、金継ぎされた古い器のように修復の痕跡が新たな模様をなすものかもしれないし、あるいは口絵にもなっているジュディス・スコットの作品のように、ほころびだらけの布やロープなどの間に合わせの材料をぐるぐる巻き上げて作られた、慈愛に満ちたつばめの巣のようなものかもしれない。

中くらいの主体性

パラノイア的に真実を把握しようとぎゅっとむすばれた拳をゆるめる必要があることは、とりあえずよくわかった（そしてこのセジウィックのパラノイア批評への批判は「ポストクリティーク」という流れを導くことにもなった）[5]。でもどうやったらゆるめの技法を学んで、そうしてひらかれた手でばらばらになってしまった世界を修復するような知を探すことができるのだろう。すくなくとも第四章でのセジウィックの議論の大半はパラノイア的読解の批判的検討に費やされていて、愛とよろこびの名においてなされるという修復的読解がじっさいにどんな形をとりうるのかについて語ることはそう多くないし、この本が全体としてやっていることもそういう修復作業の仕方を記述したり議論したりすることではかならずしもない。ひょっとしたらそれは「聞かなきゃいけないならけしてわかりはしない」ような（二七二）、「こうすべしという規範的なかたちにはどうしたっておさまりが悪い」ような、そんな「認知的、さらには情動的な習慣や実践」（一六）を必要とするようなものなのかもしれない。そしてどうもこの本は──最終章「仏教の教育学」でテーマ化されているように──言葉にならないものとしての月をさししめす指のようにして、そういうものを実践してみせてくれているような気がする。

『タッチング・フィーリング』の本ぺんは「幕間劇」から第五章まで、発表された年代順にならべられた六つのエッセイからなっている。そのなかでこの本の副題にもある「情動、教育法、パフォーマティヴィティ」というかなり多岐にわたるテーマが展開されているのだが、とはいえこのみっつがどんな論理的必然性でむすびついているのかを明確にするようなはっきりとした「強い議論」(これもまたセジウィックがパラノイア的批評を特徴づけた、すべてを首尾一貫して説明できるような議論のことだ)は、たぶんないんじゃないかと思う。むしろそれぞれのエッセイと主題たちはたがいにゆるりと繋がったり、重なりあったり、ずれたり、からまったり、ぶつかったり、ねじくれあったり、こすれたり、照らしあったりして、そうしてゆくなかでそれぞれの見え方や意味が変わっていくような関係性を実演しているというのがしっくりきそうだ。

そういう関係性のあり方自体、きっとセジウィックが「その下に〔beneath〕」「その裏に〔behind〕」「そのかなたに〔beyond〕」を志向するパラノイア的批評の態度と対置して「そのかたわらで〔beside〕」と呼んだ、「ゆるめの技法」のひとつなのだ(6)——

ドゥルーズの平面的な関係性への関心を思い起こさせる「そのかたわらで《ビサイド》」の変えがたい空間的な位置性はまた、「その下に」や「そのかなたに」がやすやすと空間的な記述子からそれぞれ暗に起源の物語や到達の物語へと変身するのにたいして、うまい抵抗のようなものを提示してくれるように思える。「そのかたわらで《ビサイド》」がおもしろい前置詞なのはそれがまったく二項対立的でないからでもある。たとえばそれはいくつもの要素が——けれども無限にではなく——おたがいの横に並ぶことができるような感じだ。「そのかたわらで」は二項対立的な考えかたを強制する直線的な論理のあれこれにたいして、ゆっ

たりかまえた不可知論を可能にしてくれる。（二七）

すべてのことが統合されてひとつのことを意味するためのパーツになるのではなく、かといって息の詰まるような一対一の対関係をつくりあげるのでもなくて、それぞれがべつべつに存在していながらも井戸端会議でもするかのようにつながりあって思いもかけない意味のかずかずを生み出す。そんな風にゆるやかに構造化されたエッセイたちを強引に要約してしまうのは「そのかたわらに」精神にもとるようで気がひけるし、そもそもセジウィックの文章を読むというのは中心的議論を理解するというより（D・A・ミラーの文章についてのセジウィック自身の言葉をそのまま使えば）「語りの声のニュアンスやふるまい、世慣れた洞察、パラドックスの遂行的な実演、攻撃性、繊細さ、ユーモア、創意あふれる読解、傍論、そして書き手としての魅力」に魅せられているうちになにかがわかる（ような気がする）、というような性質の経験なのだと思う（二一七）。

「（なにかを）理解する」といういかにも能動的な動詞よりも、「（なにかが）わかる」という、ふとした訪れをむかえいれるような、そんな状態。それはたぶんセジウィックが「中くらいの主体性」（三四）と呼んだ「天使と格闘するヤコブみたいに——または太極拳みたいにかもしれない——主体性と受動性をごっちゃにする」ようなモードが可能にする、そんな知り方なのだろう（一七）。なにかがわかったり、見えたり聞こえたり、あるいはたんに、そこに存在していたり——そういう「抗えない衝動か自由意志かという二極」の外側にあるような中くらいの主体性は「有効な創造性や変化が生まれるスペース」なのだ、とセジウィックはいう（三四）。いってみれば、なにかに働きかけられることを招き入れるような、そんなオープンな状態であること。もしかしたら修復という作業はそういう中くらいの主体性でもって「かたわらに」いることを求めるものなのかもしれない。完全になにかを直して新品のようにきれいにすることなんてできないから、すこしずつ日々のなかで壊れていく部分をつくろうようにして、ごまかしごまかしでもいいから、とりあえずなんとかやっていく。苦しみや痛みに起源や到達の物語を無理やり与えて解決しようというのではなく、ただとなりにいつづける。どだい修復や修繕というのはそんな消極的で行為ともいえないような行為を、「「しないこと」の実践を」(二七六)ともなうものの気がする。

でも解決を求めてはやる心と折り合いをつけるそういうあり方は、じつはものすごくコツや技術や経験や辛抱や熟練を要するものだ。なおらないもののかたわらにいるのは、痛いしつらい。とうの相手や対象はそもそもなおされることなんて期待していなくて、となりにいることすらうっとうしそうにするかもしれないし、こっちの意図なんておかまいなしにおなじ状態に留まろうとするかもしれない。そういう自分の思いどおりにいかない対象や、どうなるかよくわからない不確実さや、ドラマも達成感もカタルシスもない状態をそういうものだと受けいれてゆったりかまえているうちに、いつのまにか相手も自分自身もすこしずつ作り直されていく。そういう過程を修復と呼ぶのだとしたら『タッチング・フィーリング』という本は、関係性に開かれた思いどおりにならなさを楽しむためのいろんな方法が読んでいるうちになんとなく体感できるというような、そんな本なのかもしれない。だからここではそれぞれのエッセイを要約的に説明するというよりは、それぞれがどんな風に中くらいの主体性を実演しているのかを、ちょっとずつ見てみていきたいと思う。

序文の直後に置かれた「幕間劇、教育的な」は型破りなエッセイだ。幕間劇というのは長い劇のとちゅうに本筋とはいっけん関係なくポッと置かれた軽い調子の短い劇なのだが、それは教訓的だったり悲劇的だったりする劇そのものを対象化したり、それを見る角度を斜めにしたりする。そんな「かたわらに」を体現するような劇の名前を与えられたこのメモワール的なエッセイは、ダラムとアマーストというふたつの街でセジウィックが参加したデモの情景をクラクラするような長文を多用しながら二重写しにして、読み手を理論的かつ情動的な渦にさそいこむ。プロテストというのは（教室と同様に）いろいろな意味でかたわらにいることのコントロールの効かなさが前景化される場だ。関係ないはずのたくさんの身体が、なにかそこにないものを求めるために（たとえばクィアな黒人表象のために）ぎこちなく居並ぶ。そのうちに奇妙な転移や置き換えのようなものが起こって、予想していたのとはちがう、思ってもみない関係性や意味が生じてしまう。灼熱のデモのさなか意識を失い意味の裂け目に吸い込まれるようにして転倒していくセジウィックの肉体は、そういう制御できない関係性や生まれてしまった意味の思いがけないゆたかさを実演しながら、情動、教育法、パフォーマティヴィティという三題噺の紋中紋となってゆくようだ。

つづく第一章と第二章はともにこのパフォーマティヴィティという概念の重層性を考える章なので、まずはこの概念についてすこし確認しておきたい。言葉というのはふつう、なにかを記述するもの（「この船の名前はエリザベス号だ」など）だと思われているけれど、なかには発話によってなにかをおこなうものもある（「この船をエリザベス号と命名する」「お前を死刑に処する」「光あれ！」など）。言語哲学者のJ・L・オースティンが前者を確認体《コンスタティヴ》、後者を遂行体《パフォーマティヴ》と名づけて以来、言葉によってなにかがおこなわれたり生み出されたりするというこのちょっと不思議に思えるような（けれど日常的な）事態を考えることは、言語行為《スピーチ・アクト》論と呼ばれるようになった。

言語行為による遂行性《パフォーマティヴィティ》には言葉や言説やイデオロギーがわたしたちの現実をかたちづくるという現代批評の基盤となっている考え方に通じるところがあるので、ジャック・デリダやジュディス・バトラーなどによってその可能性が探求されてきた概念でもあることは、セジウィックも論じているとおりだ。ただしセジウィック自身が『タッチング・フィーリング』のなかで追っていくのはむしろ、言語によってなにかを生み出すというこの言語行為的な遂行性《パフォーマティヴィティ》と演劇的なパフォーマンス性というふたつのパフォーマティヴィティの重なり、そしてずれだ。舞台上のパフォーマンスという、演じ手と観客の関係のあいだで生じる不安定な現象を言語行為的な遂行性に導き入れることによって、セジウィックはある発話によってなにかがおこなわれるという事態の一筋縄ではいかなさを照らしだしていく。

第一章「羞恥、演劇性、そしてクィアなパフォーマティヴィティ――ヘンリー・ジェイムズの『小説の技法』」でこのふたつのパフォーマティヴィティの蝶番になっているのは、恥という情動だ。セジウィックに恥がもつエロティックな力を語らせたら右に出る者はいないほどなのだが（ちなみに日本語でいう羞恥プレイの概念はアメリカではそんなに一般的ではないのだが、たぶんこの概念を知ったらセジウィックはとても喜んだのではないかと思うし、セジウィックの描くジェイムズはまさに恥に燃える自己を観衆／読者にさらしだすという「劇《プレイ》」に興じているようだ）、この章ではそんなエロス化された恥がアイデンティティを解体しつつ作りなおしてゆく様子が描かれている。恥というのは強烈に社会的で劇場的な情動なのだが（自分が相手にたいしてもっている期待や関心や承認欲求が相手のまなざしによっておなじようにして報いられないとき、ひとは恥で満たされる）、どうじにそうやって恥で粉々にされた自我やプライドは再構成や意味づけを迫られていく。だから恥は「苦痛に満ちた個別化にむかう動きと、制御不能な関係性にむかう動き」（六九）をあわせもっている。そういう意味で恥を排除しようとするのではなくそれをむしろ悦びとともに受けいれることは、固定化されたアイデンティティをずらしながらまだ見ぬ関係性の地平への開かれにわたしたちを導いていく、クィアな政治の可能性につながっていくのだとセジウィックは示唆しているようだ（なお、この章のもととなったエッセイが一九九三年以降アメリカのクィア・スタディーズを引っ張ることになった雑誌 *GLQ* の第一号をジュディス・バトラーの「批評的にクィア」とともに飾ったというのは、なかなかに感慨ぶかい[7]）。

第二章「遂行体《パフォーマティヴ》のあたりで――一九世紀の語りにおける周縁遂行体《ペリパフォーマティヴ》とその界隈」もまた演劇性と言語によ

る行為というふたつのパフォーマティヴィティを重ね合わせてゆくのだが、このときその舞台となるのは結婚、そしてその隠喩としてしばしば使われた、けれどもやはりじっさいに言語行為によってひとりの人間を売り買いする奴隷制である。「誓います」や「このふたりを夫婦と宣言する」という遂行体によってとり成される結婚は、オースティンの言語行為論の中核をなす典型例なのだが、セジウィックはこの異性愛中心主義と国家権力が暗に結びついた制度がどれだけ劇場的に構成されているかを（ひいては言語行為一般がじつは演劇的な目撃や立会いという制度によってはじめて可能にされていることを）示す。けれどそうして関係的に支えられたものだからこそ、セジウィックが周縁遂行性と名づける「遂行体っぽい」言語行為、つまり遂行体を指し示しながらもそれをねじ曲げるような発話（「ちょっと誓うとは言いきれないな」「誓えたらいいなとは思うけど」のような）によって、その舞台の境界線はずらされうる。周縁遂行体はしばしば「否認、物言い、放棄、非難、拒絶」（一二〇）というような、言葉でものごとを「おこなわないでいること」という消極的な行為のかたちをとるのだが、それこそこの概念は中くらいの主体性でもって、遂行性を支える当たり前に思える慣習を侵食しながら変えていくような効果をもっているといえるのかもしれない。

　アダム・フランクとの共著である第三章「サイバネティックスの襞《ひだ》のなかの恥」は前節でくわしく見た第四章とともに批評《クリティーク》や理論《セオリー》の常識を問い直す章で、この三章で焦点となっているのは一九六〇年代を中心に活躍した（そして長いあいだ忘れられていた）心理学者シルヴァン・トムキンズの情動理論だ。冒頭でも触れたのだが、情動という概念は感情とはすこしちがうものとして定義される。感情がひとりひとりの人間の心に浮かぶある程度分別可能でそれぞれの個人史をもった個別的な心理の状態だとするなら、情動はそういう個別化をゆるがすものだ。情動《アフェクト》は伝染しやすく、ほかのだれかの「気分」はたやすくわたしたちに影響《アフェクト》をあたえ、わたしたちの境界を侵食し、自分と他人との区別までおぼつかないものにする。火照る頬によって、震える拳によって、逆流する胃液によって情動は心と身体の区別をうやむやにするばかりか、身体を「もち」それをコントロールするはずの自律的主体という概念もよくわからなくする。こんなふうにしばしば定義される情動というコンセプトは、人間の自我や主体性として信じられてきたものをずらすものとして二〇〇〇年代以降の文学理論でおおきな注目を集めてきた。

そんな「情動的転回《アフェクティヴ・ターン》」のきっかけのひとつとなったのが、セジウィックとフランクによるシルヴァン・トムキンズの掘り起こしだった。ただしもともとふたりが編纂したトムキンズ読本の解説として書かれたこの第三章がいきいきと描きだすように、トムキンズの情動概念は二〇〇〇年代以降のアメリカのちょっとエモな情動理論とはだいぶ感触がちがう。人間や動物の脳と情報機器のつながりを探るサイバネティックスが花盛りだった時代、トムキンズがどんな人間にも生得的にそなわっているものとして八つ（または九つ）に区別した情動というのは、現代の批評理論の視点からすると本質主義的な生物学主義としてかんたんに批判されそうなものではある。けれどもセジウィックとフランクは、こうやって提示されるトムキンズの情動を「有限多数（n＞2）」、「ふたつよりは多いが有限に多数」という、脱構築以来忘れられてしまった一と無限のあいだの空間をもう一度切り開いてくれるものとして見直している。ガートルード・スタインばりのトムキンズの列挙のスタイルはそれぞれの個別性をひとつひとつ数えあげることで、「多様性」という言葉で十把ひとからげにまとめられがちなものの豊かさを安易な一般化からもずさんな無限化からも拾い上げるような効果がある。そのとき賭けられているのは、トムキンズの情動理論が正しいかまちがっているかという真偽の問題はさておき、現代の批評理論の脊髄反射的な反本質主義や反生物主義から一歩ひいて、こんなふうに質的な差異を数え上げてみるという姿勢がなにを可能にしてくれるかを考えてみることなのだろう。

第五章「仏教の教育学」はセジウィックが癌とともに生きるなかで出会った、仏教における知と教育の実践についてのエッセイだ。そこには猫と人間の、西洋と東洋の、「ニアミスの教育法」（二四六）が描かれている。教育がいつだって触れそうで触れない歯がゆさをともなうように感じられるのは——月という仏法をさししめす経典という指を真理そのものと勘違いする仏弟子たちのように、鏡のなかの姿をさすわたしたちの指をくんくんと嗅ぐ猫のように、あるいはニューエイジ的な自己啓発の言語で語られるアメリカナイズされたゼンのように——教えようとしているものが意図したとおり相手に伝わることなんかまれに思えるからだ。でもそうやって学ばれたものがはたして「誤解」だったり「失敗」だったりするのかどうかというのは、じつはよくわからない。もしかしたら正しいかまちがっているかの問題ではなくてそれは、そうやって学ばれたことがなんらかの役に——たとえば人生をゆたかにするために、つらい毎日を生き延びるために、死と折り合いをつけるために——そういうことの役にたつかどうかという問題なのかもしれない。教育という避けがたく情動的な関係性のなかではいつもなにかがこちらの意図を超えて学ばれてしまうものだし、触れていないと思っていたものは触れ合っていたりもする。そうやって、月をさす指と月は分かちがたいものになる。「「月をさす指は月であり、そして月は指である……両者はたがいを実現《リアライズ》しているのだ」」（二七一）。

　しかしこんな風に謎めいた定式が「わかる」というのはいったいどういうことなのだろう。セジウィックは仏教の教育学の中心にあるその過程を「なにかを知る〔know〕ことから実感する〔realize〕ことへの道のり」と呼んでいる（二六五）。ハッとしたり、すとんときたり、痛感したり、しみじみしたり——そういう実感というのはおおくの場合、一回性の出来事としての「知ること」と対照的に、いろいろな段階を経てあとから「そういうことだったんだ」と得られる身体的な知の感覚だ。要約的な説明や本の結びに具体的な解決を求める「終わりの感覚」みたいなものをできるだけ避けるのもきっと、セジウィックが教えてくれようとしているゆるめの技法のひとつなんだろうなとは思う。それでも指の匂いを嗅がずにいられない猫のように言葉にされたものに執着してしまうダメ学生としては、ここで描かれているような知ってるつもりだったけどじっさいはよくわかっていなかったという感覚としての「実感」は、ある意味でパラノイア的な「知識」を補う「情動的な知」なのかもしれないな、とも思う。

パラノイア的な知がポスト・トゥルースの時代のポピュリスト的暴力にたいしてあまり強さを発揮できない理由のひとつは、たぶんそういう暴力がおおくの場合、いろいろなメディアをつうじて情動的にびりびりと感電するようなものだからだ。だれかの怒りや哀しみや恨みや侮蔑や疲弊は、メディアを介してわたしたちの目や耳や皮膚から驚くほどたやすく浸透する。そういう情動の転移による忘我状態は文字どおりエクスタシーをともなうから、くせになる。ネットで出会ったなにかのできごとに怒っているときわたしたちは、何百人何千人というとむらわれることのなかった背後霊みたいな存在を背負って、そのひとたちに背中を押されているような高揚感で満たされる。ポピュリスト政治の指導者たちというのはそういう背後霊を召喚して動員するのがとても上手くて、情動的に振る舞うさまをネットワークにみずからさらして転移をうながす。そうやって身体と心にじかに訴えてくるような情報にたいしてパラノイア的批評がいくらこむずかしい隠された真理を持ち出してきても、あんまり勝ち目はない。

実感という身体と心で体得されるような、おうおうにしてゆっくりとした知の感覚がひとつの情動的な知のモードなのだとしたら、なにかを痛感したりなにかが腑に落ちたりしてそれが「わかる」とき、そういう知はもしかしたら情動操作の政治にも対抗することができるかもしれないな、と思う。実感するという言葉の英語はrealizeで、それはなにかを実現することだったり、リアルにすることでもある。なにかをリアルなものにする、気づきや実感。そういうものが修復的な知り方のひとつだったなら、パラノイア的批評と指と指を絡ませるようにして、あきらかにされた真実を情動的に受肉させることもできるのかもしれない。どうやったらそういう知を招来することができるかというのは、あいかわらず難しい課題だけれど。

触ること、感じること

なにかに触れることでなにかがわかることを意味する、「触知する」ということばもまた、そういう身体的で情動的な知り方のひとつを表すものかな、と思う。英語だとなにか実態のないもの（たとえば緊張とか希望とか変化とか）がものすごく明白に存在している状態のことを palpable や tangible というのだけど、その語源もまた「やさしく触る」とか「なでる」という意味の *palpare* や、やはり「触る」という意味の *tangere* というラテン語らしい。物質的にはそこにないはずなのに、触ったり撫でたりできるくらいその存在感がはっきりしてわかりやすいものを「触知可能」、palpable とか tangible だというのだ。

この本でもそういう、わかることとむすび合わさった「触ること」が大事なテーマなのは、そこかしこにあらわれる指の絵文字にも、そして『タッチング・フィーリング』というタイトルにも明らかだ――

ここに集められたエッセイを『タッチング・フィーリング』と名づけたのは、質感と感情のあいだにはどうやらある特別な親密性が存在するようだ、という直感を記しておくためだ。でもこの触知性と感情的なものの二重の意味は、「touching〔触ること・感動的な〕」という一つの言葉にすでに存在しているのだし、「feeling〔感じること・触ってみること〕」という言葉にもおなじく内在している。それからわたしにとってこのつながりをさらに奨励するもうひとつのものが「ベタベタした〔touchy-feely〕」という妙な悪口なのだが、それは情動について話すだけでさえ皮膚的な接触にほぼ匹敵するものだということをこ

のいい回しが暗に意味しているからでもある。（四一―四二）

Texture ということばは日本語でいうとたいてい、触感とか感触とか質感とか肌理とか、そんなふうに訳される。肌になんらかの理があるという感覚とか、「触感」にも「感触」にも触れると感じるがすでに共存してしまっているあたり、日本語は触れることと感じることのわかちがたさをもう内包しているみたいだ（でもだからこそ触感とか感触を texture の訳語としてつかっていると、この概念と触覚との関係を話しているあたりであまりに「触」という字がおおすぎでなにがなんだかわからなくなってきたので、迷ったすえに質感という訳語をあてることにした）。だからこの本のタイトルは『触れる、感じる』とか『感・触』とかでもいいかなと思ったけれど、『タッチング・フィーリング』というカタカナの軽さが気に入って、なんのひねりもなく原題そのままのタイトルにさせてもらった。

質感や感触をこよなく愛したセジウィックは晩年、テキスタイル・アーティストとしても活躍して、たくさんの作品を残した。セジウィックのテキスタイル・アートの写真は、未出版だったエッセイや講演を集めて二〇一一年に死後出版された『プルーストの天気〔*The Weather in Proust*〕』や、夫のハル・セジウィック氏がセジウィックの人生や仕事をていねいにまとめたウェブサイト、*Eve Kosofsky Sedgwick* でも見ることができる。(8) 裂き織りや墨流し、しぼりなどの日本人にはなじみ深い技法がふんだんに使われた作品はどれも、偶然性や一回性やはかなさを体現しつつ同時にセジウィックの手が触れた痕をずっと残しているようでもあって、はじめて見たときには不思議になつかしかった。なかでも「無題――骨折した菩薩〔*Untitled (Fractured Bodhisattva)*〕」というタイトルの、青写真法で仏像の手のレントゲン写真を布に転写した作品の写真は、衆生を助けようと一生懸命の菩薩の手も骨折しちゃうというそのイメージの、そこはかとない哀しさとかおかしみとか修復への希望とか、それからそれでもさしのべられた手に触れたいという希求とか、そういうのが『タッチング・フィーリング』にぴったりな気がしたので思い切ってハル氏にお願いしてみたら、この翻訳のカバーに使うことを快く了承していただけた。イヴは日本の美術や文化がとても好きだったからたくさんの読者のひとたちにも見てもらえるのはうれしい、とおっしゃっていた。セジウィックの残してくれた糸のかずかずをいまでもつむぎつづけてくださっているハル氏に、心からのお礼を申し上げたい。

「ものを作ること、空《くう》を実践すること［"Making Things, Practicing Emptiness"］」という、みずからのテキスタイル・アートについての講演のなかでセジウィックは、ものづくりは自分にとって「中くらいの主体性」を模索するものすごくゆたかな場なのだと言っている。「書くことにかんしてはちょっとおかしいくらい完璧主義」を自称するセジウィックは、ことばを操っているときには「コントロールへの神経症的な要請」に駆られがちで「魔法みたいな全能性の壮大なるファンタジー」と「屈辱的な無力さ」とのあいだを行ったり来たりするのだという。でも布や紙などの素材をつかっていると、その物質性によってなにができるかというのが半分くらいは規定されるので、「わたしがなにをしたいのか」という問いが「それがわたしになにをさせてくれるか」とか「それがなにをしようとしているか」という問いと交差して、そうやって折り合いをつけてゆくなかで全能感のファンタジーも無能感のドラマも意味をなさなくなってゆくのだ、と。(9)

翻訳というのもきっと、そういう中くらいの主体性でできた作業なんだと思う。セジウィックの文章は、読んでいるとたまに眩しくて涙が出てくるくらいきれいだ。息が長い、どこまでも長い一文のなかで、いろんな鮮やかなイメージが並びながら、よく考えると意味がわからないこともなんとなくわかったような気になるということが、セジウィックを読んでいるとよくある。だから訳しているうちにそういう点描画のような文章の点々をひとつひとつ確認していくとゲシュタルト崩壊を起こすというようなこともままあって、これじゃぜんぜん原文の良さが伝わらないな、としょげることもけっこうあった。「この本を書いているときわたしはしじゅう、自分のばかさ加減の限界にぎゅうぎゅうと押しつけられているような気がしていた――もうすこしで受け渡せそうな贈り物が、すぐそばにあるように感じられてもいたのだけれど」（五二）。セジウィックはそんなふうに『タッチング・フィーリング』の序文をむすんでいたけれど、それはまさしくこの本を訳しているときの、生半可な知識で「間に合わせの《ノンス》」訳註をつけているときの、それからこの解説を書いているときのわたしの気持ちでもあった。でももしセジウィックが言っているとおり、そんな「認知的なフラストレーションにさえもともなうような、情動的で美的なゆたかさ」（五二）みたいなものがあるんだとしたら、セジウィックの文章という贈りもの自体は手わたせないかもしれないけれど、すくなくともわたしがそれをどれだけいとおしく思っているかとか、訳しているうちにとってもパラノイアなわたしがそれに（ちょっとは）作り変えてもらったんだということとか、そういうことがもしかしたらここに触知可能になるくらい表れていて、みなさんの心にすこしでも触れてもらうことができたらいいな、なんて思う。

自分のものでもなんでもない本にながながとした謝辞をつけるのは恥ずかしいのだけれど、それでもたくさんの方々のサポートがなかったらこの本はここに存在していないので、やっぱりお礼を申し上げたい。大学院のときからこの本はいちばんすきな批評書のひとつでいつか訳せたらいいなと思っていたけれど、なにしろ出版されたのもだいぶ昔だし、実現はむずかしいんじゃないかな、と思っていた。最初のきっかけを作ってくれたのは、二〇二〇年五月に発行されることになった批評誌『エクリヲ』の第一二号「ポストクリティーク」特集に「パラノイア的読解と修復的読解」を載せたいという翻訳の依頼をくださった、企画者の勝田悠紀さんだった。編集長の山下研さん、校閲の村井厚友さんなど、編集のみなさんの心のこもった本づくりに支えていただいてこのエッセイを翻訳することができたのはとても幸せだったし、この本の出版にあたっても第四章の再録を快諾していただいて、とてもありがたかった。その直後の二〇二〇年の夏には遠藤不比人先生代表の科研チームのzoomワークショップ(「文学批評の再検討――ポストクリティークあるいは批評の再興?」)に秦邦生先生からお招きいただき、その後チームメンバーの中井亜佐子先生にこの本をぜんぶ訳したいとお話ししたところ、あたたかく小鳥遊書房さんを紹介してくださった。編集担当の高梨治さんはなんの縁もゆかりもないわたしがもち込んだこの企画を信じてずっと励ましてくださり、この本が最良のかたちで読者のみなさんの手に届くように最後まで最大限のこまやかであたたかな心づかいをしてくださりながら、この翻訳の第一の読者としてこの本をいつくしんでくださった。こういうわらしべ長者みたいなやさしさの連鎖がひとつでもなかったら『タッチング・フィーリング』は存在しなかったと思うし、それから第五章の仏教用語についての質問に丁寧にこたえてくださった金菱哲宏さん、さまざまな場面で力を貸してくださった武田将明さん、三原芳秋さんにも心から感謝している。そして最後に、太平洋をまたいでずっと翻訳に伴走してくれていた遠藤郁子さんと、深夜に自宅オフィスでわたしがセジウィックの「オチがなんだかわからないジョークほど、頭に残ってなかなかはなれない」(二九)状態に陥っているときにいつもいっしょに頭をひねりながらテクストへの愛情を惜しみなく注いでくれたBenjy Kahanがかたわらにいてくれなかったら、この本はもっとずっと味気ないものになっていたと思う。みなさん、ほんとうにありがとうございました。

二〇二二年九月　　　　岸まどか

註

（1）Eve Kosofsky Sedgwick, *Between Men: English Literature and Male Homosocial Desire* (New York: Columbia University Press, 1985)〔イヴ・K・セジウィック『男同士の絆』上原早苗・亀沢美由紀訳、名古屋大学出版会、二〇〇一年〕および、Eve Kosofsky Sedgwick, *Epistemology of the Closet*（Berkeley: University of California Press, 1990）〔イヴ・コゾフスキー・セジウィック『クローゼットの認識論』外岡尚美訳、青土社、一九九九年〕。

（2）ただし、セジウィックはほかにも実験的なメモワールや詩集や共編書をたくさん出している。詳細については序章の訳註＊2を参照。

（3）セジウィックの闘病の詳細については、Hal A. Sedgwick による記述 https://evekosofskysedgwick.net/biography/cancer2.html を参照。

（4）ちなみにこの副題は カーリー・サイモンの一九七二年のヒット曲、"You're So Vain" のサビ、"You're so vain/ You probably think this song is about you"〔「自意識過剰なあんたのことだから、どうせこの歌だって自分のことだと思ってるでしょ」〕のもじりである。

（5）ただしポストクリティーク（postcritique）はセジウィックのこのエッセイだけが牽引したわけではなく、とくに *Touching Feeling* が出版されたのとほぼ同時期に発表された Bruno Latour, "Why Has Critique Run Out of Steam?: From Matters of Fact to Matters of Concern" *Critical Inquiry* 30.2 (2005): 225-48 や二〇一五年に出版された Rita Felski, *The Limits of Critique* (Chicago: University of Chicago Press, 2015) などが、ほかにもこの思想動向を推進した中心的な著作としてあげられる。なお、二〇二〇年に発行された批評誌『エクリヲ』vol.12 には、ラトゥールの論文の翻訳（ブリュノ・ラトゥール「批判はなぜ力を失ったのか――〈厳然たる事実〉から〈議論を呼ぶ事実〉へ」伊藤嘉高訳、一九八―二三〇）およびフェルスキの序文の翻訳〔「『クリティークの限界』序論」勝田悠紀訳、一三四―四八〕が、第四章の拙訳初出（一五二―九四）とともに収録されている。

勝田悠紀によるポストクリティークの概観、「批判の行方」（『エクリヲ vol.12』一〇六—一一三）もとても洞察にとみ、『エクリヲ vol.13』ではポストクリティーク特集の第二弾も組まれている。それから、ポストクリティークが生まれるまでの流れを明快に整理した文章としては、三原芳秋「読む」（三原芳秋・渡邉英理・鵜戸聡編『クリティカル・ワード　文学理論——読み方を学び文学と出会いなおす』フィルムアート社、二〇二〇年、四六—六九）を参照。

（6）セジウィックの “beside” についてのゆたかな論考としては、清水晶子「ビサイドのクィアネス——イヴ・セジウィックにおける接触」（中央大学人文科学研究所編『読むことのクィア——続　愛の技法』中央大学出版部、二〇一九年、二〇一—二二二）を参照。

（7）Judith Butler, “Critically Queer” *GLQ* 1.1 (1993) : 17-32. なおこのエッセイは *Bodies That Matter: In the Discursive Limits of “Sex”* (New York: Routledge, 1993)〔『問題《マ》＝物質《ター》となる身体——「セックス」の言説的境界について』佐藤嘉幸監訳・竹村和子・越智博美・河野貴代美・三浦玲一訳、以文社、二〇二〇年〕の第六章 “Critically Queer”〔「批判的にクィア」〕のもととなったもの。

（8）Eve Kosofsky Sedgwick, *The Weather in Proust*, ed. Jonathan Goldberg (Durham, NC: Duke University Press, 2011, 69-122). および https://evekosofskysedgwick.net/art/artworks/ を参照。

（9）Sedgwick, *The Weather in Proust*, 79-83.

索引

※原書に準じて立項した。訳出し五十音順に並べかえ、該当ページを示した。

【ア行】

【カ行】

【サ行】

【タ行】

【ナ行】

【ハ行】

【ワ行】

【著者】

イヴ・コソフスキー・セジウィック

(Eve Kosofsky Sedgwick)

1950年米国オハイオ州に生まれ、2009年ニューヨーク州に没する。
ボストン大学、アマースト大学、デューク大学、
ニューヨーク市立大学大学院センターなどで教鞭をとり、
クィア・スタディーズを牽引する多くの著書を発表しながら、
晩年はテキスタイル・アーティストとしても活躍した。
翻訳されている著作としては
『男同士の絆 —— イギリス文学とホモソーシャルな欲望』
（上原早苗・亀沢美由紀訳、名古屋大学出版会、2001年）
『クローゼットの認識論 —— セクシュアリティの20世紀』
(外岡尚美訳、青土社、1999年／新装版、2018年)がある。

【訳者】

岸 まどか

（きし　まどか）

1982年東京都生まれ。
東京大学文学部卒業、東京大学大学院人文社会系博士課程満期退学、
ルイジアナ州立大学博士課程修了（English・Women's, Gender, and Sexuality Studies)。
専門はアメリカ文学、クィア・スタディーズ。
現在はルイジアナ州立大学研究員。
翻訳書にジュディス・バトラー『分かれ道 —— ユダヤ性とシオニズム批判』
(大橋洋一との共訳、青土社、2019年)、
ローレン・バーラント『残酷な楽観性』
（ハーン小路恭子との共訳、花伝社、2024年刊行予定）がある。

タッチング・フィーリング
情動《じょうどう》・教育学《きょういくがく》・パフォーマティヴィティ

2022年12月25日　第1刷発行

【著者】
イヴ・コソフスキー・セジウィック

【訳者】
岸 まどか

発行者：高梨 治
発行所：株式会社**小鳥遊《たかなし》書房**
〒102-0071　東京都千代田区富士見1-7-6-5F
電話 03-6265-4910（代表）／FAX 03-6265-4902
https://www.tkns-shobou.co.jp
info@tkns-shobou.co.jp

装幀　鳴田小夜子（KOGUMA OFFICE）
印刷　モリモト印刷株式会社
製本　株式会社村上製本所

ISBN978-4-86780-003-4　C0010